TEXTVERARBEITUNG – MS Word 2000

Christine Lietz

Mühlehner & Tavolato GmbH

Textverarbeitung – MS Word 2000
Christine Lietz

1. Auflage: Juni 2000

Umschlaggestaltung: Karin Mairitsch

Vorwort

Der Europäische Computer Führerschein (European Computer Driving Licence - ECDL) ist ein in Europa standardisiertes Zertifikat über Kenntnisse und Fertigkeiten von Computeranwendern. Er ist in ganz Europa gültig und wird in den einzelnen Ländern von Computergesellschaften betreut, die der CEPIS (Council of Professional Informatics Societies) angehören.

Die Europäische Union fördert die Entwicklung dieses Konzepts, das sich das ehrgeizige Ziel gesetzt hat, das Wissen und die computerspezifischen Fertigkeiten von EDV-Anwendern in Europa zu steigern. Personen, die den ECDL erwerben, bekommen damit eine einheitlich überprüfte Bescheinigung über ihre Kompetenz im Zusammenhang mit Computern. Dadurch werden die Chancen dieser Bewerber auf dem europäischen Arbeitsmarkt erhöht. Mit dem ECDL wird so ein Standard und ein wertvoller Beitrag zur Qualitätssicherung für die Aus- und Weiterbildung im EDV-Bereich gesetzt.

ECDL-Prüfungen können nur bei autorisierten Schulungsinstitutionen abgelegt werden. Diese können beim nationalen CEPIS-Mitglied, das den ECDL betreut, in Erfahrung gebracht werden:

Für Österreich:
Österreichischen Computer Gesellschaft (OCG)
Wollzeile 1-3
A-1010 Wien
Telefon: +43-1-5120235/11
Fax: +43-1-5120235/9
E-Mail: info@ecdl.at
http://www.ecdl.at

Mit diesem Lernbehelf liegt nun eine für Österreich approbierte deutschsprachige Schulungsunterlage für den Modul 3 des ECDL vor, wie er im Syllabus 3.0 definiert ist. Da der Bereich Textverarbeitung nicht abseits eines bestimmten Textverarbeitungssystems gelehrt bzw gelernt werden kann, wird in dieser Schulungsunterlage das Datenbanksystems „Microsoft Word 2000“ behandelt.

Wir wünschen Ihnen viel Erfolg beim Erwerb des ECDL!

Wien, Juni 2000

Inhalt

1 Einleitung

1.1 Geschichte der Textverarbeitung

Schrift

Die Erfassung, Bearbeitung und Speicherung von Texten zum Zwecke der Auslagerung menschlichen Wissens aus dem biologischen System des einzelnen Informationsträgers hat eine jahrtausendealte Tradition. Die Bedeutung dieser Kulturtechnik für die Entwicklung der Menschheit kann gar nicht hoch genug eingeschätzt werden: Nur durch „Textverarbeitung" im weitesten Sinn des Wortes wird die Überlieferung von Information einerseits aus den Fesseln der rein mündlichen Weitergabe von Person zu Person befreit und andererseits wird dadurch auch die begrenzte Speicherfähigkeit der Gehirne einzelner Menschen überwunden.

Werkzeuge

Die Verschriftlichung der Sprache benutzte im Laufe der Kulturgeschichte unterschiedliche Werkzeuge zur Darstellung der einzelnen Schriftzeichen: Der Bogen reicht von Meißeln und Griffeln (mit denen auf Ton- und vor allem Wachstafeln geritzt wurde) über speziell geknotete Schnüre (bei den Inkas Südamerikas) und Pinseln und Federkielen (mit denen auf Tierhäuten, Papyrus oder Pergament gemalt respektive geschrieben wurde) bis zu den Schreibwerkzeugen, wie wir sie kennen: Bleistift, Füllfeder, Kugelschreiber, Faserstift.

Buchdruck

Ein einschneidender Entwicklungssprung erfolgte durch die Erfindung des Buchdrucks ca 1450 durch Johann Gensfleisch in Mainz (der eher unter seinem Hausnamen „zum Gutenberg" bekannt ist). Er kombinierte die damals bereits erfolgreich praktizierten Techniken der Verwendung beweglicher Metall-Lettern einerseits und ein Druckverfahren mit Stempel andererseits: Dies eröffnete nahezu unerschöpfliche Möglichkeiten der relativ billigen Herstellung von beliebig oft reproduzierbaren Texten.

Schreibmaschine

Der Buchdruck selbst blieb dem Einzelnen zunächst verschlossen: Das Individuum schrieb weiterhin mit der Hand. In diesem Bereich erfolgte eine Veränderung im Wesentlichen erst im 19. Jahrhundert (sieht man vom allerersten Patent für einen „Schreibautomaten" ab, das bereits 1714 von H. Mill in London beantragt wurde): Innerhalb von 35 Jahren (zwischen 1832 und 1867) wurde die Schreibmaschine erfunden und bis zur Serienreife gebracht: K.H. Drais, Freiherr von Sauerbronn, X. Progin aus Marseille, G. Ravizza aus Novara und Peter Mitterhofer aus Patschins bei Meran bauten in dieser Zeit funktionierende Schreibmaschinen unterschiedlichen Typs. Die ersten Serienfertigungen erfolgten 1867 einerseits durch Malling Hansen in Dänemark und andererseits in großem Stil durch Christopher Sholes und die amerikanische Firma Remington, die die Schreibmaschine (gemeinsam mit anderen Firmen) zu einem der erfolgreichsten Produkte der Büroorganisation machte.

Textverarbeitung

Das Ende der Schreibmaschine begann mit dem Siegeszug der elektronischen Textverarbeitungsprogramme ab etwa 1970, zunächst nur auf Großrechenanlagen (und daher ausschließlich im Bereich der Arbeitswelt). Mit der Entwicklung von Personal Computern (ab etwa 1980) und der zunehmenden Preisreduktion bei diesen Geräten hat die elektronische Textverarbeitung auch im privaten Bereich Einzug gehalten. In immer größerem Umfang wird die Schreibmaschine durch den PC mit einem Textverarbeitungsprogramm ersetzt. Der Tag, an dem eine Schreibmaschine (und nicht nur eine 100 Jahre alte) bereits als technische Antiquität gehandelt wird, ist nicht mehr fern.

Die ersten Programme, mit denen Texte im einfachsten Sinn des Wortes erfasst werden konnten, waren Texteditoren zur Eingabe von Programmen, die keine oder nur rudimentäre Funktionen zur Textgestaltung und einen relativ niedrigen Bedienungskomfort aufwiesen. Eines der ersten Textverarbeitungsprogramme, das diesen Namen auch verdiente, wurde 1976 von Paul Lutus auf einem Apple II (und für einen Apple II) entwickelt: der Apple-Writer. Andere Textverarbeitungsprogramme der ersten Stunde waren die Wang-Textverarbeitung und das Programm WordStar.

Layout

Rechtschreib-prüfung

Serienbriefe

Im Laufe der Entwicklung nahmen Funktionalität und Benutzerkomfort der Textverarbeitungsprogramme immer mehr zu. Moderne Systeme bieten heute vielfältige Möglichkeiten der Gestaltung und des Layouts von Texten; überdies werden Funktionen angeboten, die über die reine Textbearbeitung oft weit hinausgehen: Rechtschreibprüfungen erkennen selbständig, ob der Text in englischer, deutscher oder französischer Sprache geschrieben ist und agieren dementsprechend; die Möglichkeiten zur Erzeugung von Serienbriefen erlauben eine ungeahnte Variationsbreite bei der Erstellung solcher Textsorten; das Einbinden von Bildern, Tabellen und anderen digitalen Objekten ist in vielfältiger Art und Weise möglich; und so weiter.

Multimediale Dokumente

Da eingebundene digitalen Objekte seit kurzem auch zeitabhängige Medien sein können (etwa Ton oder Animationen oder Videos) überschreitet der Bereich „Textverarbeitung" bereits die traditionellen Grenzen der Produktion ausdruckbarer Texte. Ist ein derart gestaltetes Dokument (das man nur mehr am Computerbildschirm „betrachten" kann - und dessen Vervielfältigungs- und Verbreitungsmöglichkeiten durch sogenannte „Neue Medien" wie Internet oder CD-ROM ebenfalls die Grenzen herkömmlicher Textproduktion und -verteilung sprengen) überhaupt noch ein Text?

1.2 Das Werkzeug Textverarbeitung

Neues Werkzeug

=

Neue Methode

Ein neues Werkzeug bedingt immer eine Änderung der Arbeitsweise: Wenn man von der Schreibmaschine auf elektronische Textverarbeitung umsteigt, muss man sich bewusst werden, dass eine andere Herangehensweise erforderlich ist.

Beim Arbeiten mit der Schreibmaschine muss die Texterfassung (also das Eintippen des Texts) und die Formatierung (also zB der Zeilenumbruch oder die Gestaltung von Überschriften) parallel erfolgen. Beides kann danach nicht mehr verändert werden.

Texterfassung

Bei der elektronischen Textverarbeitung dagegen ist einerseits eine nachträgliche Änderung des Texts und seiner Formatierung kein Problem und andererseits sind die Bereiche „Texterfassung" und „Textgestaltung" getrennt. Das heißt, ein und derselbe Text können auf unterschiedliche Art und Weise formatiert werden und auch in unterschiedlichen Formaten dann ausgedruckt werden. Man sollte daher die beiden Tätigkeiten „Texterfassung" und „Textformatierung" voneinander trennen. Es muss zuerst der Text (gegliedert in Absätze und versehen mit Überschriften) erfasst werden; danach sollten sämtliche Korrekturen inhaltlicher Natur (also das Ausbessern von Tippfehlern, das Ergänzen oder Umformulieren einzelner Sätze usw) erfolgen; erst wenn der Text fertig ist, sollte man die Formatierung und das Layout bewerkstelligen. Das heißt man sollte dann festlegen, wie eine Überschrift oder ein Absatz aussehen sollte (etwa welche Schriftart verwendet werden soll, wie breit der Rand links und rechts sein soll usw). Insbesondere können (bzw müssen) einige Aspekte - wie etwa der Zeilenumbruch - dem Textverarbeitungsprogramm überlassen werden (und müssen nicht mehr manuell eingefügt werden).

Formatierung

1.3 Einige Anmerkungen zu dieser Unterlage

Der Modul 3 des ECDL betrifft den Bereich der Textverarbeitung. Um diese Unterlage sinnvoll nutzen zu können, empfiehlt es sich, die Module 1 (Grundlagen der Informationstechnologie) und insbesondere 2 (Computerbenutzung und Dateimanagement) bereits durchgearbeitet zu haben: Grundlegende Begriffe der Benutzung des Computers werden hier vorausgesetzt und nicht mehr im Einzelnen erklärt.

Voraussetzungen

Eine ECDL-Unterlage zum Thema „Textverarbeitung" muss einerseits versuchen, die allgemeinen Funktionen, die ein Textverarbeitungsprogramm bietet, möglichst neutral darzustellen und andererseits muss die Beschreibung möglichst konkret auf die Umsetzung der erlernten Kenntnisse in einem bestimmten Programm abgestimmt sein. In dieser Unterlage wird zur Illustration der Umsetzung das Textverarbeitungsprogramm „Microsoft Word 2000" verwendet. Allerdings werden die beschriebenen Funktionen heute von fast allen gängigen Textverarbeitungsprogrammen angeboten. Auch die wesentlichen Bedien-Elemente (Pull-down-Menüs, Symbolleisten, Kontextmenü uä) finden sich überall.

Allgemeine Prinzipien

Programmbedienung

Heutige Textverarbeitungsprogramme bieten eine Vielzahl von Möglichkeiten der individuellen Adaption des Programms. Bei der Beschreibung wird grundsätzlich von den Standardeinstellungen ausgegangen. Hinweise zu den Möglichkeiten der persönlichen Adaption werden an den entsprechenden Stellen gegeben.

2 Erste Schritte

2.1 Öffnen eines Textverarbeitungsprogramms

Programm starten

Um ein Textverarbeitungsprogramm verwenden zu können, müssen wir es zunächst einmal öffnen. Als inzwischen erfahrene „User" wissen wir, dass es meist mehrere Wege gibt Dinge zu tun, so auch hier. Wir wollen hier die gebräuchlichsten Varianten behandeln, so dass wir sicher sein können, mit einer davon lässt sich jedes Textverarbeitungsprogramm öffnen.

- Zunächst gibt es die Möglichkeit den entsprechenden Eintrag im Startmenü zu wählen.

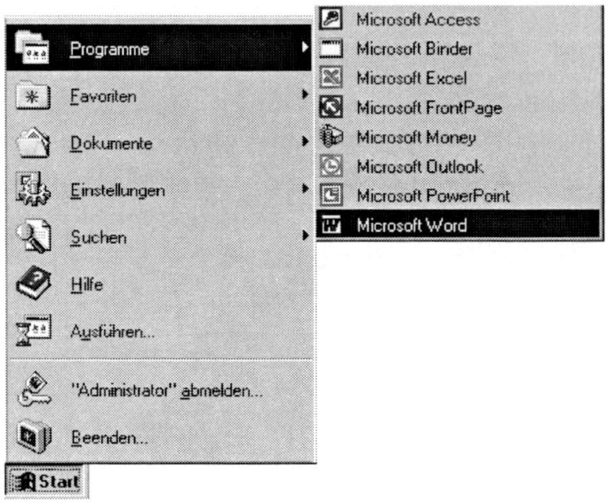

Abbildung 1: Öffnen eines Textverarbeitungsprogramms über das Startmenü

- Wenn das Textverarbeitungsprogramm oft verwendet wird, gibt es meist auch eine Verknüpfung am Desktop. Durch Klick (bzw Doppelklick) auf diese können wird das Programm starten.

Abbildung 2: Öffnen eines Textprogramms über eine Verknüpfung am Desktop

Öffnen eines Dokuments

- Man kann ein Textverarbeitungsprogramm auch indirekt öffnen, das heißt, man öffnet ein Textdokument und damit gleichzeitig auch das dazugehörende Textverarbeitungsprogramm. Dazu muss man zunächst natürlich wissen, wo sich das Dokument befindet. Haben wir das Dokument (zum Beispiel mit Hilfe des Explorers) gefunden, so öffnen wir das Textverarbeitungsprogramm samt Dokument durch einen Klick (bzw Doppelklick).

Abbildung 3: indirektes Öffnen eines Textprogramms über ein Textdokument

- Sehr hilfreich ist auch zu wissen, dass man im Startmenü unter dem Menüpunkt *Dokumente* die zuletzt bearbeiteten Dokumente findet und man diese von dort aus öffnen kann.

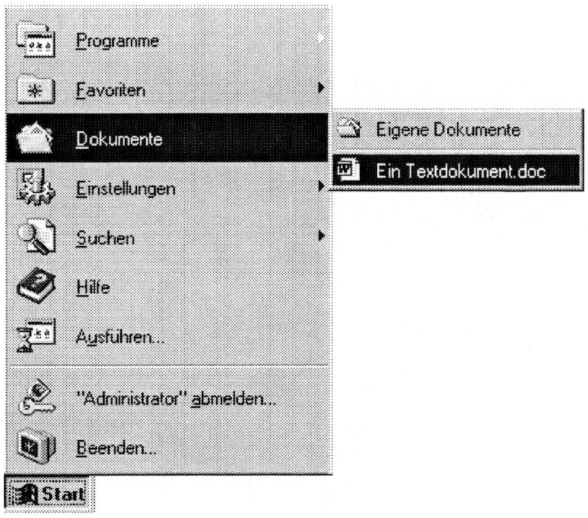

Abbildung 4: Öffnen eines Textprogramms über das Menü Dokumente

2.2 Die Arbeitsumgebung

Wichtige Elemente der Oberfläche

Nachdem es uns gelungen ist, das Programm zu öffnen, wollen wir uns ein bisschen mit der Arbeitsumgebung vertraut machen. Natürlich sieht jedes Textverarbeitungsprogramm etwas anders aus, einige Bestandteile werden wir aber (fast) überall finden. Mit diesen wollen wir uns nun beschäftigen. Als Beispiel soll uns die Arbeitsumgebung von Word 2000 dienen.

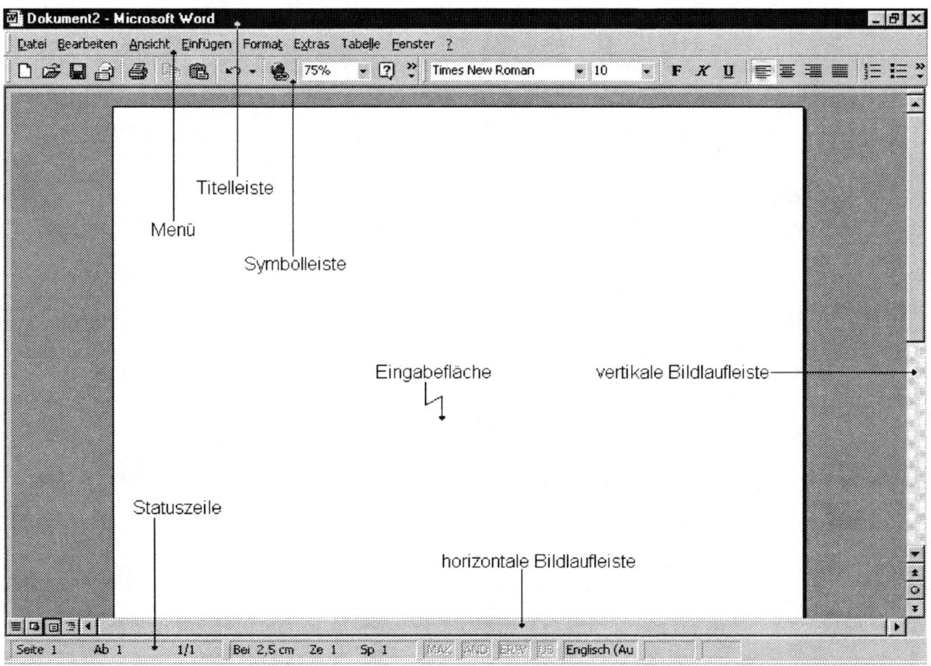

Abbildung 5: Die Arbeitsumgebung

2.2.1 Die Titelleiste

Titelleiste

Die Titelleiste enthält den Namen des Textverarbeitungsprogramms, hier *Microsoft Word* und den Namen des Dokuments, das gerade bearbeitet wird, hier *Dokument2*. Außerdem enthält sie die Windows-Standardelemente Minimier-Symbol, Teil- bzw Vollbild-Symbol und Schließen-Symbol.

2.2.2 Das Menü

Pulldown-Menü

Gleich unter der Titelleiste befindet sich die Menüleiste, die die Namen der einzelnen Menüs enthält. Hinter jedem Menünamen verbirgt sich ein Pulldown-Menü, das durch Anklicken heruntergeklappt werden kann.

Abbildung 6: Das Menü Ansicht

►
✓
grau
...

Es ist sicherlich hilfreich, die Bedeutung der wichtigsten Symbole, die in Menüs verwendet werden, zu kennen:

- Das Symbol ► bedeutet, dass sich hinter diesem Menüpunkt ein weiteres Menü befindet. Ein Klick auf den Menüpunkt öffnet es.
- Das Symbol ✓ bedeutet, dass der Menüpunkt ein „Schalter" ist, der eine Funktion ein- oder ausschaltet. Ist das Hakerl zu sehen, ist die Funktion eingeschaltet (in unserem Fall das Lineal sichtbar), ist kein Hakerl zu sehen, so ist die Funktion ausgeschaltet (das Lineal nicht sichtbar).
- Graue Schrift (wie hier bei *Fußnoten* und *Kommentare*) bedeutet, dass der Menüpunkt im Moment nicht aufgerufen werden kann.
- Drei Punkte ... bedeuten, dass der Menüpunkt nicht sofort eine Aktion auslöst, sondern zunächst ein Dialog geöffnet wird, in dem nähere Angaben zur gewünschten Funktion gemacht werden müssen.

2.2.2.1 Personalisierte Menüs in Word 2000

Personalisierte Menüs

Wenn man in Word 2000 ein Pulldown-Menü öffnet, so sieht man zunächst nicht alle Menüpunkte, die dieses Menü enthält. Am unteren Rand des Menüs wird ein kleiner Doppelpfeil angezeigt, der andeutet, dass es noch weitere Menüpunkte gibt.

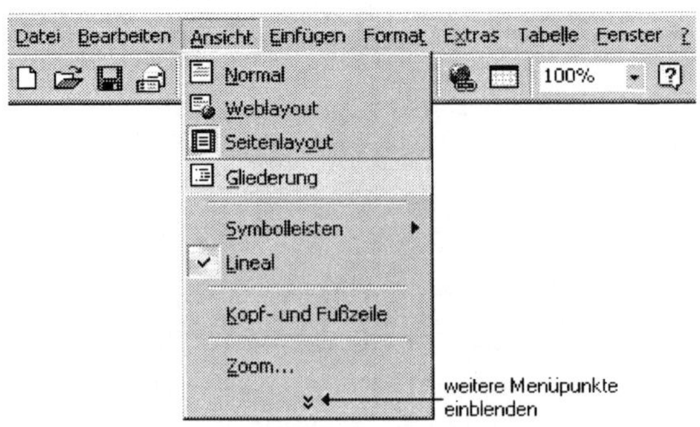

Abbildung 7: Personalisierte Menüs

Ein Klick auf den Doppelpfeil bewirkt, dass alle vorhandenen Menüpunkte angezeigt werden. Man kann allerdings auch einfach nur ein bisschen warten, nach einigen Sekunden zeigt Word automatisch alle Menüpunkte an.

Diese Form von Menüs heißt deshalb personalisierte Menüs (bzw intelligente Menüs), weil die Auswahl der sofort sichtbaren Menüpunkte nicht immer dieselbe ist, sondern den Gewohnheiten des jeweiligen Anwenders angepasst wird. Das heißt, wenn ein (zunächst) verborgener Menüpunkt gewählt wird, so nimmt Word an, dass diese Funktion häufiger gebraucht wird, merkt sich das und zeigt den Menüpunkt beim nächsten Öffnen des Menüs sofort an.

2.2.2.2 Kontextmenüs

Kontextmenü

Neben dem Menü unter der Titelleiste gibt es auch noch sogenannte Kontextmenüs. Sie werden mit rechtem Mausklick geöffnet und beziehen sich auf das angeklickte Objekt. Klickt man zB mit der rechten Maustaste auf eine Grafik, so wird ein Kontextmenü geöffnet, das grafikspezifische Funktionen enthält.

2.2.3 Symbolleisten

Symbolleiste

Unter der Menüleiste befinden sich in der Regel eine oder mehrere Symbolleisten. Die Symbole dienen dem schnellen Zugriff auf oft benötigte Funktionen wie Speichern, Drucken oder Dokument öffnen.

2.2.3.1 Symbolleisten ein- bzw ausblenden

Das es individuell sehr unterschiedlich sein kann, welche Funktionen man oft benötigt, können Symbolleisten ein- und ausgeblendet werden. In *Abbildung 5* sind zum Beispiel die Symbolleisten *Standard* und *Format* eingeblendet.

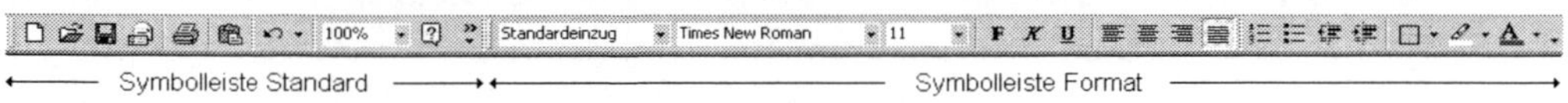

Abbildung 8: Die Symbolleisten Standard und Format

In Word 2000 werden Symbolleisten über das Menü *Ansicht - Symbolleisten* ein- bzw ausgeblendet.

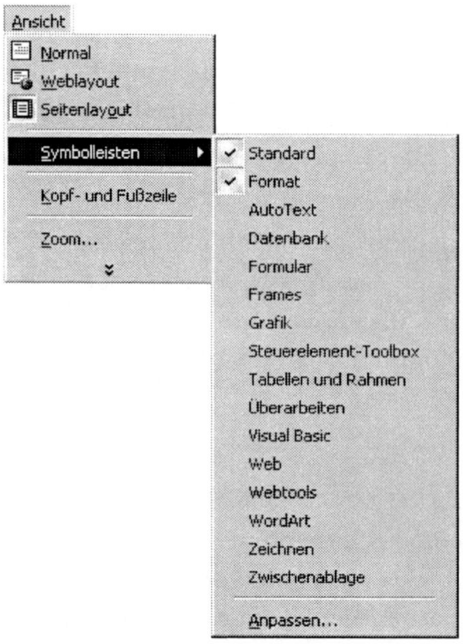

Abbildung 9: Symbolleisten ein- bzw ausblenden

2.2.3.2 Symbolleisten positionieren

Symbolleiste

Symbolleisten müssen sich nicht zwingend unter der Menüleiste befinden. Sie können sich beispielsweise auch über der Statuszeile befinden oder frei auf der Arbeitsfläche positioniert sein.

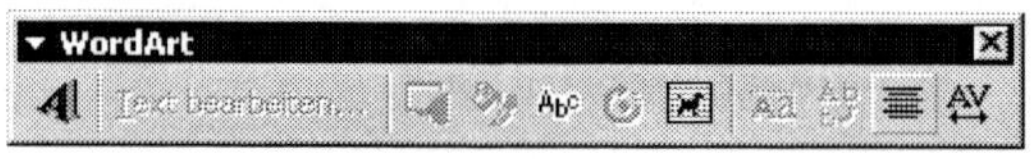

Abbildung 10: Eine frei auf der Arbeitsfläche positionierte Symbolleiste

Frei positionierte Symbolleisten können wie Fenster verschoben werden (Titelleiste anklicken und Symbolleiste mit gedrückter Maustaste an die gewünschte Stelle ziehen) und über das Schließen-Symbol ☒ ausgeblendet werden.

In Word 2000 können frei positionierte Symbolleisten mit einem Doppelklick in die Titelleiste „verankert", das heißt an einem Bildschirmrand festgemacht werden. Verankerte Symbolleisten können umgekehrt frei positioniert werden, indem man den Balken anklickt und mit gedrückter linker Maustaste die Symbolleiste an den gewünschten Ort zieht.

2.2.3.3 Kurzbeschreibung der Funktion

Manchmal ist nicht auf den ersten Blick zu erkennen, welche Funktion ein Symbol hat. Was bedeutet zum Beispiel 🗋?

Tooltipp
Quickinfo

Wenn wir den Mauszeiger über ein Symbol bewegen und dort einige Sekunden verharren, so erscheint eine Kurzbeschreibung der Funktion, ein sogenannter „Tooltipp" (auch „QuickInfo" genannt).

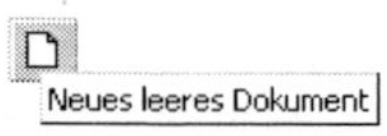

Abbildung 11: Tooltipp

2.2.3.4 Personalisierte Symbolleisten in Word 2000

Genau wie bei den Pulldown-Menüs sind auch bei Symbolleisten zunächst einige Symbole verborgen. Man kann die verborgenen Symbole wieder über einen kleinen Doppelpfeil einblenden.

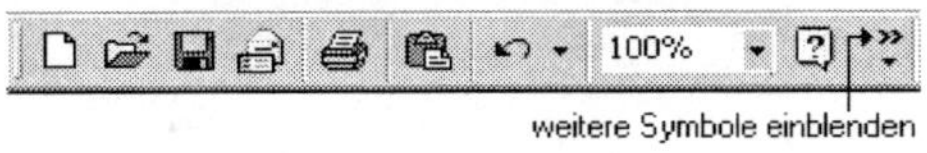

Abbildung 12: Personalisierte Symbolleisten

2.2.4 Die Statuszeile

Statuszeile

In der Statuszeile befinden sich, wie der Name schon andeutet, Informationen zum aktuellen Status des Dokuments. Von den meisten Textverarbeitungs-programmen wird man hier unter anderem informiert, wieviele Seiten das Dokument hat, bzw auf welcher Seite man sich gerade befindet.

2.2.5 Bildlaufleisten

Mit den Bildlaufleisten können wir uns im Dokument bewegen. Diesem Thema werden wir uns im Abschnitt Grundlagen der Textverarbeitung/*Sich im Text bewegen* noch genauer zuwenden.

2.2.6 Die Eingabefläche

Den meisten Raum nimmt natürlich die Eingabefläche ein, wo das Dokument verfasst werden soll.

2.3 Dokumente erzeugen, öffnen, speichern, drucken und schließen

Mit unserer Arbeitsumgebung haben wir uns jetzt vertraut gemacht. Bevor wir jedoch damit beginnen, uns mit der Dokumenterfassung zu beschäftigen, wollen wir noch einige grundlegende Dinge über die Dokumentverwaltung lernen. (Dieses Thema wird im Abschnitt *Dokumente verwalten* noch einmal ausführlicher behandelt.)

Beim Öffnen des Textverarbeitungsprogramms wird immer gleichzeitig ein Dokument geöffnet. Haben wir das Textverarbeitungsprogramm indirekt, also über ein Dokument geöffnet, so handelt es sich dabei natürlich um dieses Dokument. Haben wir das Textverarbeitungsprogramm direkt geöffnet, so wird ein neues leeres Dokument geöffnet.

2.3.1 Das Dokument speichern

Dokument speichern

Normalerweise werden wir dieses Dokument nun bearbeiten und wollen es anschließend speichern. Dies können wir über das Menü *Datei - Speichern*

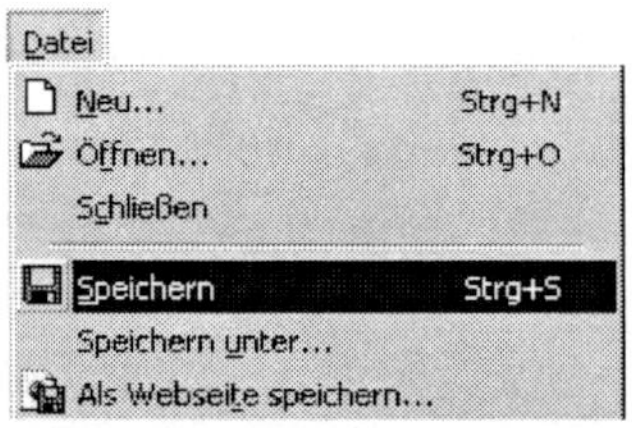

Abbildung 13: Das Dokument speichern

oder über das Symbol  bewerkstelligen.

Handelt es sich um ein neues Dokument, so müssen wir einen Namen für das Dokument bestimmen und festlegen, wo das Dokument gespeichert werden soll.

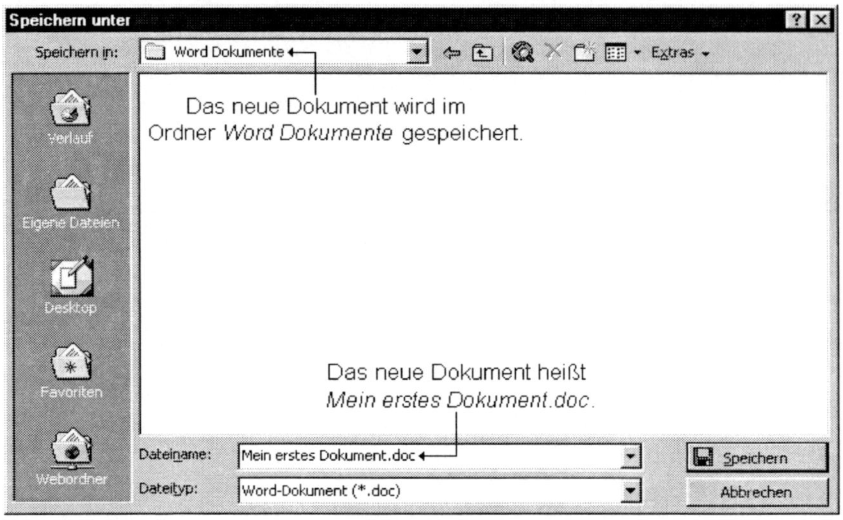

Abbildung 14: Das Dokument benennen

Nachdem wir das einmal gemacht haben, wird das Textverarbeitungsprogramm künftig beim Speichern nicht mehr nachfragen, sondern die Änderungen unter diesen Angaben abspeichern.

2.3.2 Ein Dokument drucken

Drucken

Meist genügt es nicht ein Dokument nur in elektronischer Form vorliegen zu haben - wir wollen es auch zu Papier bringen. Dazu müssen wir das Dokument drucken. Am einfachsten und schnellsten geht das über das Symbol . Das Dokument wird dann auf dem im System eingestellten Standarddrucker ausgegeben.

2.3.3 Ein Dokument öffnen

Dokument Öffnen

Oft entsteht beim Verfassen eines Dokuments die Situation, dass man in einem bereits früher geschriebenen Dokument etwas nachlesen will. Das Textverarbeitungsprogramm bietet uns die Möglichkeit dieses, zusätzlich zu unserem aktuellen Dokument, zu öffnen. Wieder gibt es die Möglichkeit dies über das Menü

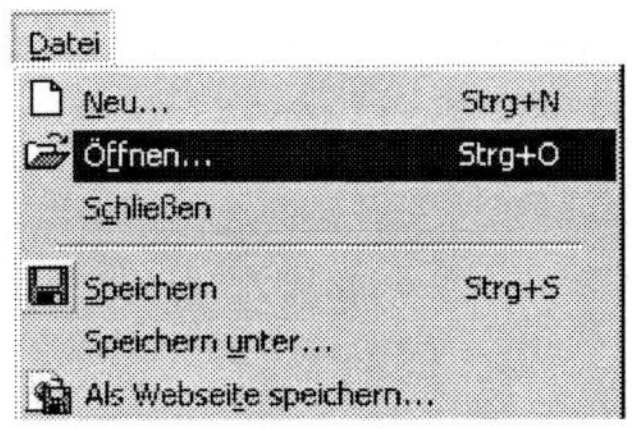

Abbildung 15: Ein Dokument öffnen

oder das Symbol  zu tun.

Das Textverarbeitungsprogramm will nun von uns wissen, welches Dokument wir öffnen möchten.

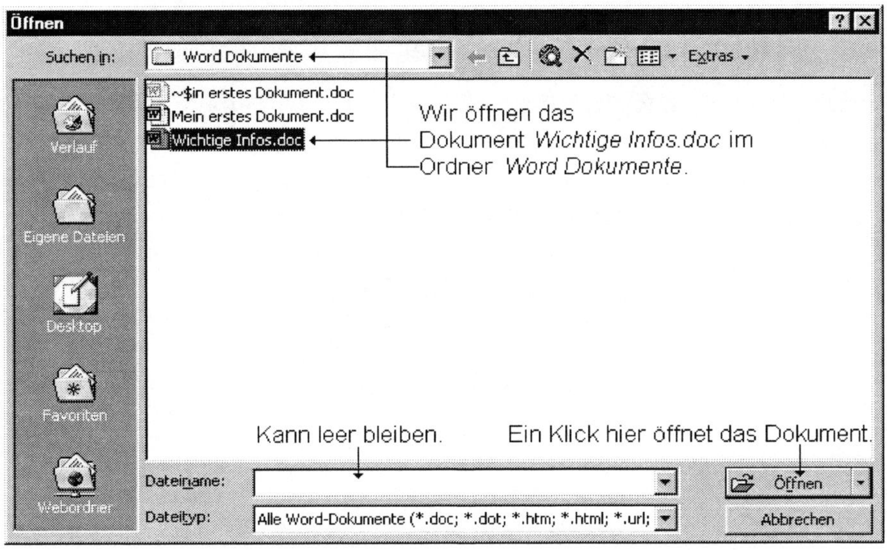

Abbildung 16: Das zu öffnende Dokument bestimmen

2.3.4 Mehrere offene Dokumente

Mehrere Dokumente

Nun haben wir zwei Dokument offen. Um diese Tatsache sinnvoll zu nutzen, müssen wir zwischen den beiden wechseln können. Diese Möglichkeit bietet uns das Menü *Fenster*.

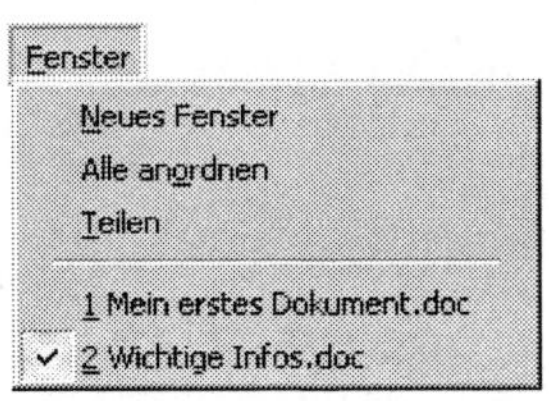

Abbildung 17: Das Menü Fenster

Das Hakerl zeigt an, welches Dokument im Moment im aktiv ist, dh angezeigt wird. Durch Klick auf das andere Dokument, können wir dieses aktivieren. (Das andere Dokument bleibt offen, wird aber in den Hintergrund verschoben.)

2.3.5 Dokumente schließen

Dokument schließen

Nehmen wir nun an, dass wir eines der Dokumente nicht mehr brauchen und es schließen wollen. Wir aktivieren zunächst das Dokument, das wir schließen möchten und schließen es dann über das Menü *Datei* Menüpunkt *Schließen*.

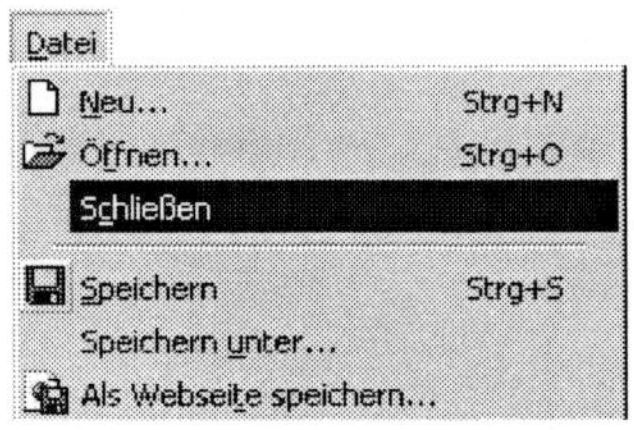

Abbildung 18: Ein Dokument schließen

Wurden am Dokument Änderungen vorgenommen, so fragt das Textverarbeitungsprogramm, bevor es das Dokument tatsächlich schließt, ob diese Änderungen gespeichert werden sollen.

2.3.6 Ein neues Dokument erzeugen

Neues Dokument

Nehmen wir nun an, wir möchten während der Arbeit an unserem Dokument ein zweites Dokument offen haben, in dem wir uns zum Beispiel Notizen machen können. Dazu müssen wir wissen, wie man ein neues Dokument erzeugt. Wieder gibt es zwei Möglichkeiten: über das Menü

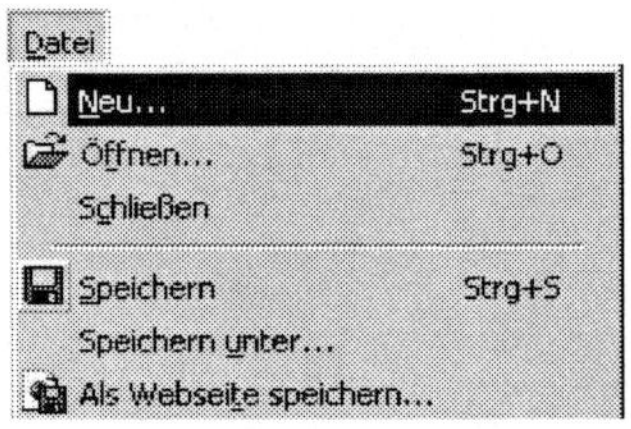

Abbildung 19: Ein neues Dokument erzeugen

und über das Symbol.

Bei Word 2000 wird beim Erzeugen über das Menü zunächst ein Dialog angezeigt, in dem man die Art des Dokuments wählen kann (leeres Dokument, Webseite, verschiedene Berichtarten, ...). Das Öffnen über das Symbol entspricht dem Öffnen eines leeren Dokuments.

2.4 Grundlegende Programmeinstellungen

2.4.1 Verschiedene Ansichten

Ansichten

In vielen Textverarbeitungsprogrammen kann der erfasste Text in verschiedenen Ansichten betrachtet werden. Word bietet zB vier Ansichten:

Normalansicht: Diese Ansicht ist praktisch zum Eingeben, Bearbeiten und Formatieren von Text. In der Normalansicht werden Textformatierungen angezeigt, aber das Layout einer Seite wird vereinfacht dargestellt, um eine schnelle Texteingabe und -bearbeitung zu ermöglichen.

Weblayoutansicht: Diese Ansicht dient dem Erstellen von Webseiten.

Gliederungsansicht: In dieser Ansicht kann die Struktur eines Dokuments betrachtet werden. In der Gliederungsansicht kann ein Dokument so reduziert werden, dass nur die Hauptüberschriften angezeigt werden.

WYSIWYG

Seitenlayoutansicht: In dieser Ansicht erscheint der Text so, wie er auch auf der gedruckten Seite aussieht. Es wird das sogenannte WYSIWYG (what you see is what you get) Prinzip angewandt. Für Anfänger ist es empfehlenswert, diese Ansicht einzuschalten.

Die Ansicht kann über das Menü Ansicht gewechselt werden.

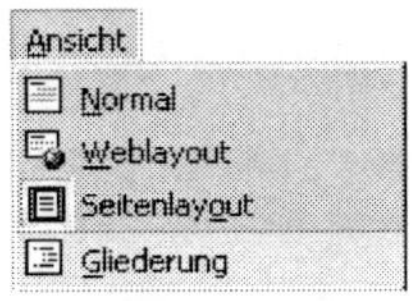

Abbildung 20: Das Menü Ansicht

2.4.2 Das Fenster maximieren

Vollbild

Um möglichst viel vom Dokument zu sehen, ist es ratsam im Vollbild-Modus zu arbeiten, das heißt, das Textprogramm auf Bildschirmgröße zu vergrößern. Man wechselt mit dem mittleren Symbol in der Titelleiste zwischen Teil- und Vollbild.

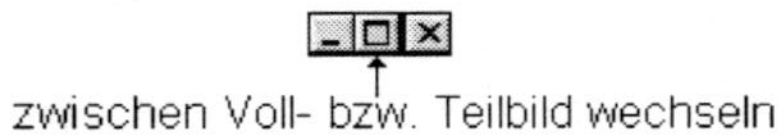

Abbildung 21:Vollbild-Modus einstellen

Teilbild

Das Symbol Wechsel zum Teilbild-Modus ist zu sehen, wenn sich das Programm im Vollbild-Modus befindet. Ein Klick darauf bewirkt einen Wechsel zum Teilbild-Modus. Genau umgekehrt verhält es sich mit dem Symbol Wechsel zum Vollbild-Modus .

2.4.3 Den passenden Zoom-Faktor wählen

Zoomen

Bei vielen Textprogrammen ist es möglich den Text in verschiedenen Vergrößerungsstufen darzustellen. In Word wird die Vergrößerungsstufe mit Hilfe der Zoom-Funktion eingestellt, die wir in der Symbolleiste finden.

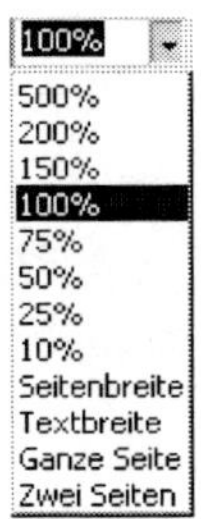

Abbildung 22: Den Zoom-Faktor wählen

Man muss ein bisschen herumprobieren welche Einstellung die passende ist, dh wo man den Text gut lesen kann, aber trotzdem noch genug von der Seite sieht.

(Ein Tipp: Die Einstellung *Seitenbreite* stellt den Zoom-Faktor so ein, dass die ganze Breite des Bildschirms ausgenutzt wird.)

3 Grundlagen der Textverarbeitung

3.1 Texteingabe und Zeilenumbrüche

Nachdem wir das Textverarbeitungsprogramm mit einem neuen Dokument geöffnet haben, können wir sofort mit der Texteingabe beginnen.

Einfügemarke

Der blinkende Cursor (auf deutsch Einfügemarke) bewegt sich mit dem Text mit. So können wir immer erkennen, wo der eingegebene Text erscheinen wird.

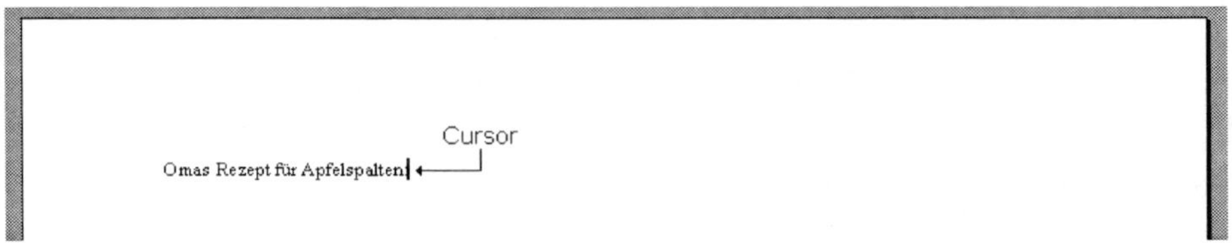

Abbildung 23:Text eingeben

Umschalt-Tasten

Buchstabentasten alleine erzeugen Kleinbuchstaben. Um Großbuchstaben zu erzeugen müssen wir, wie auch bei der Schreibmaschine, gleichzeitig mit der entsprechende Buchstabentaste die *Umschalt*-Taste  betätigen. Es gibt zwei *Umschalt*-Tasten auf der Tastatur, eine links und eine rechts vom Zeichenblock (für Leute, die das Zehn-Finger-System beherrschen). Über der linken *Umschalt*-Taste finden wird die *Feststell*-Taste. Wenn wir sie betätigen, leuchtet über dem Nummernblock ein Lämpchen auf. Das soll uns zeigen, dass ab nun die Buchstabentasten, ohne gleichzeitiges Drücken der *Umschalt*-Taste, Großbuchstaben erzeugen. Es ist von der jeweiligen Tastatur abhängig, wie die Feststellung wieder aufgehoben werden kann. Bei manchen Tastaturen muss man noch einmal die *Feststell*-Taste betätigen, bei anderen die *Umschalt*-Taste. Das Lämpchen erlischt dann wieder.

Einige Tasten sind nicht nur mit einem Zeichen beschriftet, sondern mit zwei, manchmal sogar mit drei. Wir wollen dies anhand der Taste 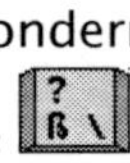 erläutern. Die Taste allein erzeugt ein ß. Die Taste, gleichzeitig mit der *Umschalt*-Taste gedrückt, erzeugt ein ?. Die Taste, gleichzeitig mit der *AltGr*-Taste gedrückt, erzeugt einen \.

Zeilen-umbruch

Wenn wir einen neuen Absatz beginnen möchten, betätigen wir die *Eingabe*-Taste 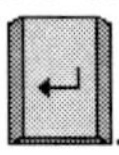. Hierbei muss aber unbedingt auf einen sehr wesentlichen Unterschied zur Schreibmaschine geachtet werden: Wenn wir am Ende der Zeile angelangt sind, ist es nicht notwendig die *Eingabe*-Taste zu betätigen, um in die nächste Zeile zu gelangen – das Textverarbeitungsprogramm macht den Zeilenumbruch selbständig. Wenn wir ihm dabei zuvorkommen, machen wir nicht nur eine Fleißaufgabe, was nicht so schlimm wäre, sondern bringen gewissermaßen das ganze Konzept durcheinander.

Einer der großen Vorteile von Textverarbeitungsprogrammen ist ja, dass der Text nicht ein für allemal fix ist, sondern zB nachträglich Buchstaben eingefügt oder gelöscht werden können. Dadurch verschiebt sich aber das Zeilenende. Wenn wir dem Textverarbeitungsprogramm nicht „ins Handwerk pfuschen", kümmert es sich selbständig um korrekte Zeilenumbrüche. Also:

die *Eingabe*-Taste soll nur verwendet werden um ganz bewusst einen neuen Absatz zu beginnen.

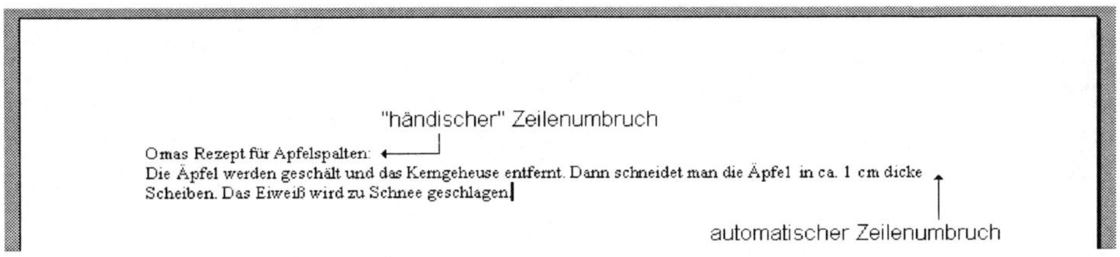

Abbildung 24: Händischer und automatischer Zeilenumbruch

Formatierungs-zeichen

Viele Textverarbeitungsprogramme zeigen Formatierungszeichen an. Ein händischer Zeilenumbruch wird zB durch das Zeichen ¶ gekennzeichnet. In Word kann man sich aussuchen, ob man Formatierungszeichen angezeigt haben möchte oder nicht. Durch Klick auf das Symbol ¶ werden die Formatierungszeichen ein- bzw auch wieder ausgeblendet.

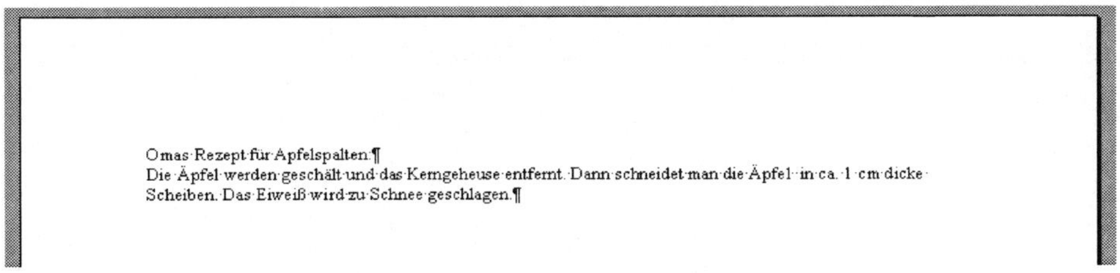

Abbildung 25: Text mit eingeblendeten Formatierungszeichen

3.2 Sich im Text bewegen

Man kann den Cursor an eine beliebige Stelle im Text setzen (und dort weiterschreiben). Die einfachste Möglichkeit dies zu tun, ist mit der Maus auf die Stelle zu klicken.

Navigieren im Text

Mitunter mag es aber lästig sein, immer zwischen Maus und Tastatur wechseln zu müssen. Deshalb ist es praktisch zu wissen, wie man sich mit Tasten und Tastenkombinationen im Text bewegt. Zu diesem Zweck dienen die Tasten zwischen Zeichenblock und Nummernblock.

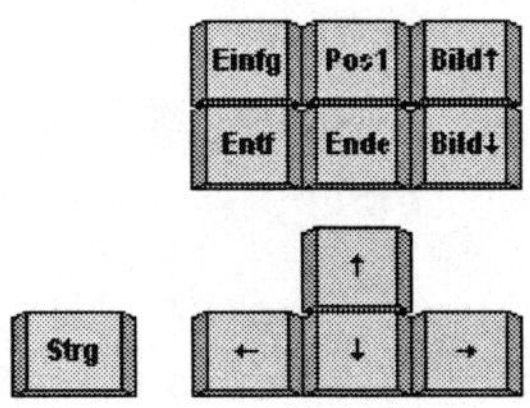

Abbildung 26: Tasten, um sich im Text zu bewegen

In folgender Tabelle sind die verschiedenen Funktionen zusammengefasst:

←	ein Zeichen nach links	→	ein Zeichen nach rechts
↑	eine Zeile nach oben	↓	eine Zeile nach unten
Pos1	An den Zeilenanfang	Ende	an das Zeilenende
Strg + Pos1	An den Textanfang	Strg + Ende	an das Textende
Strg + ←	ein Wort nach links	Strg + →	ein Wort nach rechts

Strg + ↑	einen Absatz nach oben	Strg + ↓	einen Absatz nach unten
Bild↑	eine Bildschirmseite Richtung Anfang	Bild↓	eine Bildschirmseite Richtung Ende
Strg + Bild↑	eine Seite vor	Strg + Bild↓	eine Seite zurück

3.2.1 Sich mit den Bildlaufleisten im Text bewegen

Bildlaufleisten

In Word 2000 sind immer sogenannte Bildlaufleisten rechts und unten eingeblendet: Wenn nicht der gesamte Text auf einer Bildschirmseite Platz hat, kann man den gerade nicht sichtbaren Teil des Dokuments mit Hilfe der Bildlaufleisten zur Anzeige bringen.

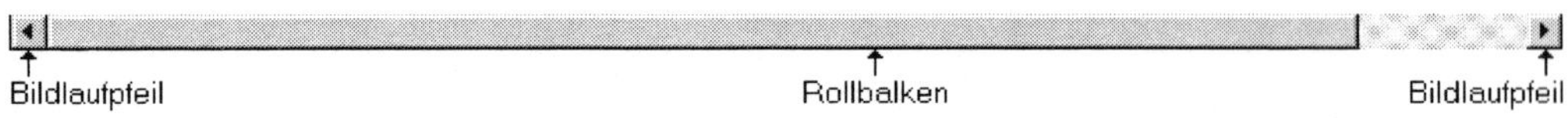

Abbildung 27: Horizontale Bildlaufleiste

Ein Klick auf einen der Bildlaufpfeile bewirkt, dass der Fensterinhalt ein kleines Stück nach rechts ▸, links ◂, oben ▴ oder unten ▾ verschoben wird.

Der Rollbalken kann wie ein Schieberegler verwendet werden. Wenn man auf ihn klickt und mit gedrückter Maustaste in die gewünschte Richtung zieht, wird der Fensterinhalt in die entsprechende Richtung verschoben.

Ein Klick auf die graue Fläche schließlich bewirkt, dass der Fensterinhalt um genau eine Bildschirmseite verschoben wird.

3.3 Einfache Korrekturmöglichkeiten

Einer der großen Vorteile von Textverarbeitungsprogrammen gegenüber der Schreibmaschine ist, dass wir ausbessern können, ohne sichtbare Spuren zu hinterlassen.

Zeichen löschen

Wir haben zum Beispiel statt *Kerngehäuse* irrtümlich *Kerngeheuse* geschrieben. Um dies auszubessern setzen wir den Cursor hinter den falschen Buchstaben und betätigen die *Rückschritt*-Taste [←]. Das falsche e wird gelöscht und wir können statt dessen ein ä eintippen.

Eine andere Möglichkeit ist, den Cursor vor den falschen Buchstaben zu setzen und die *Entfernen*-Taste [Entf] zu betätigen. Der Effekt ist derselbe, das e wird gelöscht und wir können richtigerweise ein ä eintippen.

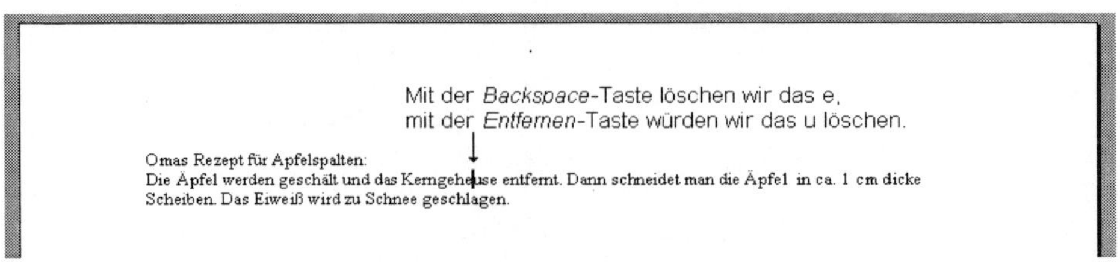

Abbildung 28: Ein Zeichen löschen

Nachträglich Text einfügen

Wir können auch Textstellen nachträglich einfügen. Beispielsweise wäre es gut, vor der Erklärung der Zubereitung die Zutaten aufzulisten. Wir setzen dazu den Cursor hinter den Doppelpunkt der Überschrift und betätigen die *Eingabe*-Taste. Damit haben wir eine neue leere Zeile zwischen der Überschrift und dem Text erzeugt. Nun können wir beginnen, die Zutaten aufzulisten.

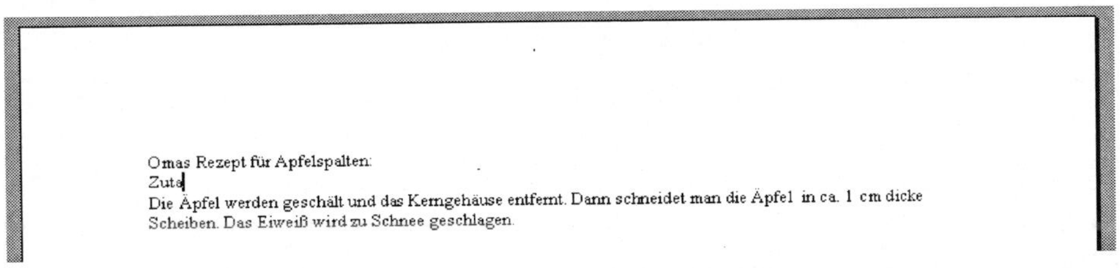

Abbildung 29: Text einfügen

Jetzt können wir den Text fertig stellen. Der Übersichtlichkeit halber fügen wir vielleicht noch ein paar Leerzeilen und die Überschrift *Zubereitung* ein.

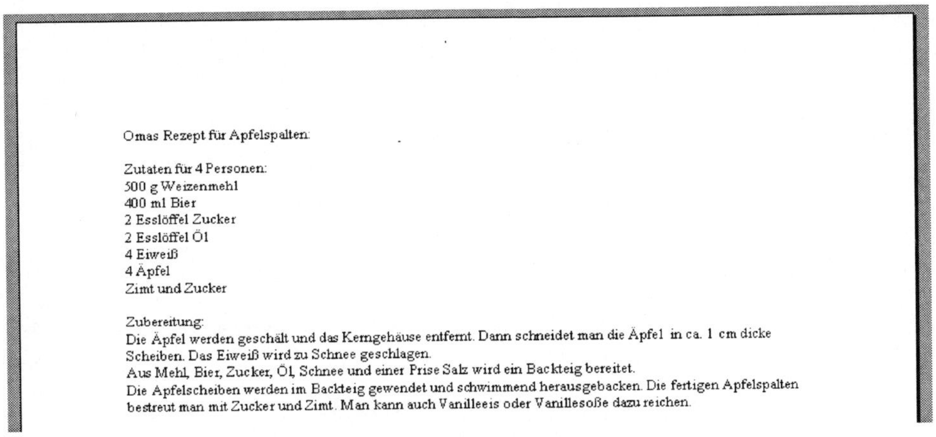

Abbildung 30: Das fertige Rezept

Dokument speichern

Nun wollen wir unser Rezept aber auch speichern. Wie wir bereits wissen, können wir das über das Menü *Datei* und den Menüpunkt *Speichern* oder mit dem Symbol 💾 tun.

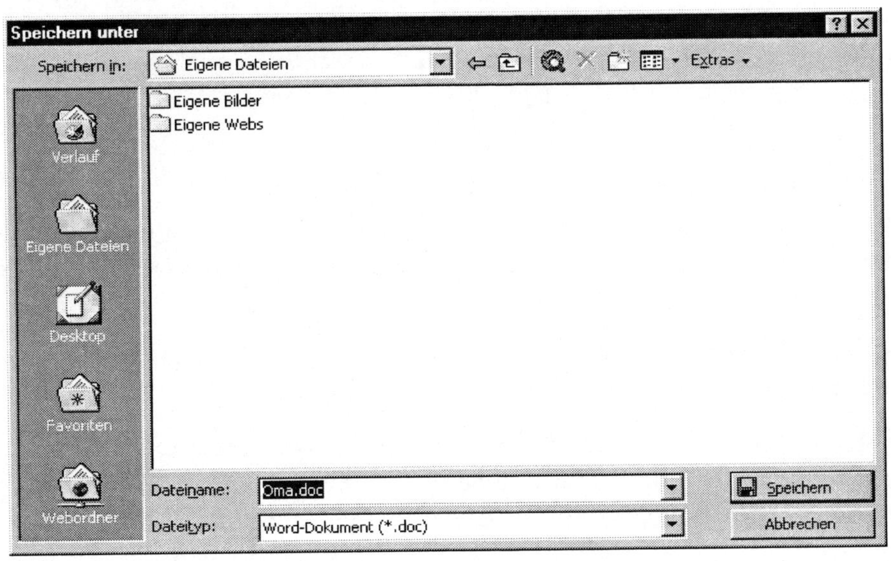

Abbildung 31: Das Rezept speichern

Das Programm schlägt uns als Namen Omas *Rezept für Apfelspalten.doc* vor (das gilt uU nur für Word-Anwender). Dieser Name ist uns zu lange und wir überschreiben ihn daher mit *Oma.doc* . Anschließend klicken wir auf *Speichern.*

3.4 Einfüge- bzw Überschreibmodus

Einfügemodus

Überschreibmodus

Auf eine Sache soll hier noch besonders hingewiesen werden, da sie immer wieder Verwirrung stiftet: und zwar auf den Unterschied zwischen Einfüge- und Überschreibmodus. Einfügemodus bedeutet, dass, wenn man den Cursor zwischen zwei Zeichen setzt und ein Zeichen eintippt, so wird dieses Zeichen zwischen den beiden ursprünglichen eingefügt. Überschreibmodus bedeutet, dass das Zeichen rechts vom Cursor überschrieben wird.

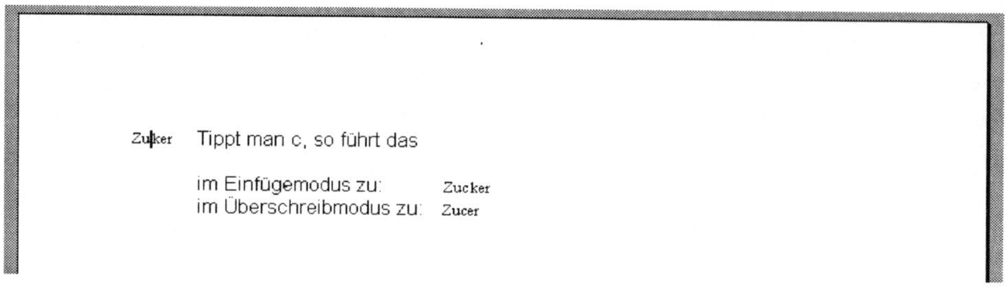

Abbildung 32: Einfüge- versus Überschreibmodus

Modus wechseln

Man wechselt zwischen den beiden Modi, indem man die *Einfügen*-Taste 

betätigt. Die meisten Textverarbeitungsprogramme zeigen in der Statuszeile an, in welchem Modus man sich gerade befindet.

Abbildung 33: Anzeige des Modus in der Statuszeile

Das englische Wort für „Überschreiben" ist „overwrite", daher steht bei vielen Programmen auch *OVR* statt *ÜB*.

3.5 Symbole und Sonderzeichen einfügen

Wenn wir mit der Hand schreiben, verwenden wir oft Zeichen, die wir auf der Tastatur nicht finden, die aber das, was wir sagen wollen, einfach und schnell ausdrücken. Denken wir nur an Zeichen wie ∞, ∅, ≠, ‰, ©, ±, ⇨.

Textverarbeitungsprogramme bieten in der Regel die Möglichkeit, solche Symbole in den Text aufzunehmen.

Symbole einfügen

In Word fügt man ein Symbol ein, indem man den Cursor an die Stelle im Text setzt, wo man das Symbol stehen haben möchte und im Menü *Einfügen* den Menüpunkt *Symbol* wählt. Folgender Dialog erscheint:

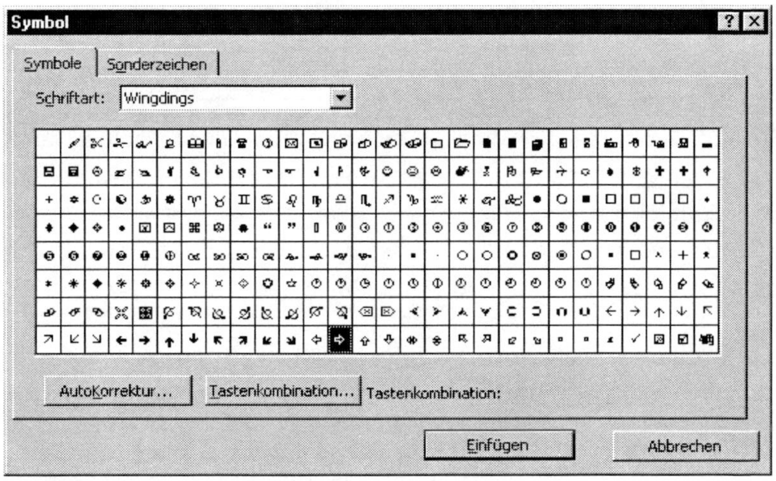

Abbildung 34: Symbole einfügen

Symbole sind Teile einer Schriftart und jede Schriftart enthält andere Symbole. Daher kann man im Dialog die Schriftart wählen.

Man wählt nun das gewünschte Symbol mit einem Doppelklick oder indem man es anklickt und anschließend auf den Button *Einfügen* klickt. Das Zeichen wird eingefügt, der Dialog bleibt aber offen und gibt damit die Möglichkeit weitere Symbole einzufügen.

Sonderzeichen einfügen

Der Dialog enthält noch eine weitere Registerkarte Sonderzeichen. Wir wechseln durch einen Klick auf das Wort *Sonderzeichen* zu dieser.

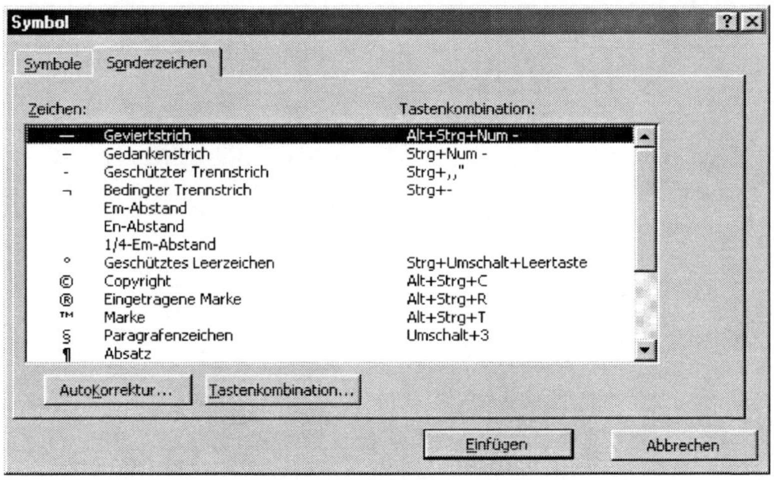

Abbildung 35: Sonderzeichen einfügen

Hier befinden sich weiter nützliche Zeichen, die man nicht direkt mit der Tastatur erzeugen kann. Wie bei den Symbolen wählt man das gewünschte Sonderzeichen mit einem Doppelklick oder indem man es anklickt und anschließend auf den Button *Einfügen* klickt.

Man schließt den Dialog über den Button *Schließen*. (Der Button *Abbrechen* ändert seine Aufschrift nachdem ein Zeichen eingefügt wurde).

3.6 Übung

1. Wir öffnen ein neues Dokument. (Hinweis: Symbol)

2. Wir geben den folgenden Text (inklusive Fehler) ein und achten dabei darauf nicht am Ende der Zeile die *Eingabe*-Taste zu betätigen:

> Mitterhofers erste Schreibmaschine war entsprechend seines Berufes - mit Ausnahme des Typenhebelkorbes - ganz aus Holtz gefertigt. Weil nur die Grundprinzipien der Mechanik verkörpert waren, wird sie die „Misslungene“ genannt. Er selber betzeichnete sie so, weil Buchstabenabstand und -bild unregelmäßig waren.

3. Wir korrigieren das Wort *Holtz* mit Hilfe der *Entfernen*-Taste. Dazu setzen wir den Cursor mit Hilfe der Maus an die entsprechende Textstelle.
4. Wir korrigieren das Wort *betzeichnete* mit Hilfe der *Rückschritt*-Taste. Dazu bewegen wir den Cursor mit Hilfe der Pfeiltasten an die entsprechende Textstelle.
5. Wir beginnen bei *Weil nur die Grundprinzipien ...* einen neuen Absatz.
6. Wir fügen als erste Zeile (also als Überschrift) den Text *MODELL 1864* ein. (Hinweis: Um die Zeile zu erzeugen setzt man den Cursor vor das *M* von *Mitterhofers* und betätigt die *Eingabe*-Taste.)
   Um das Wort *MODELL* in Großbuchstaben zu schreiben, verwenden wir die *Feststell*-Taste.
7. Wir speichern den Text unter dem Namen *Übungen.doc*. (Hinweis: Symbol )

4 Den Text überarbeiten

4.1 Text markieren

Da sich viele der Möglichkeiten zur Textüberarbeitung auf markierte Textstellen beziehen, ist es zunächst notwendig zu lernen, was Markieren heißt und wie man Text markiert.

Markierter Text

Ein markierter Text erscheint am Bildschirm mit einer anderen Hintergrundfarbe (meist schwarz oder blau). Das Markieren dient nur der Arbeit mit dem Textverarbeitungsprogramm, das Programm muss oft wissen, auf welche Textstelle sich eine Aktion beziehen soll. Markierungen haben daher nichts mit dem Layout des Textes zu tun und werden selbstverständlich auch nicht gedruckt. Um eine Markierung aufzuheben genügt ein Klick mit der Maustaste an eine beliebige Stelle.

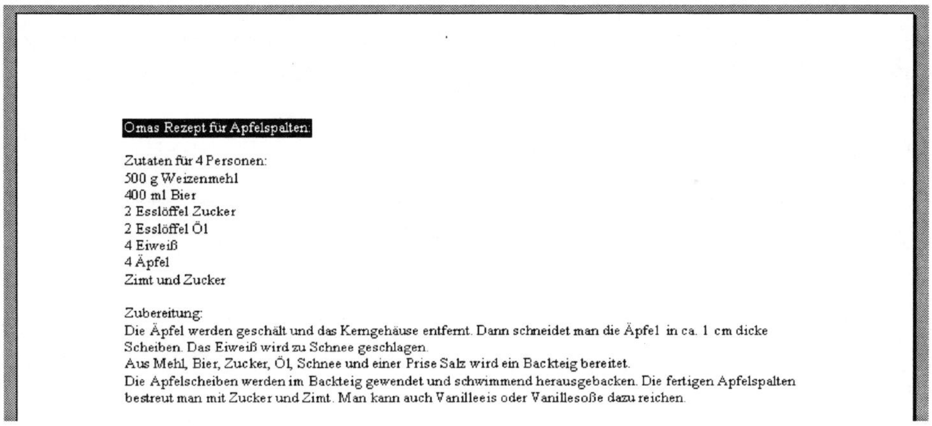
Omas Rezept für Apfelspalten:

Zutaten für 4 Personen:
500 g Weizenmehl
400 ml Bier
2 Esslöffel Zucker
2 Esslöffel Öl
4 Eiweiß
4 Äpfel
Zimt und Zucker

Zubereitung:
Die Äpfel werden geschält und das Kerngehäuse entfernt. Dann schneidet man die Äpfel in ca. 1 cm dicke Scheiben. Das Eiweiß wird zu Schnee geschlagen.
Aus Mehl, Bier, Zucker, Öl, Schnee und einer Prise Salz wird ein Backteig bereitet.
Die Apfelscheiben werden im Backteig gewendet und schwimmend herausgebacken. Die fertigen Apfelspalten bestreut man mit Zucker und Zimt. Man kann auch Vanilleeis oder Vanillesoße dazu reichen.

Abbildung 36: Markierter Text

4.1.1 Markieren mit der Maus

Markieren mit der Maus

Um eine Textstelle mit der Maus zu markieren klicken wir mit der linken Maustaste an den Anfang dieser Textstelle, halten die Maustaste gedrückt, ziehen die Maus an das Ende der Textstelle und lassen die Maustaste wieder los.

Eine einfachere Variante ist, mit der linken Maustaste an den Anfang der Textstelle zu klicken, die *Umschalt*-Taste gedrückt zu halten, mit der Maus an das Ende der Textstelle zu klicken und die *Umschalt*-Taste loszulassen.

Um die Arbeit zu erleichtern sind in Word häufig vorkommende Markierungen leichter zu bewerkstelligen. Andere Textverarbeitungsprogramme bieten in der Regel dieselben oder ähnliche Möglichkeiten an. Die folgende Tabelle fast die Möglichkeiten zusammen:

Markiert wird:	*Aktion:*
ein Wort	Doppelklick in das Wort
ein Satz	Klick in den Satz bei gedrückter *Strg*-Taste
eine Bildschirmzeile	Klick in den Bereich links neben der Zeile

ein Absatz	Doppelklick in den Bereich links neben dem Absatz
der ganze Text	Klick neben den Text bei gedrückter *Strg*-Taste oder Dreifachklick

Ein besonderer Hinweis scheint hier noch angebracht. Wenn man die Markierung in der Mitte eines Wortes beginnt und sie in der Mitte des folgenden Wortes beendet, markiert Word beide Wörter und das dazwischenliegende Leerzeichen. Sollte das nicht erwünscht sein, kann man dies über den Menüpunkt *Optionen* im Menü *Extras* ausschalten, indem man im Register *Bearbeiten* das Kontrollfeld *Wörter automatisch markieren* deaktiviert.

4.1.2 Markieren mit der Tastatur

Markieren mit der Tastatur

Um sich den Griff zur Maus zu ersparen, ist es praktisch zu wissen, wie man mit der Tastatur Markierungen setzt. Man stellt den Cursor an den Anfang der zu markierenden Textstelle drückt die *Umschalt*-Taste und verwendet dieselben Tasten, die wir schon für das Bewegen im Text kennen gelernt haben.

Die Taste [→] markiert also zB das Zeichen rechts vom Cursor, die Taste [Pos1] markiert vom Cursor bis zum Zeilenbeginn, die Taste [↓] markiert vom Cursor bis zur Stelle unter dem Cursor in der nächsten Zeile usw.

4.2 Textteile verschieben, kopieren, überschreiben und löschen

4.2.1 Ausschneiden, Kopieren, Einfügen und Löschen

Nehmen wir an, wir wollen die Äpfel am Beginn der Zutatenliste stehen haben. Wir wollen diesen Textteil also verschieben. Zu diesem Zweck markieren wir zunächst die Zeile (zB indem wir mit der linken Maustaste neben die Zeile klicken). Nun wählen wir im Menü *Bearbeiten* den Menüpunkt

Ausschneiden

Ausschneiden. Die Zeile wird dadurch (vorübergehend) aus dem Dokument entfernt. Wir setzen nun den Cursor an den Beginn der Zutatenliste, also vor *500 g Weizenmehl*, und wählen im Menü *Bearbeiten* den Menüpunkt

Einfügen

Einfügen.

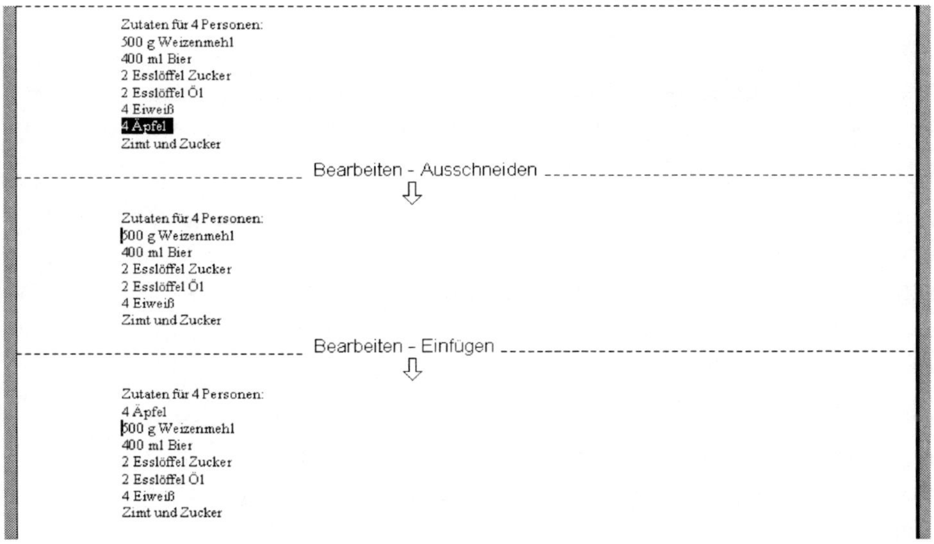

Abbildung 37: Einen Textteil verschieben

Auf ganz ähnliche Art kann man Text kopieren. In unserer Zutatenliste kommt zum Beispiel zweimal *2 Esslöffel* vor. Hätten wir beim Schreiben des Rezepts schon gewusst, wie man kopiert, hätten wir uns etwas Tipparbeit erspart. Zur Übung wollen wir den Text *2 Esslöffel* ans Ende der Zutatenliste kopieren.

Kopieren

Wir markieren also den Text und wählen im Menü *Bearbeiten* den Menüpunkt *Kopieren*. Anders als beim Verschieben, wir der Text nicht aus dem Dokument entfernt. Nun setzen wird den Cursor unter die Zeile *Zimt und Zucker* und wählen, wie zuvor, im Menü *Bearbeiten* den Menüpunkt *Einfügen*.

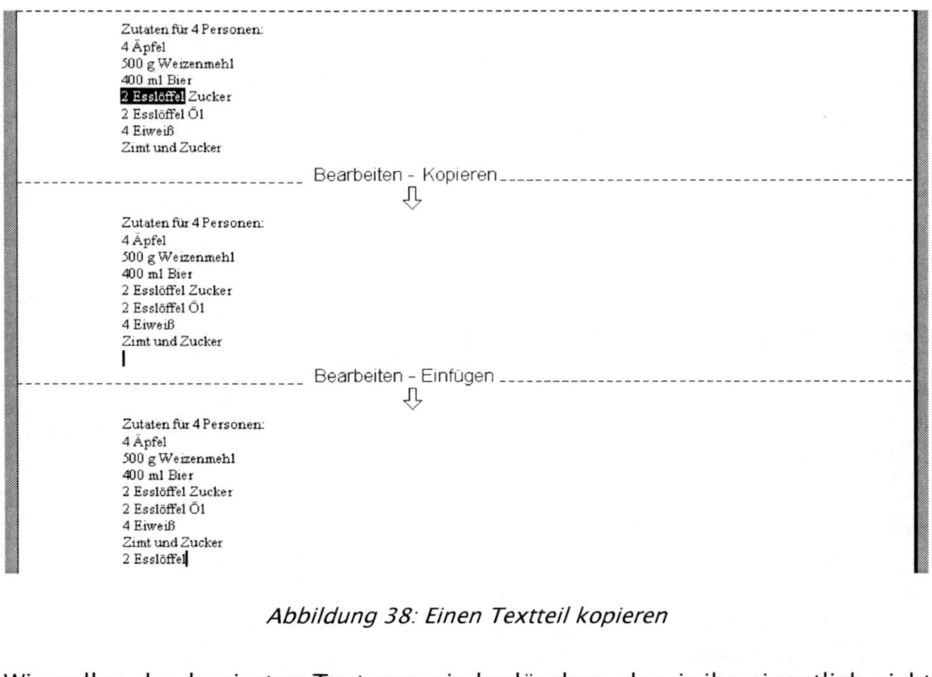

Abbildung 38: Einen Textteil kopieren

Löschen

Wir wollen den kopierten Text nun wieder löschen, da wir ihn eigentlich nicht brauchen. Wir markieren dazu den zu löschenden Text (*2 Esslöffel*) und betätigen die Taste Entf. Der Text wird aus dem Dokument gelöscht.

4.2.2 Die Zwischenablage

Nachdem wir nun jeweils eine Möglichkeit kennen gelernt haben, Textstellen zu verschieben, zu kopieren bzw zu löschen, wollen wir uns etwas mit dem Hintergrund dieser Aktionen beschäftigen.

Zwischenablage füllen

Durch den Befehl *Einfügen* wird das in der sogenannten Zwischenablage befindliche Objekt eingefügt. (In unserem Fall ist das Objekt ein Text, es kann sich aber auch um Bilder, Dateien usw handeln.) Die Zwischenablage ist ein temporärer Speicher und wird durch die Befehle *Ausschneiden* bzw *Kopieren* sozusagen befüllt.

Wir haben also folgendes getan: Durch den Befehl *Ausschneiden* bzw *Kopieren* haben wir den Text in die Zwischenablage gespeichert und durch den Befehl *Einfügen* haben wir den in der Zwischenablage befindlichen Text eingefügt.

Die Zwischenablage gilt nicht nur für das Textverarbeitungsprogramm, sondern für den gesamten Rechner. Wir können also zum Beispiel in einem Zeichenprogramm ein Bild kopieren und es ins Textverarbeitungsprogramm einfügen. Natürlich können dadurch auch Textstellen zwischen verschiedenen Dokumenten verschoben bzw kopiert werden.

Zwischenablage überschreiben

Grundsätzlich kann sich immer nur ein Objekt in der Zwischenablage befinden. Das heißt, ein Objekt befindet sich solange in der Zwischenablage, bis es durch einen neuerlichen *Ausschneiden*- bzw *Kopieren*-Befehl überschrieben wird. Office 2000 hat die Möglichkeiten hier erweitert, indem sich mehrere Objekte in der Zwischenablage befinden können. Mit diesem Thema beschäftigt sich der übernächste Abschnitt.

Abschließend sei noch darauf hingewiesen, das beim Befehl *Löschen* (den wir über die *Entfernen*-Taste ausgelöst haben) der Text nicht in die Zwischenablage gespeichert wird, also nicht wieder eingefügt werden kann.

4.2.3 Verschiedene Arten von Ausschneiden, Kopieren, Einfügen und Löschen

Unser Textverarbeitungsprogramm bietet mehrere Möglichkeiten für das Ausschneiden, Kopieren und Einfügen. Die folgende Tabelle fasst die wichtigsten zusammen:

Aktion	*Menü*	*Symbol*	*Tastatur*	*Kontextmenü*
Kopieren	Bearbeiten - Kopieren		Strg + C oder Strg + Einfg	Kopieren
Ausschneiden	Bearbeiten - Ausschneiden	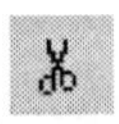	Strg + X oder ⇧ + Entf	Ausschneiden
Einfügen	Bearbeiten - Einfügen		Strg + V oder ⇧ + Einfg	Einfügen

Löschen	Bearbeiten - Markierung Löschen	✕	Entf oder ←	------

4.2.4 Die Office-Zwischenablage

Mehrere Objekte kopieren

Wie bereits erwähnt ermöglicht Office 2000, mehr als ein Objekt, nämlich maximal 12, in die Zwischenablage zu speichern. Sobald sich zwei Objekte in der Office-Zwischenablage befinden, also sobald wir zweimal einen der Befehle *Ausschneiden* bzw *Kopieren* gegeben haben, erscheint automatisch die Symbolleiste der Office-Zwischenablage.

Abbildung 39: Die Office-Zwischenablage

Symbolleiste Zwischenablage

Sollte die Symbolleiste nicht automatisch erscheinen (man kann diese Option abschalten), so kann sie über das Menü *Ansicht*, Untermenü *Symbolleisten*, Menüpunkt *Zwischenablage* angezeigt werden.

Verschiedene Symbole lassen erkennen, worum es sich bei den einzelnen Objekten handelt.

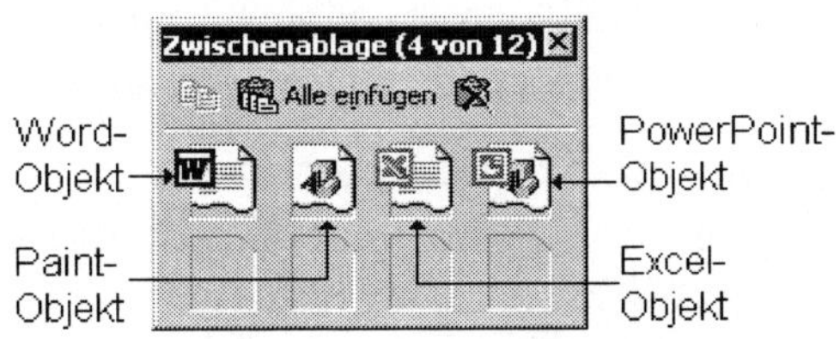

Abbildung 40: Verschiedene Objekte in der Office-Zwischenablage

Zusätzlich wird, wenn man die Maus über ein Symbol führt und dort kurz verharrt, ein Tooltipp eingeblendet, der im Falle eines Textes zB dessen Inhalt anzeigt.

Abbildung 41:Tooltipp zu Objekt in der Zwischenablage

Ein Objekt einfügen

Um ein Objekt aus der Office-Zwischenablage in unser Dokument einzufügen, setzen wir den Cursor an die gewünschte Stelle und klicken auf das entsprechende Objekt.

Alle Objekte einfügen

Um alle Objekte aus der Office-Zwischenablage in unser Dokument einzufügen, wählen wir ebenfalls zunächst die Stelle, indem wir den Cursor dorthin setzen und klicken dann auf das Symbol Alle einfügen.

Zwischenablage löschen

Um den gesamten Inhalt der Office-Zwischenablage zu löschen klicken wir auf das Symbol .

Die Office-Zwischenablage kann nicht nur in Word, sondern in allen Office-Programmen (Excel, Powerpoint, Access, Outlook, FrontPage, ...) verwendet werden.

4.2.5 Textstellen überschreiben

Es ist auch möglich, ganze Textstellen zu überschreiben. Angenommen wir möchten statt des Satzes *Man kann auch Vanilleeis oder Vanillesoße dazu reichen.* lieber *Besonders gut schmeckt dazu Vanilleeis oder Vanillesoße.* schreiben.

Wir markieren dazu den Satz, den wir überschreiben möchten und schreiben (tippen) einfach den neuen Satz darüber. Schon beim Eintippen des ersten Buchstabens wird der markierte Textteil durch diesen Buchstaben ersetzt.

4.3 Das Rückgängig-Kommando

Eine besonders angenehme Eigenschaft von Textverarbeitungsprogrammen ist, das in der Regel Fehler nicht endgültig sind, sondern rückgängig gemacht werden können.

Letzte Aktion rückgängig machen

Es kann beispielsweise leicht passiert, dass man viel Text markiert hat und dann versehentlich auf irgendeine Taste drückt, schon ist der gesamte Text überschrieben. Wir müssen nun nur im Menü *Bearbeiten* den Menüpunkt *Rückgängig* wählen, schon ist der ursprüngliche Zustand wiederhergestellt. Das gleiche erreichen wir über die Tastenkombination *Strg+Z*.

Es kann aber nicht nur eine Aktion rückgängig gemacht werden, sondern gleich mehrere. Wir rufen den Menüpunkt *Rückgängig* (bzw betätigen die Tastenkombination *Strg+Z*) einfach so oft hintereinander, bis der erwünschte Zustand wiederhergestellt ist.

Ausgewählte Aktionen rückgängig machen

In Word 2000 hat das Symbol dieselbe Funktion wie der Menüpunkt *Rückgängig*. Außerdem befindet sich neben diesem Symbol ein Pfeil. Durch Klick auf diesen öffnet sich ein Menü, in dem unsere Aktionen aufgelistet sind.

Abbildung 42: Rückgängig machbare Aktionen

Wir können nun durch Markieren jene Aktionen wählen, die wir rückgängig machen möchten.

4.4 Suchen und Ersetzen

4.4.1 Text suchen

Bei einem Dokument mit sehr vielen Seiten ist es oft nicht leicht eine bestimmte Textstelle zu finden. Textverarbeitungsprogramme unterstützen uns bei dieser Arbeit, indem sie Suchfunktionen anbieten.

In der Regel kann man nicht einfach nur Worte (bzw Wortgruppen) suchen, sondern die Suche genauer definieren. Zum Beispiel kann man festlegen in welchem Teil des Dokuments gesucht werden soll oder ob Groß-/Kleinschreibung beachtet werden soll.

Suchmuster

Meist können auch Suchmuster verwendet werden. Das heißt, der Suchbegriff enthält sogenannte „Jokerzeichen". Ein ? bedeutet: irgendein beliebiges Zeichen, ein * bedeutet beliebig viele beliebige Zeichen (also auch keines). Mit dem Suchmuster **suche?* würden wir beispielsweise folgende Wörter finden: *durchsuchen, versuchen, Muschelsucher, suchen, ...*

In den meisten Textverarbeitungsprogrammen finden wir die Suchfunktion im Menü *Bearbeiten*, so auch in Word.

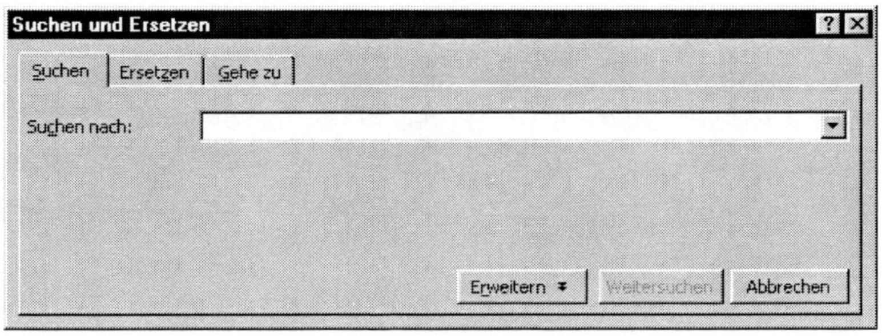

Abbildung 43: Der Suchen-Dialog

Suche starten

Durch Klick auf den Button *Erweitern* werden Suchoptionen eingeblendet. Sobald wir einen Suchbegriff eingegeben haben, wird der Button *Weitersuchen* aktiviert. Ein Klick auf diesen startet die Suche. Word springt zur Stelle des ersten Vorkommens des Suchbegriffs und markiert diesen, ein weiterer Klick auf *Weitersuchen* sucht nach dem nächsten Vorkommen.

4.4.2 Text ersetzen

Manchmal passiert es, dass man ein in einem Text häufig verwendetes Wort durch ein anderes ersetzen möchte. Beispielsweise könnten wir unser Apfelspalten-Rezept in ein Birnenspalten-Rezept umschreiben wollen.

Auch hierbei unterstützen uns die meisten Textverarbeitungsprogramme. Dies hat nicht nur den Vorteil der Arbeitsersparnis, sondern verhindert auch, dass wir nicht alle Vorkommen ausbessern, was beim händischen Ändern leicht passieren kann.

Auch die Ersetzen-Funktion finden wir in den Regel im Menü *Bearbeiten*, so auch in Word.

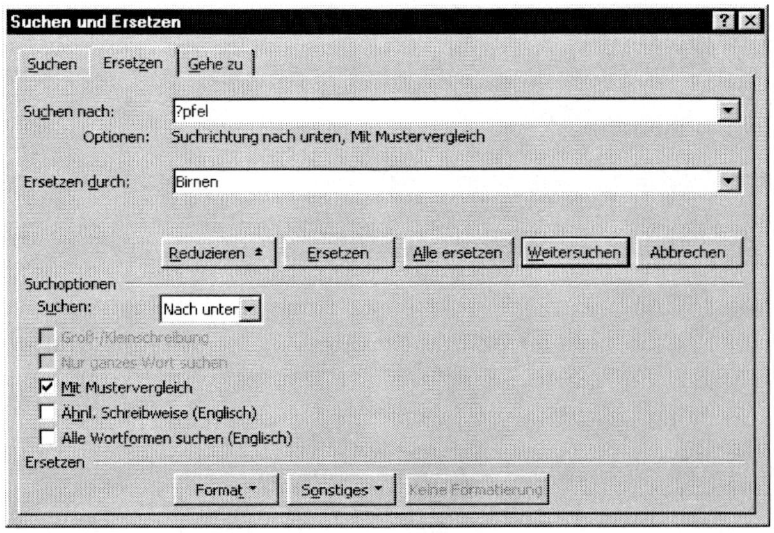

Abbildung 44: Der Ersetzen-Dialog

Suchoptionen

Wie beim Suchen-Dialog können über den Button *Erweitern* Suchoptionen eingeblendet werden. Wir müssen die Option *Mit Mustervergleich* aktivieren, weil wir durch das Suchmuster *?pfel* alle Vorkommen von *Äpfel* und *Apfel* abdecken möchten.

Ersetzen

Durch Klick auf den Button *Ersetzen* springt Word zum ersten Vorkommen, ein weiterer Klick auf *Ersetzen* ersetzt das erste Vorkommen von *?pfel* durch *Birnen*. Jeder weitere Klick auf *Ersetzen* ersetzt das jeweils nächste Vorkommen. Wollen wir ein Vorkommen nicht ersetzen, können wir dieses durch Klick auf *Weitersuchen* überspringen.

Ein Klick auf *Alle ersetzen* ersetzt alle Vorkommen auf einmal.

Unser Rezept sieht nun so aus:

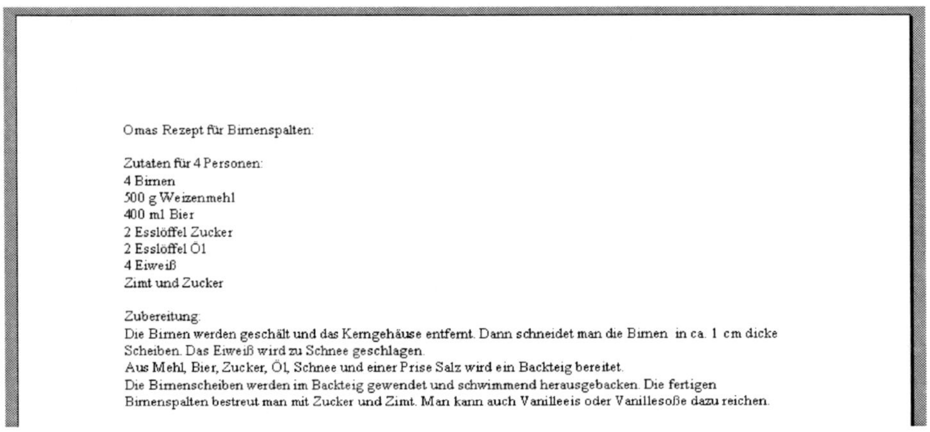
Omas Rezept für Birnenspalten:

Zutaten für 4 Personen:
4 Birnen
500 g Weizenmehl
400 ml Bier
2 Esslöffel Zucker
2 Esslöffel Öl
4 Eiweiß
Zimt und Zucker

Zubereitung:
Die Birnen werden geschält und das Kerngehäuse entfernt. Dann schneidet man die Birnen in ca. 1 cm dicke Scheiben. Das Eiweiß wird zu Schnee geschlagen.
Aus Mehl, Bier, Zucker, Öl, Schnee und einer Prise Salz wird ein Backteig bereitet.
Die Birnenscheiben werden im Backteig gewendet und schwimmend herausgebacken. Die fertigen Birnenspalten bestreut man mit Zucker und Zimt. Man kann auch Vanilleeis oder Vanillesoße dazu reichen.

Abbildung 45: Omas Rezept für Birnenspalten

Speichern unter...

Wir wollen nun das Birnenspalten-Rezept speichern, allerdings ohne dabei das Apfelspalten-Rezept zu zerstören. Zu diesem Zweck wählen wir aus dem Menü *Datei* den Menüpunkt *Speichern unter*.

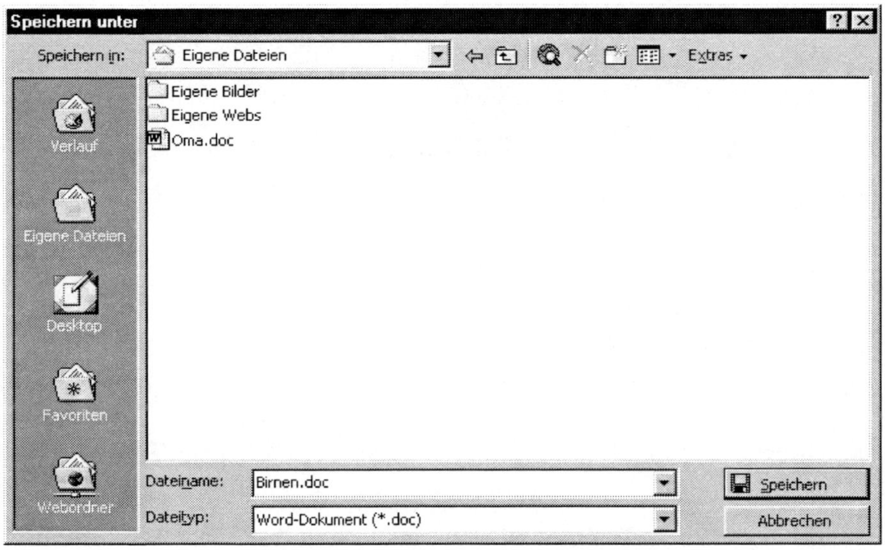

Abbildung 46: Speichern unter ...

Als Dateiname geben wir *Birnen.doc* ein und klicken anschließend auf *Speichern*.

Nun haben wir ein Dokument *Oma.doc* mit dem Apfelspalten-Rezept und ein Dokument *Birnen.doc* mit dem Birnenspalten-Rezept.

4.5 Übung

1. Wir öffnen unser Übungsdokument *Übungen.doc*. (Hinweis:)
2. Wir tippen nach dem Text über Mitterhofers Schreibmaschine folgenden Text ein:

> Die ersten Textverarbeitungsprogramme waren so konzipiert gewesen, dass die Formatierungsanweisungen vom User mit Hilfe spezieller Zeichenkombinationen direkt im Text angegeben wurden und dann bei der Ausgabe die entsprechenden Effekte wie Leerzeilen, Einrückungen, Unterstreichungen und dergleichen bewirkten. Viele Jahre später kam eine völlig neue Generation von Textverarbeitungsprogrammen heraus, die nach dem what you see is what you get-Prinzip (WYSIWYG) funktionieren, dh die User können das Layout mit der Maus direkt am Bildschirm einstellen.

3. Wir löschen das Wort *gewesen* in der ersten Zeile. (Hinweis: Zuerst wird das Wort markiert und dann gelöscht.)
4. Wir tauschen die Textstellen *what you see is what you get* und *WYSIWYG*, mit Hilfe der Funktionen *Ausschneiden* und *Einfügen*. Der Text soll dann lauten: *..., die nach dem WYSIWYG-Prinzip (what you see is what you get) funktionieren, ...*
5. Wir überschreiben den Text *und dergleichen* mit *usw*
6. Wir machen das Überschreiben rückgängig.
7. Wir ersetzen mit Hilfe der *Ersetzen*-Funktion alle Vorkommen des Wortes *User* durch *Benutzer*.
8. Wir speichern das Dokument.

5 Grundlagen der Textgestaltung

5.1 Was heißt formatieren?

Formatierter Text

Die folgende Abbildung zeigt links einen unformatierten Text und rechts denselben Text mit Formatierung.

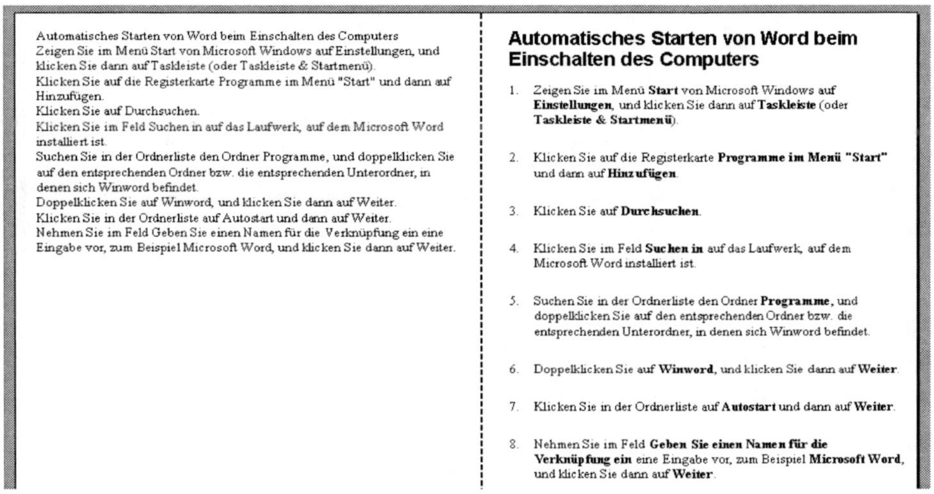

Automatisches Starten von Word beim Einschalten des Computers
Zeigen Sie im Menü Start von Microsoft Windows auf Einstellungen, und klicken Sie dann auf Taskleiste (oder Taskleiste & Startmenü).
Klicken Sie auf die Registerkarte Programme im Menü "Start" und dann auf Hinzufügen.
Klicken Sie auf Durchsuchen.
Klicken Sie im Feld Suchen in auf das Laufwerk, auf dem Microsoft Word installiert ist.
Suchen Sie in der Ordnerliste den Ordner Programme, und doppelklicken Sie auf den entsprechenden Ordner bzw. die entsprechenden Unterordner, in denen sich Winword befindet.
Doppelklicken Sie auf Winword, und klicken Sie dann auf Weiter.
Klicken Sie in der Ordnerliste auf Autostart und dann auf Weiter.
Nehmen Sie im Feld Geben Sie einen Namen für die Verknüpfung ein eine Eingabe vor, zum Beispiel Microsoft Word, und klicken Sie dann auf Weiter.

Automatisches Starten von Word beim Einschalten des Computers

1. Zeigen Sie im Menü **Start** von Microsoft Windows auf **Einstellungen**, und klicken Sie dann auf **Taskleiste** (oder **Taskleiste & Startmenü**).
2. Klicken Sie auf die Registerkarte **Programme im Menü "Start"** und dann auf **Hinzufügen**.
3. Klicken Sie auf **Durchsuchen**.
4. Klicken Sie im Feld **Suchen in** auf das Laufwerk, auf dem Microsoft Word installiert ist.
5. Suchen Sie in der Ordnerliste den Ordner **Programme**, und doppelklicken Sie auf den entsprechenden Ordner bzw. die entsprechenden Unterordner, in denen sich Winword befindet.
6. Doppelklicken Sie auf **Winword**, und klicken Sie dann auf **Weiter**.
7. Klicken Sie in der Ordnerliste auf **Autostart** und dann auf **Weiter**.
8. Nehmen Sie im Feld **Geben Sie einen Namen für die Verknüpfung ein** eine Eingabe vor, zum Beispiel **Microsoft Word**, und klicken Sie dann auf **Weiter**.

Abbildung 47:Unformatierter versus formatierter Text

Es wird deutlich, dass einige einfache Formatierungen den Text bereits viel besser lesbar machen. Wir wollen nun Möglichkeiten kennen lernen, einen Text optisch aufzubereiten, mit dem Ziel, ihn übersichtlicher und besser lesbar zu machen.

5.2 Fett - *Kursiv* - Unterstrichen

Fett
Kursiv
Unterstrichen

Eine einfache Möglichkeit, Wörter oder Textstellen hervorzuheben, ist sie in fetter Schrift oder Kursivschrift zu schreiben oder sie zu unterstreichen.

Wir können die Hervorhebung gleich während des Schreibens vornehmen, also zB auf Kursivschrift umschalten, den hervorzuhebenden Text schreiben und wieder auf Normalschrift zurückschalten. Wir können den Text aber auch zunächst in Normalschrift schreiben und die Formatierung im nachhinein vornehmen, indem wir die hervorzuhebende Textstelle markieren und die gewünschte Formatierung wählen.

Die folgende Tabelle listet auf, wie in den meisten Textverarbeitungsprogrammen auf fett, kursiv bzw unterstrichen umgeschaltet werden kann:

	Symbol	*Tastatur*
Fett	**F**	Strg + ⇧ + F
Kursiv	***K***	Strg + ⇧ + K
Unterstrichen	**U**	Strg + ⇧ + U

Nun können wir unser Rezept hübscher gestalten, indem wir die Überschriften formatieren. (Sollte noch das Birnenspalten-Rezept geöffnet sein, so müssen wir zunächst wieder das Apfelspalten-Rezept mit dem Namen *Oma.doc* öffnen.)

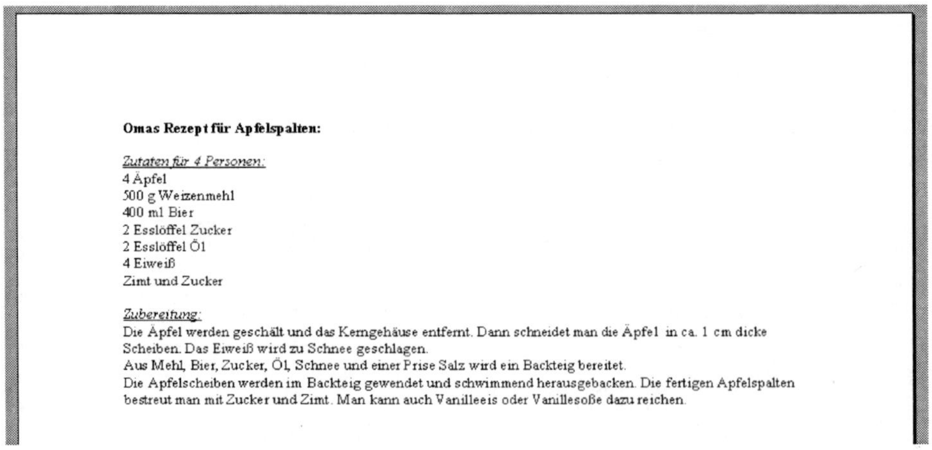

Omas Rezept für Apfelspalten:

Zutaten für 4 Personen:
4 Äpfel
500 g Weizenmehl
400 ml Bier
2 Esslöffel Zucker
2 Esslöffel Öl
4 Eiweiß
Zimt und Zucker

Zubereitung:
Die Äpfel werden geschält und das Kerngehäuse entfernt. Dann schneidet man die Äpfel in ca. 1 cm dicke Scheiben. Das Eiweiß wird zu Schnee geschlagen.
Aus Mehl, Bier, Zucker, Öl, Schnee und einer Prise Salz wird ein Backteig bereitet.
Die Apfelscheiben werden im Backteig gewendet und schwimmend herausgebacken. Die fertigen Apfelspalten bestreut man mit Zucker und Zimt. Man kann auch Vanilleeis oder Vanillesoße dazu reichen.

Abbildung 48: fett - *kursiv* - unterstrichen

Man kann die drei Hervorhebungsarten natürlich auch kombinieren (wie wir es bei den Überschriften *Zutaten für 4 Personen* und *Zubereitung* getan haben - kursiv und unterstrichen).

5.3 Verschiedene Schriftarten

Schriftart / Zeichensatz

Unser Rechner verfügt über verschiedene Schriftarten. Wobei der Begriff „Schriftart" hier etwas zu eng ist, es handelt sich im Grunde um Zeichensätze. Die folgende Abbildung zeigt einige Schriftarten:

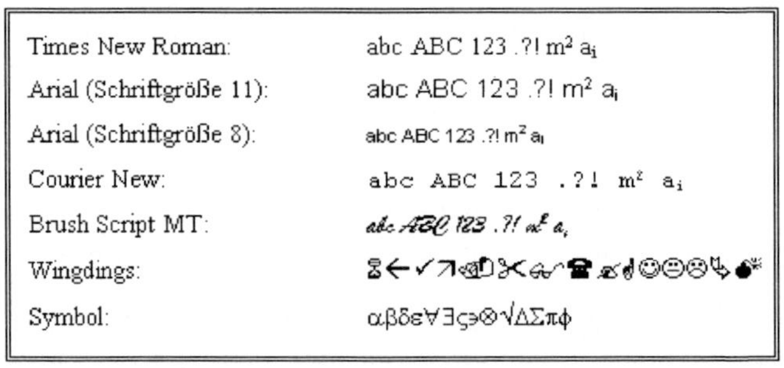

Times New Roman:	abc ABC 123 .?! m^2 a_i
Arial (Schriftgröße 11):	abc ABC 123 .?! m^2 a_i
Arial (Schriftgröße 8):	abc ABC 123 .?! m^2 a_i
Courier New:	abc ABC 123 .?! m^2 a_i
Brush Script MT:	abc ABC 123 .?! m^2 a_i
Wingdings:	⌛←✓➚✍✂✎☎✌☺😐☹
Symbol:	αβδε∀∃ς∋⊗√ΔΣπϕ

Abbildung 49: Verschiedene Schriftarten

Verfügbare Schriftarten

Welche dieser Zeichensätze uns zur Verfügung stehen, hängt von der Installation unseres Rechners ab. Einige werden bei der Installation des Betriebssystems angelegt, andere werden bei der Installation verschiedener Software-Programme hinzugefügt.

5.4 Die Schriftart festlegen

In den meisten Textverarbeitungsprogrammen finden wir eine Liste mit allen zur Verfügung stehenden Schriftarten, meist neben oder unter dem Menü. In Word befindet sich diese Liste in der Symbolleiste *Format*. (Sollte die Symbolleiste Format nicht sichtbar sein, kann sie über das Menü *Ansicht*, Menüpunkt *Symbolleisten* eingeblendet werden.) Durch Klick auf den Pfeil wird die Liste geöffnet.

Abbildung 50: Liste der verfügbaren Schriftarten

Aktuelle Schriftart

Im Feld über der Liste wird die aktuell eingestellte Schriftart angezeigt (hier *Times New Roman*). Darunter befinden sich die zuletzt verwendeten Schriftarten und unter dem Doppelstrich sind alle verfügbaren Schriftarten in alphabetischer Reihenfolge angeführt.

TrueType-Schrift

Druckerschrift

Mit den Symbolen 𝕋 und 🖶 hat es folgende Bewandtnis: Die mit 𝕋 gekennzeichneten Schriften sind sogenannte „TrueType-Schriften“. Bei diesen Schriftarten sind Bildschirmanzeige und Druck identisch. Bei den mit 🖶 gekennzeichneten Schriften handelt es sich um „Druckerschriften“. Druckerschriften stehen nur auf dem als Standarddrucker eingestellten Drucker zur Verfügung und werden am Bildschirm mit einer Schriftart dargestellt, die dieser Schrift am nächsten kommt.

Schriftart ändern

Wir wollen nun unser Rezept weiter verschönern und den Überschriften eine andere Schriftart zuweisen. Dazu markieren wir die entsprechende Überschrift und wählen dann die gewünschte Schriftart, zB Arial.

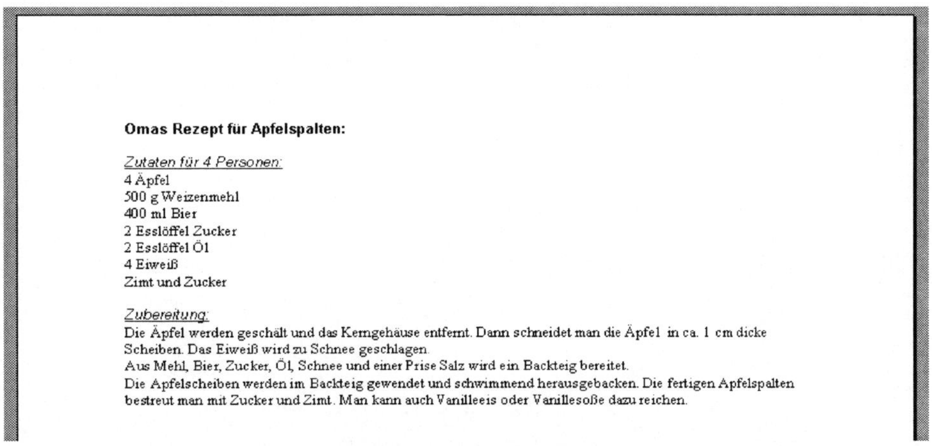
Omas Rezept für Apfelspalten:

Zutaten für 4 Personen:
4 Äpfel
500 g Weizenmehl
400 ml Bier
2 Esslöffel Zucker
2 Esslöffel Öl
4 Eiweiß
Zimt und Zucker

Zubereitung:
Die Äpfel werden geschält und das Kerngehäuse entfernt. Dann schneidet man die Äpfel in ca. 1 cm dicke Scheiben. Das Eiweiß wird zu Schnee geschlagen.
Aus Mehl, Bier, Zucker, Öl, Schnee und einer Prise Salz wird ein Backteig bereitet.
Die Apfelscheiben werden im Backteig gewendet und schwimmend herausgebacken. Die fertigen Apfelspalten bestreut man mit Zucker und Zimt. Man kann auch Vanilleeis oder Vanillesoße dazu reichen.

Abbildung 51:Überschriften in der Schriftart Arial

Hätten wir beim Schreiben des Textes schon über unser jetziges Wissen verfügt, hätten wir die Schriftart natürlich auch während des Schreibens wechseln können. Das heißt, wir hätten vor dem Schreiben der Überschrift die Schriftart Arial eingestellt, sie geschrieben und anschließend die Schriftart Times New Romans zum Schreiben des normalen Textes gewählt.

Proportionale Schriftart

Es ist unter Umständen auch ganz praktisch zu wissen, dass es proportionale und nicht proportionale Schriftarten gibt. Bei nicht proportionalen Schriftarten (zB Courier New) sind alle Buchstaben gleich breit, bei proportionalen

Nicht Proportionale Schriftart

ist beispielsweise das *I* weit schmäler als das *W*. Möchte man zB eine Addition darstellen ist es schöner, wenn die Ziffern genau untereinander stehen.

Addition mit proportionaler Schriftart	... und mit nicht proportionaler Schriftart
111.111	111.111
777.777	777.777
888.888	888.888

Zwischenablage füllen

Abbildung 52: Proportionale und nicht proportionale Schriftarten

5.5 Die Schriftgröße festlegen

Man misst die Größe einer Schrift in der Maßeinheit Punkt (Point). Für den laufenden Text verwendet man üblicherweise Schriftgrößen zwischen 10 und 12 Punkt.

Schriftgröße ändern

In den meisten Textverarbeitungsprogrammen befindet sich (wie bei Word) neben der Liste der verfügbaren Schriftarten eine Liste mit den zur gewählten Schriftart möglichen Schriftgrößen. Wir wollen nun die Überschrift *Oma's Rezept für Apfelspalten:* auf eine Schriftgröße von 20 Punkt vergrößern. Dazu markieren wir den Textteil und wählen aus der Liste *20* aus.

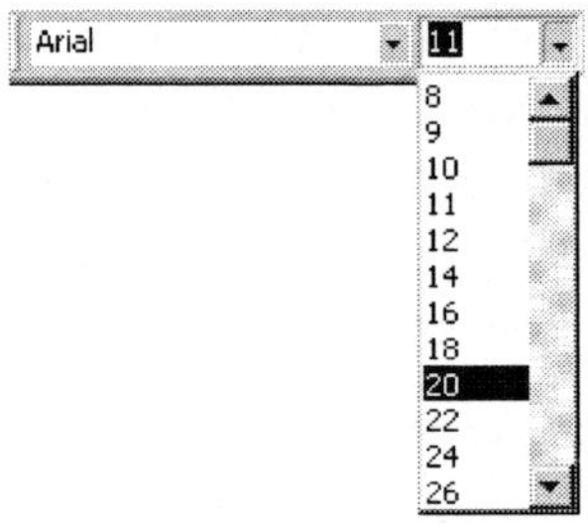

Abbildung 53: Die Schriftgröße einstellen

Unser Rezept sieht nun so aus:

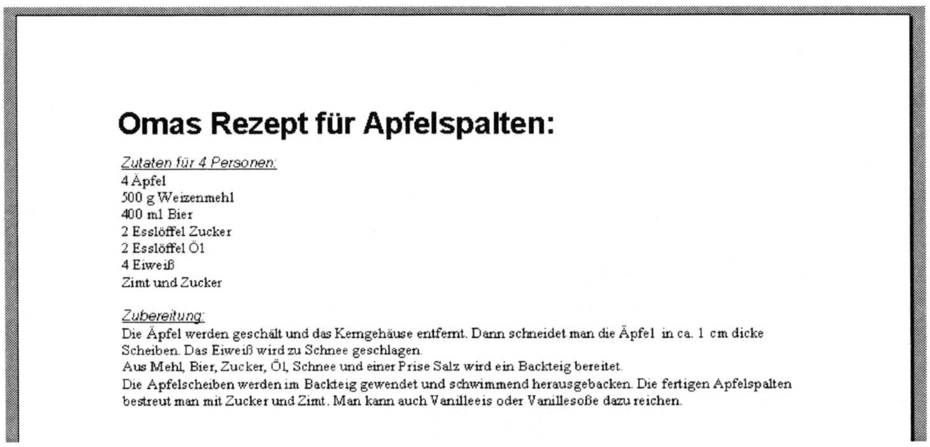

Omas Rezept für Apfelspalten:

Zutaten für 4 Personen:
4 Äpfel
500 g Weizenmehl
400 ml Bier
2 Esslöffel Zucker
2 Esslöffel Öl
4 Eiweiß
Zimt und Zucker

Zubereitung:
Die Äpfel werden geschält und das Kerngehäuse entfernt. Dann schneidet man die Äpfel in ca. 1 cm dicke Scheiben. Das Eiweiß wird zu Schnee geschlagen.
Aus Mehl, Bier, Zucker, Öl, Schnee und einer Prise Salz wird ein Backteig bereitet.
Die Apfelscheiben werden im Backteig gewendet und schwimmend herausgebacken. Die fertigen Apfelspalten bestreut man mit Zucker und Zimt. Man kann auch Vanilleeis oder Vanillesoße dazu reichen.

Abbildung 54: Überschrift in Schriftgröße 20 Punkt

5.6 Die Schriftfarbe festlegen

Schriftfarbe ändern

In vielen Textverarbeitungsprogrammen befindet sich in der Symbolleiste ein Symbol zum Ändern der Schriftfarbe. In Word finden wir das Symbol . Wir markieren zunächst den Text, dessen Farbe wir ändern wollen, und klicken dann auf das Pfeilchen neben dem Symbol.

Abbildung 55: Die Schriftfarbe ändern

Aus den angebotenen Farben wählen wir die gewünschte - der Text erhält dadurch diese Farbe.

Man kann die Textfarbe natürlich auch bereits während des Schreibens bestimmen. Anstelle Text zu markieren stellt man den Cursor einfach an das Ende des Textes und wählt wie zuvor beschrieben eine Farbe aus.

5.7 Weitere Zeicheneinstellungen

Zeichen formatieren

Alle bisher kennen gelernten Möglichkeiten zur Zeichenformatierung und noch einige weitere kann man in Word auch über den Dialog *Zeichen* bewerkstelligen. Man ruft diesen über das Menü *Format*, Menüpunkt *Zeichen* auf.

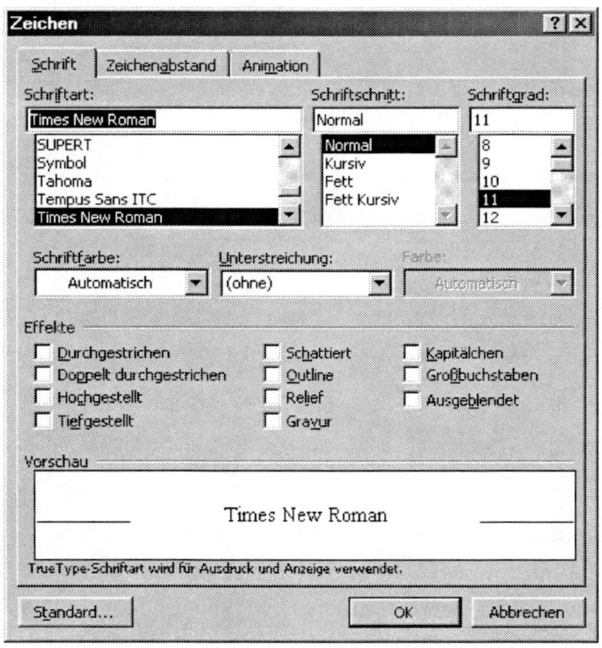

Abbildung 56: Der Dialog Zeichen

Hoch- und Tiefstellen

Hier wird uns zusätzlich die Möglichkeit geboten Zeichen hoch-, bzw tiefzustellen. Dadurch bekommen wir die Möglichkeit zB m^2 oder H_2O zu schreiben.

Zeichenformatierung

Wir können Text durchstreichen, ganz in Großbuchstaben oder in KAPITÄLCHEN schreiben.

Schattiert, Outline, Relief und Gravur sind Möglichkeiten, Text besonders darzustellen.

5.8 Den Absatz ausrichten

Bisher haben wir uns mit der Formatierung von Zeichen beschäftigt. Wenden wir uns nun der Absatzformatierung zu. Ein Absatz kann linksbündig oder rechtsbündig ausgerichtet, zentriert oder im Blocksatz geschrieben sein.

Absatzausrichtung

Bei linksbündiger Absatzformatierung bildet der linke Rand des Absatzes eine Linie, bei rechtsbündiger der rechte. Beim Blocksatz bilden sowohl der linke, als auch der rechte Rand des Absatzes eine Linie. Bei zentriertem Text ist bei jeder Zeile links und rechts gleich viel Abstand vom Rand.

Linksbündig

Rechtsbündig

Zentriert

Blocksatz

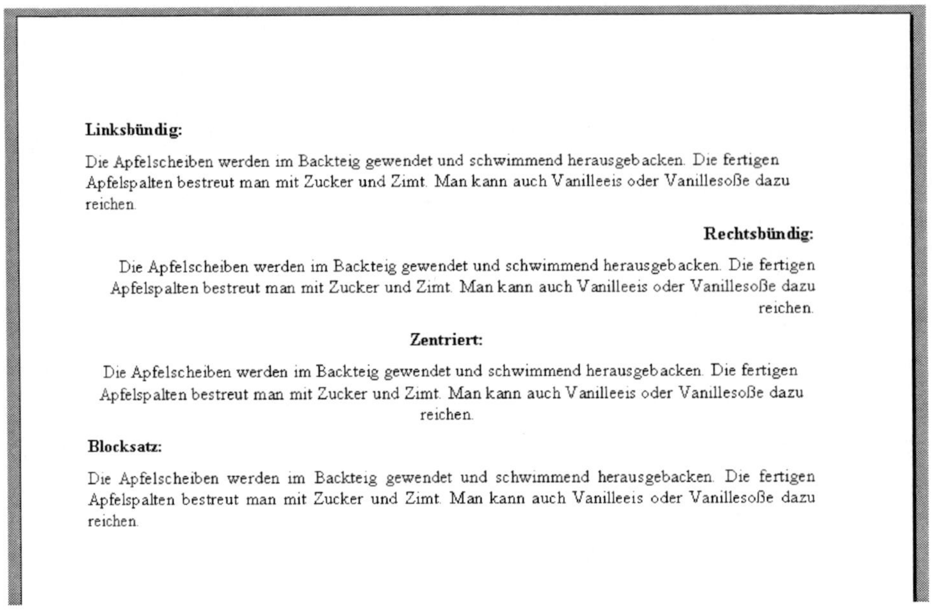
Linksbündig:

Die Apfelscheiben werden im Backteig gewendet und schwimmend herausgebacken. Die fertigen Apfelspalten bestreut man mit Zucker und Zimt. Man kann auch Vanilleeis oder Vanillesoße dazu reichen.

Rechtsbündig:

Die Apfelscheiben werden im Backteig gewendet und schwimmend herausgebacken. Die fertigen Apfelspalten bestreut man mit Zucker und Zimt. Man kann auch Vanilleeis oder Vanillesoße dazu reichen.

Zentriert:

Die Apfelscheiben werden im Backteig gewendet und schwimmend herausgebacken. Die fertigen Apfelspalten bestreut man mit Zucker und Zimt. Man kann auch Vanilleeis oder Vanillesoße dazu reichen.

Blocksatz:

Die Apfelscheiben werden im Backteig gewendet und schwimmend herausgebacken. Die fertigen Apfelspalten bestreut man mit Zucker und Zimt. Man kann auch Vanilleeis oder Vanillesoße dazu reichen.

Abbildung 57: verschiedene Absatzausrichtungen

In Word finden wir in der Symbolleiste *Format* folgende Symbole zur Absatzausrichtung:

Linksbündig	
Zentriert	
Rechtsbündig	
Blocksatz	

Ausrichtung ändern

Um einem (neuen oder bereits geschriebenen) Absatz eine bestimmte Ausrichtung zu geben, setzen wir den Cursor einfach in den Absatz und klicken auf das entsprechende Symbol.

5.9 Absatzränder einstellen

Absatzränder

Das Textverarbeitungsprogramm ermöglicht uns die Absatzränder flexibel zu gestalten. Wir können einen bestimmten Abstand zum rechten bzw zum linken Rand bestimmen.

Außerdem gibt es die Möglichkeit, die erste Zeile eines Absatzes weiter links bzw weiter rechts beginnen zu lassen, als die weiteren Zeilen des Absatzes.

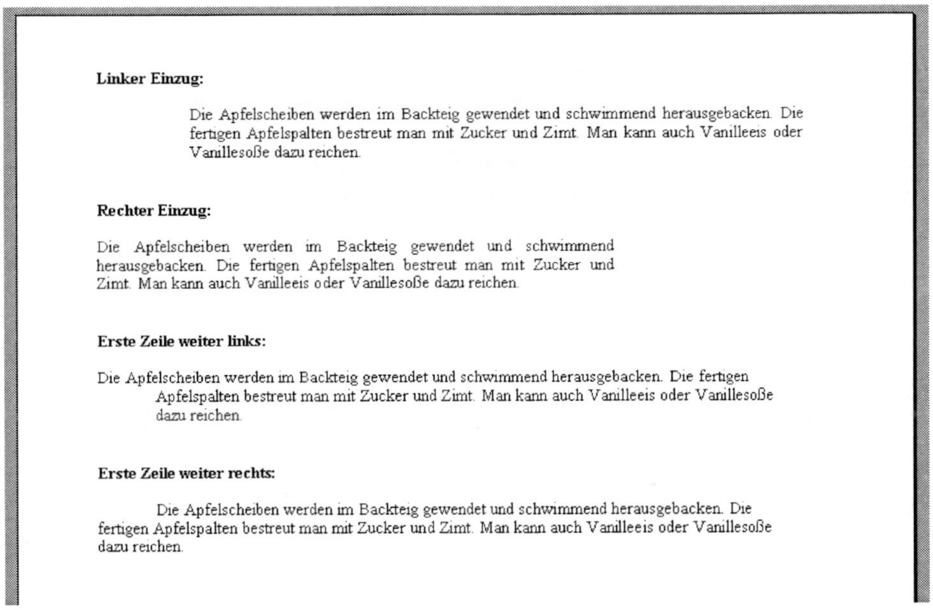

Linker Einzug:

Die Apfelscheiben werden im Backteig gewendet und schwimmend herausgebacken. Die fertigen Apfelspalten bestreut man mit Zucker und Zimt. Man kann auch Vanilleeis oder Vanillesoße dazu reichen.

Rechter Einzug:

Die Apfelscheiben werden im Backteig gewendet und schwimmend herausgebacken. Die fertigen Apfelspalten bestreut man mit Zucker und Zimt. Man kann auch Vanilleeis oder Vanillesoße dazu reichen.

Erste Zeile weiter links:

Die Apfelscheiben werden im Backteig gewendet und schwimmend herausgebacken. Die fertigen Apfelspalten bestreut man mit Zucker und Zimt. Man kann auch Vanilleeis oder Vanillesoße dazu reichen.

Erste Zeile weiter rechts:

Die Apfelscheiben werden im Backteig gewendet und schwimmend herausgebacken. Die fertigen Apfelspalten bestreut man mit Zucker und Zimt. Man kann auch Vanilleeis oder Vanillesoße dazu reichen.

Abbildung 58: Absatzränder einstellen

Einzug

Erste Zeile

In Word können die Absatzränder im Dialog *Absatz* eingestellt werden. Dieser wird über das Menü *Format* Menüpunkt *Absatz* geöffnet.

Absatz formatieren

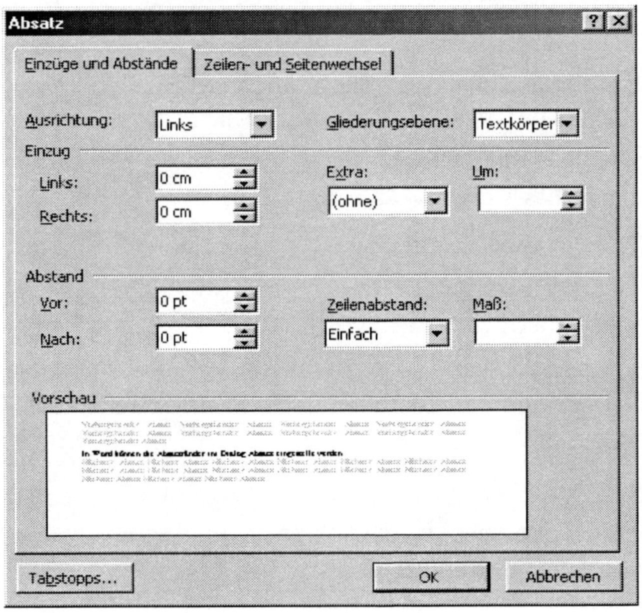

Abbildung 59: Der Dialog Absatz

Im Bereich *Einzug* können wir alle eben kennen gelernten Einstellungen vornehmen.

Einzug einstellen

Im Feld *Links* wird der linke, im Feld *Rechts* der rechte Rand des Absatzes bestimmt. Wir können den gewünschten Abstand direkt eintragen oder die Pfeiltasten neben den Felder zu Hilfe nehmen. Ein Klick auf eine der Pfeiltasten bewirkt, dass der jeweilige Inhalt des Feldes um 0,1 cm erhöht bzw verringert wird.

Ränder einstellen

Zu beachten ist, dass der hier bestimmte Abstand nicht vom Papierrand weg gemessen wird, sondern ab dem linken bzw rechten Seitenrand. Seitenränder bezeichnen den Leerraum an den Rändern einer Seite. Wenn der Seitenrand 2 cm beträgt, so bewirkt ein Eintrag von 3 cm im Feld *Links*, dass der Abstand des Absatzes vom linken Papierrand 5 cm beträgt. (Näheres zum Seitenrand erfahren wir im Abschnitt Dokumente drucken/*Die Seite einrichten*.)

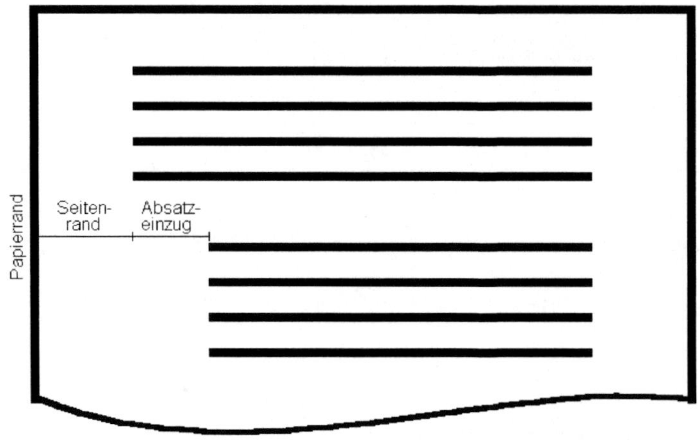

Abbildung 60: Seitenrand und Absatzeinzug

Die Liste *Extra* enthält drei Einträge: *(ohne)*, *Erste Zeile* und *Hängend*. Wir können bestimmen, ob die erste Zeile eines Absatzes weiter links bzw weiter rechts als die übrigen Zeilen steht, indem wir hier den passenden Eintrag wählen.

(ohne) heißt, dass die erste Zeile gleich weit vom Rand entfernt ist, wie die anderen Zeilen.

Erste Zeile weiter rechts

Erste Zeile heißt, dass die erste Zeile um den im Feld *Um* eingetragenen Abstand weiter rechts steht als die übrigen Zeilen.

Hängend

Hängend heißt, dass alle weiteren Zeilen um den im Feld Um eingetragenen Abstand weiter rechts stehen als die erste Zeile.

5.10 Den Zeilenabstand einstellen

Bei Schreibmaschinen kann üblicherweise der Zeilenabstand eingestellt werden, das ist der Abstand zwischen den einzelnen Zeilen des Textes.

Meist kann dieser Abstand auf einfach, eineinhalbfach oder doppelt eingestellt werden. Textverarbeitungsprogramme bieten meist zusätzliche Einstellungsmöglichkeiten, wie etwa genau anzugeben, wieweit die Zeilen voneinander entfernt sein sollen.

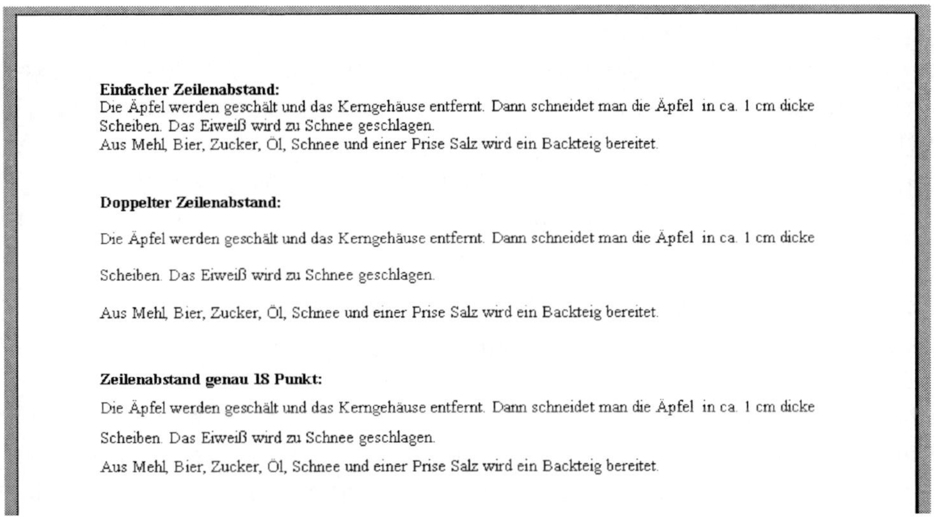

Einfacher Zeilenabstand:
Die Äpfel werden geschält und das Kerngehäuse entfernt. Dann schneidet man die Äpfel in ca. 1 cm dicke Scheiben. Das Eiweiß wird zu Schnee geschlagen.
Aus Mehl, Bier, Zucker, Öl, Schnee und einer Prise Salz wird ein Backteig bereitet.

Doppelter Zeilenabstand:
Die Äpfel werden geschält und das Kerngehäuse entfernt. Dann schneidet man die Äpfel in ca. 1 cm dicke Scheiben. Das Eiweiß wird zu Schnee geschlagen.
Aus Mehl, Bier, Zucker, Öl, Schnee und einer Prise Salz wird ein Backteig bereitet.

Zeilenabstand genau 18 Punkt:
Die Äpfel werden geschält und das Kerngehäuse entfernt. Dann schneidet man die Äpfel in ca. 1 cm dicke Scheiben. Das Eiweiß wird zu Schnee geschlagen.
Aus Mehl, Bier, Zucker, Öl, Schnee und einer Prise Salz wird ein Backteig bereitet.

Einfacher Zeilenabstand

Doppelter Zeilenabstand

Fixer Zeilenabstand

Abbildung 61: Verschiedene Zeilenabstände

Zeilenabstand einstellen

In Word legen wir den Zeilenabstand folgendermaßen fest: Wir öffnen den uns ja schon bekannten Dialog *Absatz* über das Menü *Format*, Menüpunkt *Absatz*. Aus der Liste *Zeilenabstand* wählen wir den passenden Eintrag.

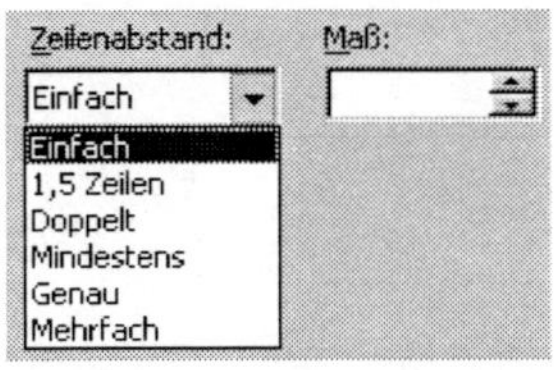

Abbildung 62: Den Zeilenabstand einstellen

Die Standardeinstellung ist *Einfach*. Durch die Einstellung *Doppelt* wird nur jede 2. Zeile beschriftet. Die Einstellung *1,5 Zeilen* lässt eine halbe Zeile aus.

Maß für Zeilenabstand

Für die Einstellungen *Mindestens* und *Genau* muss im Feld *Maß* ein Abstand eingegeben werden. Dieser Abstand wird vom Fuß einer Zeile zum Fuß der nächsten Zeile gemessen.
Ohne Angabe einer Maßeinheit wird diese Zahl als Punktmaß (pt) interpretiert. Wenn wir den Abstand also in cm angeben möchten, müssen wir das dazuschreiben.

Fixer Zeilenabstand

Die Einstellung *Genau* bewirkt, dass der von uns angegebene Abstand strikt eingehalten wird, ohne Rücksicht darauf, ob die Zeichen tatsächlich Platz haben. Geben wir zB als Abstand 8 pt an, verwenden aber eine 12-Punkt Schrift, so werden wahrscheinlich einige Zeichen abgeschnitten.

Mindestzeilenabstand

Die Einstellung *Mindestens* wirkt dem entgegen. Sie sorgt dafür, dass alle Zeichen lesbar bleiben.

Auch für die Einstellung *Mehrfach* muss ein *Maß* angegeben werden. Tragen wir zB 3 ein, so bewirkt dies dreifachen Zeilenabstand.

5.11 Den Absatzabstand einstellen

Abstand zwischen zwei Absätzen

Beim Schreiben mit der Schreibmaschine fügen wir, um zwei Absätze deutlich sichtbar voneinander zu trennen, meist eine Leerzeile zwischen die Absätze ein. Bei der Arbeit mit einem Textverarbeitungsprogramm ist diese Vorgehensweise unter Umständen unklug. Nehmen wir an ein Absatz endet genau mit der Seite. Es ist nun nicht notwenig eine Leerzeile einzufügen, da der neue Absatz ja auf der nächste Seite beginnt. Beim Arbeiten mit Textverarbeitungsprogrammen ist es - im Gegensatz zur Schreibmaschine - nicht außergewöhnlich, dass man nachträglich noch Änderungen vornimmt. Durch Einfügen von Text vor den beiden genannten Absätzen könnte auch der erste Absatz, zumindest teilweise, auf die neue Seite rutschen - dadurch würden die Absätze direkt aufeinander kleben.

Um Abhilfe für dieses Problem zu schaffen, kann man in den meisten Textverarbeitungsprogrammen Absatzabstände einstellen. Man kann also definieren, dass vor bzw nach jedem Absatz ein bestimmter Abstand eingehalten werden soll. Auf diese Weise erspart man sich das manuelle Eingeben von Leerzeilen zwischen Absätzen. Wird ein Absatz abgeschlossen - das geschieht durch die Betätigung der *Eingabe*-Taste - so stellt der Computer den entsprechenden Abstand automatisch her. (Achtung: die *Eingabe*-Taste sollte immer nur zum Abschließen eines Absatzes - und nicht einer Zeile - verwendet werden.)

Absatzabstand einstellen

In Word rufen wir zum Einstellen der Absatzabstände wieder den Dialog *Absatz* auf. Inzwischen wissen wir ja, dass wir diesen über das Menü *Format*, Menüpunkt *Absatz* aufrufen.

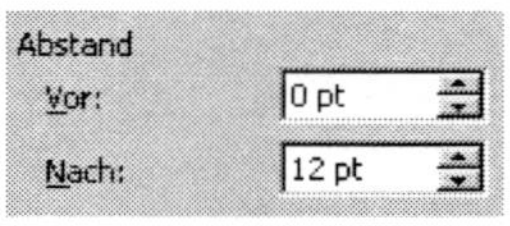

Abbildung 63: Den Absatzabstand einstellen

In den Feldern *Vor* bzw *Nach* im Bereich *Abstand* können wir eintragen, wie viel Abstand vor bzw nach jedem Absatz eingehalten werden soll. Die Angaben erfolgt standardmäßig in Punkt (pt). Eine Angabe in cm ist aber auch möglich, indem wir hinter die Zahl einfach cm schreiben.

5.12 Manueller Seitenwechsel

An und für sich beginnt das Textverarbeitungsprogramm selbständig eine neue Seite, sobald die aktuelle voll ist. Nun kommt es aber vor, dass man bewusst eine neue Seite beginnen möchte, obwohl die aktuelle noch nicht voll ist, etwa weil ein neues Kapitel beginnt.

Manueller Seitenwechsel

Eine Möglichkeit wäre die Seite mit Leerzeilen zu füllen. Das führt aber zu den schon bekannten Problemen mit nachträglichen Textänderungen. Deshalb bietet uns das Textverarbeitungsprogramm die Möglichkeit einen manuellen Seitenwechsel einzufügen.

In Word fügt man einen manuellen Seitenwechsel ein, indem man gleichzeitig die *Strg*-Taste und die *Eingabe*-Taste betätigt. Alternativ kann man aus dem Menü *Einfügen* den Menüpunkt *Manueller Wechsel* wählen, im erscheinenden Dialog die Option *Seitenwechsel* wählen und mit *OK* bestätigen.

5.13 Übung

1. Wir öffnen unser Übungsdokument *Übungen.doc*. (Hinweis:)
2. Wir fügen nach dem Text über die Ursprünge der Textverarbeitung einen manuellen Seitenwechsel ein, um für eine neue Seite zu beginnen.
3. Wir fügen folgenden Text ein:

> Vorläufer des Papiers
> Menschen haben seit Alters her das Bedürfnis Informationen in Form von Schrift und Zeichen dauerhaft festzuhalten. Aus diesem Wunsch entstand die Notwendigkeit geeignetes Schreibmaterial zu finden. Viele unterschiedliche Lösungen wurden gefunden - Stein, Metall und Holz dienten als Informationsträger. Papier erwies sich schließlich als das geeignetste Material, weil es billig herzustellen war und sich leicht transportieren ließ.
> Zu den Vorläufern des heutigen Papiers zählen Papyrus und Pergament.
> Das Ausgangsmaterial für Papyrus ist die Papyrusstaude, eine Art Schilfgras. Fasern dieser Pflanze werden durch Klopfen miteinander verbunden und zu einem Blatt geformt.
> Pergament ist eine besonders präparierte Tierhaut. Bimsstein kann als „Radiergummi" dienen, somit kann Pergament mehrfach beschriftet werden. Es ist außerdem haltbarer und biegsamer als Papyrus.

4. Wir formatieren die Worte *Papyrus* und *Pergament* im Absatz *Zu den Vorläufern ...* fett und kursiv.
5. Wir weisen der Überschrift *Vorläufer des Papiers* die Schriftart *Arial*, Schriftgröße *14 pt* und die Farbe Rot zu. Dem Text weisen wir die Schriftart *Times New Roman*, Schriftgröße *11 pt* zu.
6. Wir zentrieren die Überschrift und stellen für den Text *Blocksatz* ein.
7. Wir stellen den Zeilenabstand von *1,5 Zeilen* für den gesamten Text ein.
8. Wir formatieren die Absätze *Das Ausgangsmaterial ...* und *Pergament ist ...* so, dass die erste Zeile des Absatzes um 1 cm eingerückt wird.
9. Wir stellen den Absatzabstand so ein, dass nach jedem Absatz 12 pt Abstand gehalten wird.

Wenn alle Anweisungen genau befolgt wurden, sieht das Ergebnis so aus:

Vorläufer des Papiers

Menschen haben seit Alters her das Bedürfnis Informationen in Form von Schrift und Zeichen dauerhaft festzuhalten. Aus diesem Wunsch entstand die Notwendigkeit geeignetes Schreibmaterial zu finden. Viele unterschiedliche Lösungen wurden gefunden – Stein, Metall und Holz dienten als Informationsträger. Papier erwies sich schließlich als das geeignetste Material, weil es billig herzustellen war und sich leicht transportieren ließ.

Zu den Vorläufern des heutigen Papiers zählen ***Papyrus*** und ***Pergament***.

Das Ausgangsmaterial für Papyrus ist die Papyrusstaude, eine Art Schilfgras. Fasern dieser Pflanze werden durch Klopfen miteinander verbunden und zu einem Blatt geformt.

Pergament ist ein besonders präparierte Tierhaut. Bimsstein kann als „Radiergummi" dienen, somit kann Pergament mehrfach beschriftet werden. Es ist außerdem haltbarer und biegsamer als Papyrus.

6 Weiterführende Textgestaltung

6.1 Kopieren von Zeichen- und Absatzformaten

Eine von Word angebotene sehr nützliche Formatierungshilfe ist das Übertragen von Zeichen- und Absatzformatierungen.

Zeichenformat kopieren

Haben wir zB ein Wort bzw eine Textstelle besonders formatiert (eine besondere Schriftart eingestellt, eine besondere Farbe gewählt, ...), so können wir diese Formatierung auf andere Wörter bzw Textstellen übertragen. Wir setzen dazu den Cursor einfach auf die besonders formatierte Textstelle und klicken in der Symbolleiste *Standard* auf das Symbol . Der Cursor erhält dann das Aussehen eines Pinsels. Anschließend markieren wir die Textstelle, auf die das Format übertragen werden soll. Die Textstelle wird dann entsprechend formatiert und der Cursor erhält wieder sein ursprüngliches Aussehen.

Absatzformat kopieren

Das gleiche Verfahren wird angewandt um Absatzformatierungen (Ränder, Zeilenabstand, ...) zu übertragen. Um ein Format auf einen einzigen Absatz zu übertragen genügt es, diesen anzuklicken, er muss nicht markiert werden.

Soll eine bestimmte Formatierung gleich auf mehrere, nicht zusammenhängende Textstellen bzw Absätze übertragen werden, so macht man statt eines Einfachklicks einen Doppelklick auf das Symbol . Der Cursor behält dann solange das Aussehen eines Pinsels und kann solange zum Übertragen der Formatierung verwendet werden, bis nochmals auf das Symbol geklickt oder die *Esc*-Taste betätigt wird.

6.2 Aufzählungszeichen und Nummerierungen einfügen

Wie wir zu Beginn diese Kapitels bereits gesehen haben, kann man einen Text durch die Verwendung von Aufzählungszeichen oder Nummerierungen viel übersichtlicher gestalten. Die meisten Textverarbeitungsprogramme bieten hierzu umfassende Eingabehilfen an.

Automatische Nummerierung

Word macht es uns hier besonders einfach. Wenn wir einen Absatz zB mit 1. beginnen, so formatiert ihn Word, sobald wir ihn mit der *Eingabe*-Taste abschließen, wie die folgende Abbildung zeigt, um. Außerdem beginnt es selbständig den nächsten Absatz mit 2.

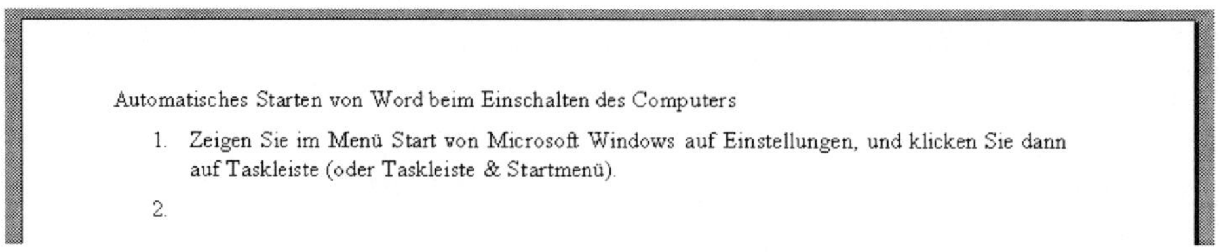
Automatisches Starten von Word beim Einschalten des Computers

1. Zeigen Sie im Menü Start von Microsoft Windows auf Einstellungen, und klicken Sie dann auf Taskleiste (oder Taskleiste & Startmenü).
2.

Abbildung 64: Automatisches Einfügen einer Nummerierung

Denselben Effekt erzielen wir, wenn wir einen Absatz mit 1), a., a), A., A) oder einem Bindestrich (-) beginnen.

Über das Symbole in der Symbolleiste *Format* können wir Nummerierungen und über das Symbol Aufzählungen erzeugen.

Nummerierung einschalten

Wenn wir den Cursor an den Beginn einer neuen Zeile setzen und auf das Symbol klicken, so rückt Word den Absatz ein und fügt das erste Nummerierungszeichen (1.) ein. Wenn beim Weiterschreiben ein automatischer Zeilenumbruch erfolgt, so wird die zweite Zeile gleich etwas weiter links begonnen (wie in obiger Abbildung).

Sobald wir, durch Betätigung der *Eingabe*-Taste, einen neuen Absatz beginnen fügt Word das nächste Nummerierungszeichen (2.) ein. Wollen wir eine neue Zeile beginnen aber keinen neuen Absatz (mit einem neuen Nummerierungszeichen), so betätigen wir einfach gleichzeitig mit der *Eingabe*-Taste die *Umschalt*-Taste.

Nummerierung ausschalten

Wenn wir mit unserer Aufzählung fertig sind und wieder normalen Text schreiben möchten, so löschen wir einfach das von Word automatisch erzeugte Nummerierungszeichen zB mit der *Rückschritt*-Taste. (Man muss die *Rückschritt*-Taste zweimal drücken, um auch die Einrückung zu entfernen.)

Aufzählung

Genau gleich verhält es sich mit dem Symbol . Anstelle von Nummerierungszeichen (1., 2., ...) werden hier jedoch Aufzählungszeichen (•) eingefügt.

Auch in bereits geschriebenen Text können Aufzählungs- oder Nummerierungszeichen eingefügt werden. Dazu markieren wir einfach den Text und klicken dann auf das jeweilige Symbol bzw . Dadurch wird jeder Absatz des Textes mit einem Aufzählungs- bzw Nummerierungszeichen versehen.

Besonders praktisch ist auch folgende Eigenschaft: Sollten wir zB den Punkt 3 einer Liste mit 100 Punkten vergessen haben, so müssen wir nicht 98 Punkte umnummerieren, das Programm tut das für uns. Wir fügen einfach hinter dem 2. Absatz einen neuen Absatz ein. Dieser erhält dann die Nummer 3 und alle weiteren Absätze werden automatisch umnummeriert. Ebenso verhält es sich, wenn wir einen Absatz aus der Liste herauslöschen.

Wenn uns die von Word voreingestellten Aufzählungs- (•) oder Nummerierungszeichen (1., 2., ...) nicht gefallen oder für unseren Zweck nicht passend sind bzw, wenn uns die Absatzformatierung nicht gefällt, so können wir diese Dinge auch individuell gestalten.

Aufzählung anpassen

Wir setzen dazu den Cursor irgendwo in den Text einer bereits bestehenden Aufzählung oder in eine neue Zeile, um eine neue Aufzählung zu erzeugen. Dann wählen wir im Menü *Format* den Menüpunkt *Nummerierung und Aufzählungszeichen*.

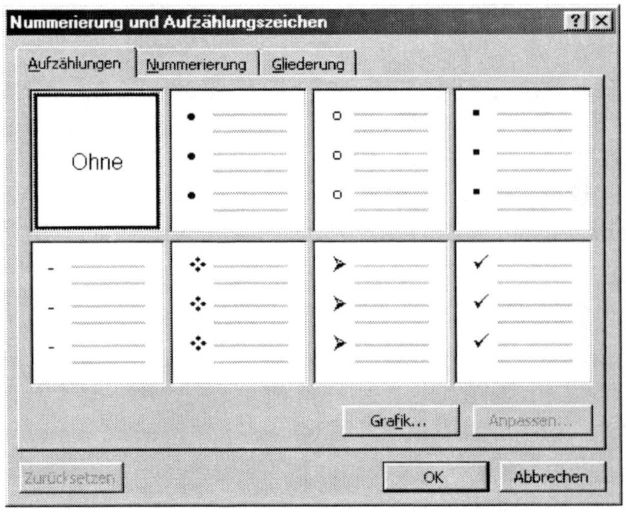

Abbildung 65: Format der Aufzählung festlegen

Vordefinierte Zeichen

Die Registerkarte *Aufzählungen* zeigt sieben vordefinierte Aufzählungszeichen. Das Feld *Ohne* wird markiert (mit einem blauen Rand versehen) sein, wenn wir vor Aufruf des Dialogs den Cursor an eine Stelle gesetzt haben, wo noch keine Aufzählung besteht. Dies bedeutet lediglich, dass der betroffene Text noch keine Aufzählung enthält.

Wir können nun durch Mausklick eines der Aufzählungszeichen wählen oder über den Button *Grafik* ein eigenes Symbol definieren. Über den Button *Anpassen* können wir die Zeichen- bzw die Absatzformatierung ändern.

Durch Klick auf *OK* werden bei bestehenden Aufzählungen alle Aufzählungszeichen durch das gewählte ersetzt, bei einer neuen Aufzählung wird das gewählte Aufzählungszeichen eingefügt.

Auf diese Art und Weise kann eine Aufzählung übrigens auch entfernt werden. Man setzt den Cursor irgendwo in den Text der Aufzählung, öffnet den Dialog, wählt das Feld *Ohne* und klickt *OK*.

Nummerierung anpassen

Die Registerkarte *Nummerierung* erfüllt dieselbe Funktion für Nummerierungen wie die Registerkarte *Aufzählungen* für Aufzählungen.

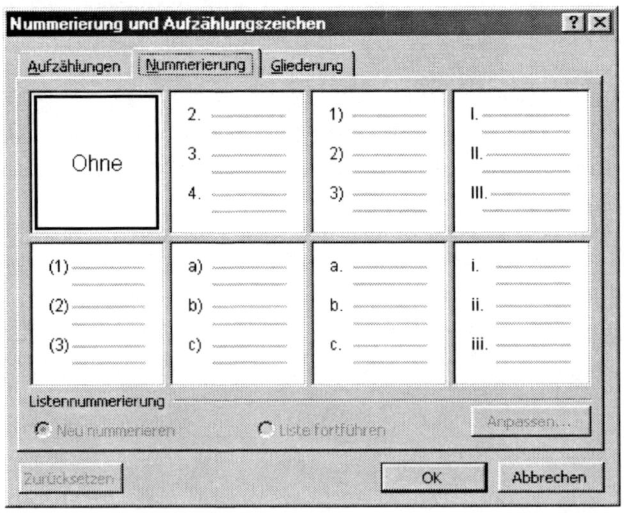

Abbildung 66: Format der Nummerierung festlegen

6.3 Tabulatoren verwenden

Jeder bzw jede erfahrene Benutzer(in) einer Schreibmaschine weiß, wie praktisch Tabulatoren beim Schreiben von Listen und Aufstellungen sind.

Name	Adresse	Telefonnummer
Susi Mayer	Schönbrunnerstraße 66, 1120 Wien	01/456789
Toni Huber	Martingasse 19, 1170 Wien	01/887766
Maria Weiß	Schottenring 10, 1010 Wien	01/876544

Abbildung 67: Eine Liste

Auf keinen Fall sollten Leerzeichen verwendet werden, um die obige Liste so einzutippen, dass Namen, Adressen und Telefonnummern jeweils untereinander stehen. Sinnvollerweise müssen Tabulatoren verwendet werden.

Tabulator

Tabulatoren sind Sprungstellen innerhalb einer Zeile und können mit der Tabulatortaste 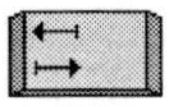 angesteuert werden. (Diese befindet sich ganz links auf der Tastatur, über der *Feststell*-Taste.) Wir müssen also zwei solche Sprungstellen setzen, eine für die Adressspalte und eine für die Telefonnummernspalte. Sobald wir einen Namen fertig eingetippt haben, betätigen wir die Tabulatortaste und der Cursor springt sofort zur Adressspalte. Ebenso verfahren wir nach dem Eintippen der Adresse, um zur Telefonnummernspalte zu springen.

Tabulatorausrichtung

Das bisher Beschriebene kann auch mit einer Schreibmaschine bewerkstelligt werden. Die meisten Textverarbeitungsprogramme bieten aber noch einige Verbesserungen. So können Tabulatoren zB mit einer Ausrichtung versehen werden. Wir können definieren, ob der Tabulator rechtsbündig, linksbündig oder dezimal ausgerichtet sein soll. Dezimale Ausrichtung benötigt man, wenn eine Spalte aus Dezimalzahlen besteht. Es werden dann jeweils die Kommas genau untereinandergesetzt.

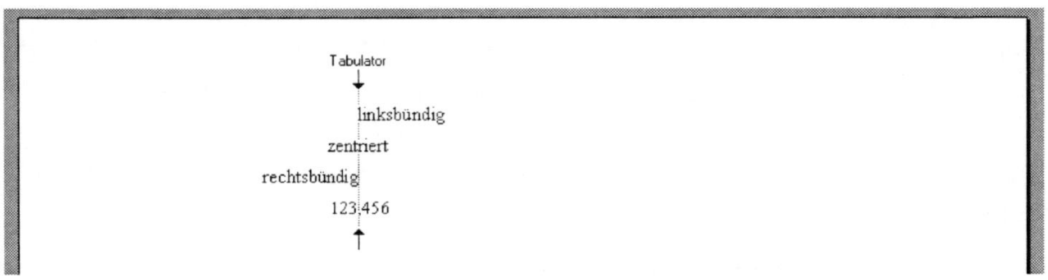

Abbildung 68: Tabulatoren mit verschiedenen Ausrichtungen

Außerdem können Tabulatoren nachträglich verändert werden. Angenommen, wir möchten unserer Liste folgende Zeile anfügen:

Adalbert Mitteregger, Siebenschläferstraße 123, 3340 Waidhofen an der Ybbs, 07442/125643

Für diese Zeile ist sowohl die Namens- als auch die Adressspalte vermutlich zu schmal konzipiert. Wir können das Problem aber ganz einfach beheben, indem wir die beiden Tabulatoren entsprechend nach rechts verschieben.

In Word werden Tabulatoren als Tabstopps bezeichnet. Wir werden im Folgenden ebenfalls diese Bezeichnung verwenden. Man setzt einen

Tabulator setzen

Tabstopp am leichtesten mit dem sogenannten Lineal. Dieses wird über das Menü *Ansicht* Menüpunkt *Lineal* eingeblendet.

Abbildung 69: Das Lineal

Standard-tabstopp

Ein neu erstelltes Dokument enthält vordefinierte Standardtabstopps. Im Lineal befindet sich für jeden Standardtabstopp ein kleiner grauer Strich.

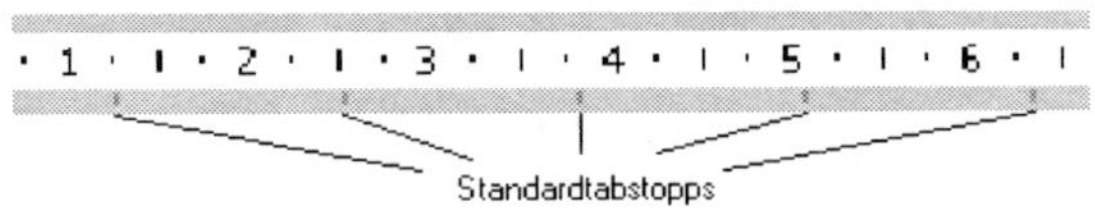

Abbildung 70: Standardtabstopps im Lineal

Tabstopps sind Absatzformatierungen, dh sie gelten jeweils für einen Absatz. Bevor wir unsere eigenen Tabstopps setzen, stellen wir also den Cursor in den Absatz, für den diese gelten sollen. Sollen die Tabstopps für mehrere Absätze gelten, so markieren wir diese Absätze.

Ein Tabstopp wird gesetzt, indem man einfach an die gewünschte Stelle im Lineal klickt. Es erscheint dann ein kleines Zeichen. Das Setzen eines eigenen Tabstopps bewirkt außerdem, dass sämtliche Standardtabstopps links davon gelöscht werden.

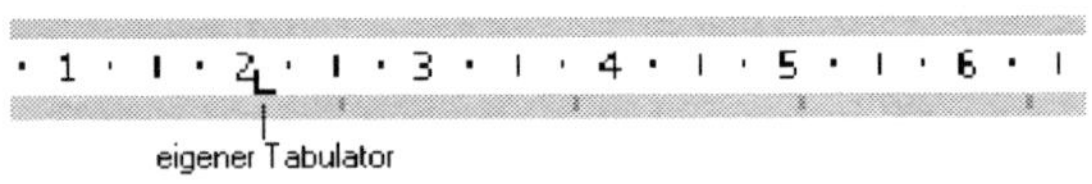

Abbildung 71: Eigener Tabstopp im Lineal

Tabstopp löschen und verschieben

Ein Tabstopp kann ganz einfach verschoben werden, indem man ihn anklickt und mit gedrückter Maustaste an die gewünschte Stelle zieht. Gelöscht wird ein Tabstopp in dem man ihn anklickt und mit gedrückter Maustaste nach unten aus dem Lineal herauszieht.

Nun noch zur Ausrichtung. Diese muss festgelegt werden, bevor der Tabstopp eingefügt wird. Ganz links im Lineal befindet sich ein Symbol. Es zeigt die Ausrichtung an, die ein neu eingefügter Tabstopp erhält. Klickt man auf das Symbol, so verändert es sein Aussehen und damit die Ausrichtung eines neuen Tabstopps.

bedeutet linksbündiger Tabstopp.

bedeutet zentrierter Tabstopp.

bedeutet rechtsbündiger Tabstopp.

bedeutet dezimal ausgerichteter Tabstopp.

Tabulatoren anpassen

Weitere Einstellungen, wie exakte Einstellung von Tabstopps (mit dem Lineal ist nur eine Genauigkeit von 0,25 cm möglich), Änderung des Abstandes der Standardtabstopps, Einfügen von Füllzeichen usw lassen sich über den Dialog *Tabstopps* bewerkstelligen. Dieser wird über das Menü *Format* Menüpunkt *Tabstopp* aufgerufen.

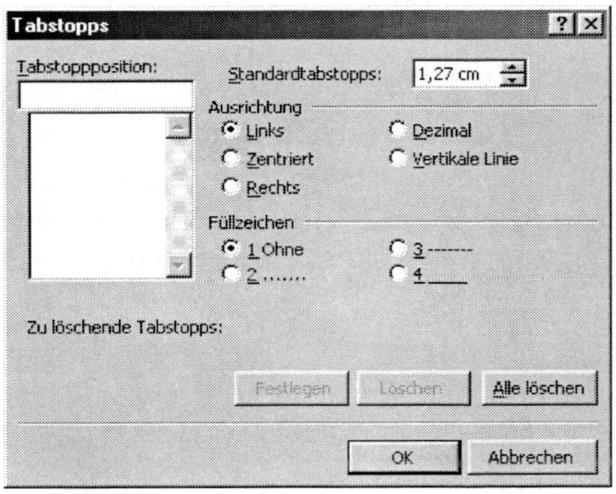

Abbildung 72: Der Dialog Tabstopps

6.4 Rahmen und Linien einfügen

Eine weitere Möglichkeit der Textgestaltung sind Rahmen, um zB Textstellen oder Überschriften hervorzuheben und Linien, um zB zwei Abschnitte voneinander zu trennen.

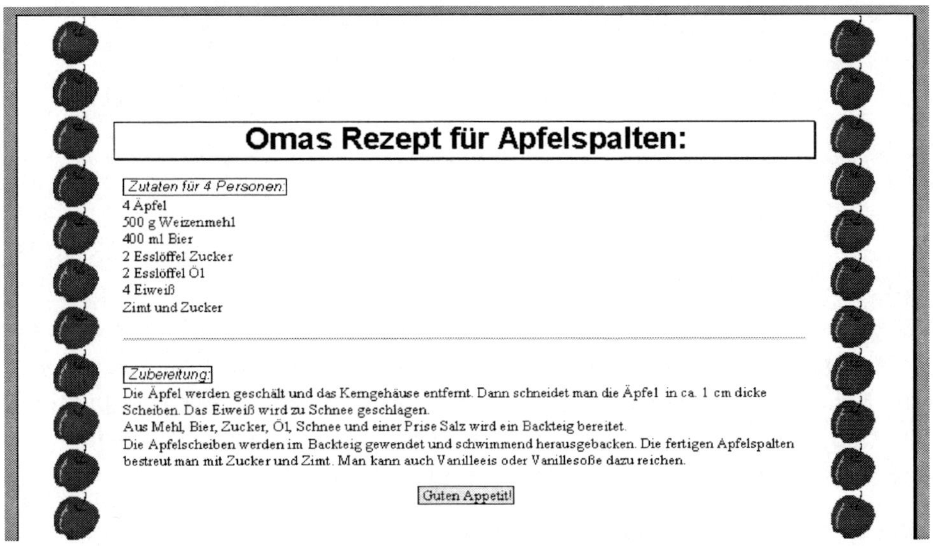

Abbildung 73: Das Apfelspaltenrezept mit Rahmen und Linien

Eine sehr einfache Möglichkeit um in Word Rahmen bzw Linien zu erzeugen ist durch das Symbol in der Symbolleiste *Format* gegeben.

Absatz einrahmen

Um einen Rahmen um einen Absatz zu zeichnen stellen wir den Cursor in den Absatz und klicken auf das Pfeilchen. Aus der erscheinenden Liste wählen wir . Um einen Rahmen um ein Wort oder einen Textteil zu zeichnen markieren wir dieses/diesen und wählen dann wiederum .

Rahmen entfernen

Ein Rahmen kann wieder entfernt werden, indem man den Cursor in den betroffenen Absatz stellt bzw die betroffene Textstelle markiert und für „kein Rahmen" wählt.

Linie einfügen

Um eine (Trenn-)Linie einzufügen stellen wir den Cursor an die Stelle, wo wir die Linie hinhaben möchten und wählen .

Eine Trennlinie kann wieder entfernt werden, indem man sie markiert und die Entfernen-Taste betätigt.

Rahmen formatieren

Weitere Möglichkeiten, wie zB schattierte Rahmen, wie jener um die Überschrift oder farbig hinterlegte Rahmen, wie jener um den Wunsch *Guten Appetit* oder Seitenränder, wie die Apfelzierleiste bietet der Dialog *Rahmen und Schattierung*. Dieser wird über das Menü *Format*, Menüpunkt *Rahmen und Schattierung* geöffnet.

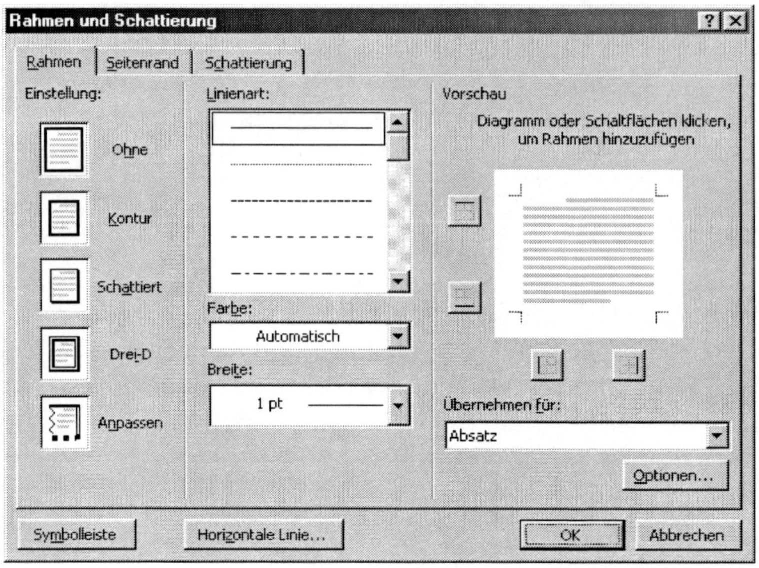

Abbildung 74: Der Dialog Rahmen und Schattierung

6.5 Kopf- und Fußzeilen einfügen

Kopf- und Fußzeile

Bei einem mehrseitigen Dokument liegt es nahe, dass man auf jeder Seite die Seitenzahl stehen haben möchte. Für diesen Zweck entwirft man am besten eine Kopf- oder Fußzeile. Fußzeilen und Kopfzeilen sind Bereiche am unteren bzw oberen Seitenrand, die für Informationen über diese Seite, das Dokument, das Kapitel usw bestimmt sind.

Üblicherweise definiert man Kopf- und Fußzeilen für das ganze Dokument, dh jede Seite des Dokuments erhält den gleichen Kopf- und Fußbereich. Textverarbeitungsprogramme bieten umfangreiche Unterstützung bei der Gestaltung dieser Bereiche. Eine der wichtigsten Hilfen ist, dass man sich nicht selbst darum kümmern muss, dass jede Seite die korrekte Seitennummer erhält. Vielmehr fügt man (symbolisch) eine Seitenzahl, zB in der Fußzeile, ein und das Textverarbeitungsprogramm sorgt für die richtige Seitennummerierung.

Im Hinblick darauf, dass aus unserem Apfelspalten-Rezept einmal ein ganzes Kochbuch entstehen könnte, statten wir es nun mit einer Kopf- und einer Fußzeile aus.

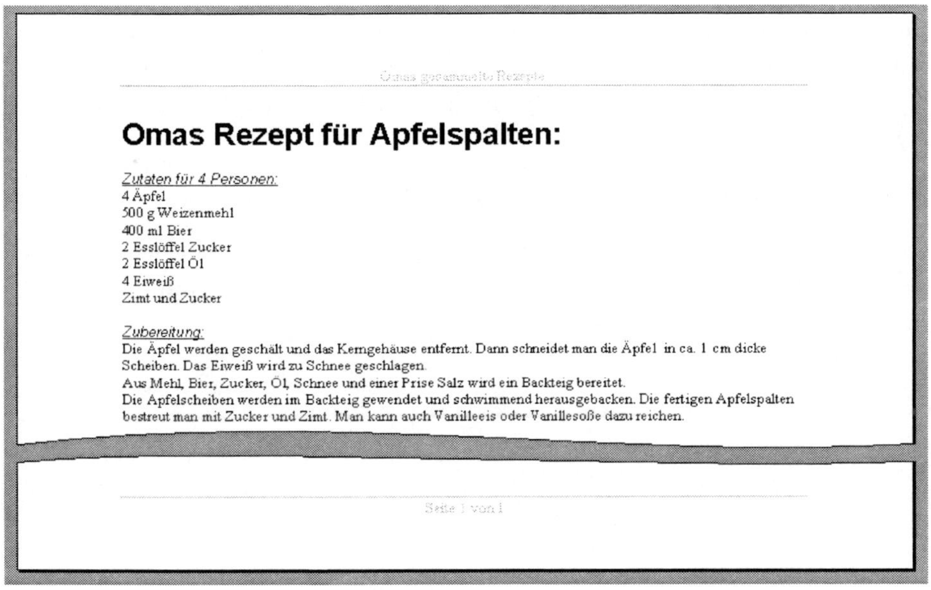

Abbildung 75: Das Rezept mit Kopf- und Fußzeile

Kopf-/Fußzeile einfügen

In Word erzeugt man Kopf- und Fußzeilen, indem man aus dem Menü *Ansicht* den Menüpunkt *Kopf- und Fußzeile* wählt. Dadurch wechselt Word in die Ansicht *Kopf- und Fußzeile*, dh die Oberfläche ändert sich, wie die nächste Abbildung zeigt.

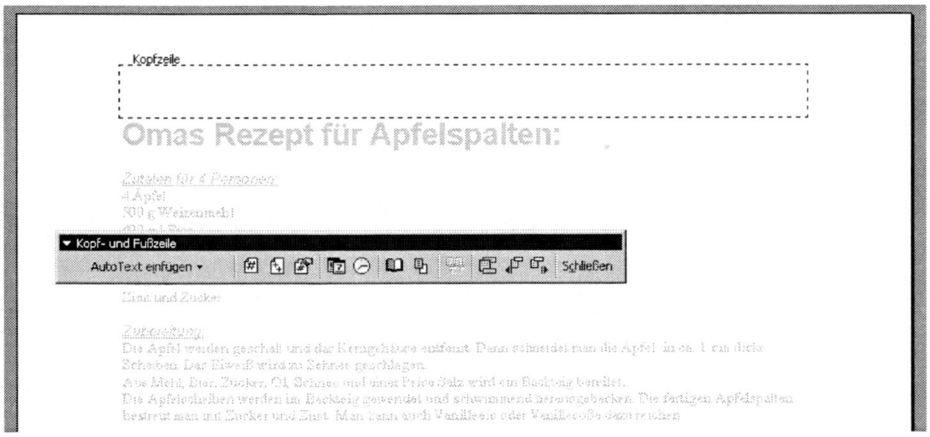

Abbildung 76: Ansicht Kopf- und Fußzeile

Der normale Textbereich wird blass dargestellt, als Zeichen dafür, dass dieser Bereich nun inaktiv ist. Die Symbolleiste *Kopf- und Fußzeile* erscheint und der Cursor blinkt im (strichliert umrahmten) Bereich der Kopfzeile.

Kopf-/Fußzeile gestalten

Wir können die Kopfzeile nun wie gewünscht gestalten, dh beliebigen Text eintragen (die gewohnten Zeichen- und Absatzformatierungsmöglichkeiten stehen zur Verfügung) oder eine der von Word über die Symbolleiste angebotenen Gestaltungsmöglichkeiten nützen. Wir stellen dazu den Cursor an die Stelle, wo wir zB die Seitenzahl stehen haben möchten, und wählen das entsprechende Symbol.

Die hierzu verwendbaren Symbol bedeuten:

#	Aktuelle Seitenzahl	+	Gesamtzahl der Seiten
	Aktuelles Datum		Aktuelle Uhrzeit

Durch Klick auf den kleinen Pfeil neben *Auto Text einfügen* erhält man eine weitere Auswahl an Gestaltungsmöglichkeiten. So kann beispielsweise die in der Fußzeile unseres Rezeptes verwendete Funktion *Seite X von Y* gewählt werden.

Mit dem Symbol  wechselt man zwischen Kopf- und Fußzeile.

Kopf-/Fußzeile schließen

Wenn wir mit der Gestaltung der Kopf- und Fußzeile fertig sind und zur normalen Ansicht zurückkehren möchten, so klicken wir auf den Button *Schließen* oder doppelklicken in den Text.

6.6 Übung

1. Wir öffnen unser Übungsdokument *Übungen.doc*.

2. Wir beginnen für die Übung eine neue Seite. (Hinweis: Wir fügen einen manuellen Seitenwechsel ein).

3. Bei der letzten Übung wurden verschiedene Absatzformatierungen eingestellt. Für unsere Übung wollen wir aber wieder das ursprüngliche Absatzformat verwenden. Wir kopieren daher das Absatzformat aus dem erste Text über Mitterhofers Schreibmaschine.

4. Wir verfassen eine Anleitung zur Inbetriebnahme eines Handys mit folgenden Punkten:

   Einschalten (grüne Taste drücken), PIN-Code eingeben (1234), OK-Taste drücken, Auf Bestätigung warten, Wählen (immer mit Vorwahl), Grüne Taste drücken

   Jeder Punkte soll in einer neuen Zeile stehen. Die Punkte sollen (von 1 bis 6) durchnummeriert werden. (Hinweis: Folgende Vorgangsweise ist ratsam: Man tippt *1. Einschalten (grüne Taste drücken)* und betätigt die *Eingabe*-Taste.)

   Das Ergebnis sollte so aussehen:

   1. Einschalten (grüne Taste drücken)
   2. PIN-Code eingeben (1234)
   3. OK-Taste drücken
   4. Auf Bestätigung warten
   5. Wählen (immer mit Vorwahl)
   6. Grüne Taste drücken

5. Wir bringen, unter Zuhilfenahme von Tabstopps, die folgende Liste mit Adressen und Telefonnummern in übersichtliche Form:

   Maria Müller, Neubaugasse 17, 1070 Wien, 01/123456; Herbert Huber, Kalvarienberggasse 28, 1170 Wien, 01/654321; Anastasia Sehrsehrlangername, Barnabitengasse 2, 1060 Wien, 01/321654

   Das Ergebnis sollte so aussehen:

Maria Müller	Neubaugasse 17, 1070 Wien	01/123456
Herbert Huber	Kalvarienberggasse 28, 1170 Wien	01/654321
Anastasia Sehrsehrlangername	Barnabitengasse 2, 1060 Wien	01/321654

6. Wir geben unserem Übungsdokument eine Fußzeile und fügen in diese eine Seitennummerierung ein.

7. Wir speichern das Dokument.

7 Rechtschreibprüfung und Silbentrennung

7.1 Die Rechtschreibung überprüfen

Rechtschreibprüfung

Üblicherweise sind Textverarbeitungsprogramme in der Lage Rechtschreibprüfungen vorzunehmen. Man darf sich das allerdings nicht so vorstellen, als ob ein Lektor den Text Korrektur lesen würde. Vielmehr prüft das Programm den Text nach bestimmten logischen Regeln, zB dass nach einem Punkt (normalerweise) groß geschrieben werden muss. Im Wesentlichen verfügt das Programm über eine Liste von Wörtern, die es kennt, also ein elektronisches Wörterbuch. Ein Wort im Text wird einfach in diesem Wörterbuch gesucht. Kommt es vor, so hält das Textverarbeitungsprogramm das Wort für richtig, kommt es nicht vor, so interpretiert das Programm das Wort als falsch.

Es ist daher möglich, dass *Wie kann ich dir deine Hilfe nur tanken?* vom Programm als richtig interpretiert wird. Andererseits kann *Sie liebt Konsalik.* als falsch interpretiert werden, schlicht und einfach deshalb, weil das Programm Herrn Konsalik nicht kennt.

Die Rechtschreibprüfung durch das Textverarbeitungsprogramm hat allerdings auch Vorteile gegenüber einem menschlichen Korrekturleser. So erkennen viele Programme Tippfehler bzw häufig auftretende Fehler und bessern sie selbständig aus. *udn* wird beispielsweise automatisch durch *und* ersetzt.

Außerdem kann das Programm uns gewissermaßen beim Schreiben auf die Finger schauen, indem es Wörter, die es für falsch hält, kennzeichnet.

Autokorrektur

Fehleranzeige

Word bietet zur Korrektur von Rechtschreib- bzw Tippfehlern gewissermaßen drei Stufen an. Die erste ist die Autokorrektur, dh das selbständige Ausbessern von zB *udn* in *und*. Die zweite ist das Kennzeichnen von (vermeintlich) falschen Wörtern durch eine rote Wellenlinie.

Wer nämlich mit h schreibt ist dähmlich.

Abbildung 77: Fehleranzeige

Außerdem kann der Text, wenn er fertig ist, auf korrekte Rechtschreibung überprüft werden.

7.1.1 Die Autokorrektur

Die Autokorrektur ist zwar in vielen Fällen sehr praktisch, kann aber auch unerwünschte Effekte haben. Wenn wir zB *ene mene mu* schreiben möchten, so kann es vorkommen, dass Textverarbeitungsprogramm dies auf *ene meine mu* ausbessert. Kommt das Wort im Text nur einmal vor, so kann man sich damit behelfen, nachdem Word das Wort ausgebessert hat, die Korrektur durch *Bearbeiten - Rückgängig* zurückzunehmen. Will man aber beispielsweise einen ganzen Text über den Deutschen Normen-Ausschuss *DNA* (gibt die DIN-Normen heraus) verfassen und Word bessert *DNA* immer durch *DANN* aus, so wird es mühsam.

Es ist daher sinnvoll die Autokorrektur seinen persönlichen Ansprüchen anzupassen. Dies kann man mit Hilfe des Dialoges *AutoKorrektur* tun. Man ruft den Dialog über das Menü *Extras*, Menüpunkt *AutoKorrektur*, auf.

Autokorrektur anpassen

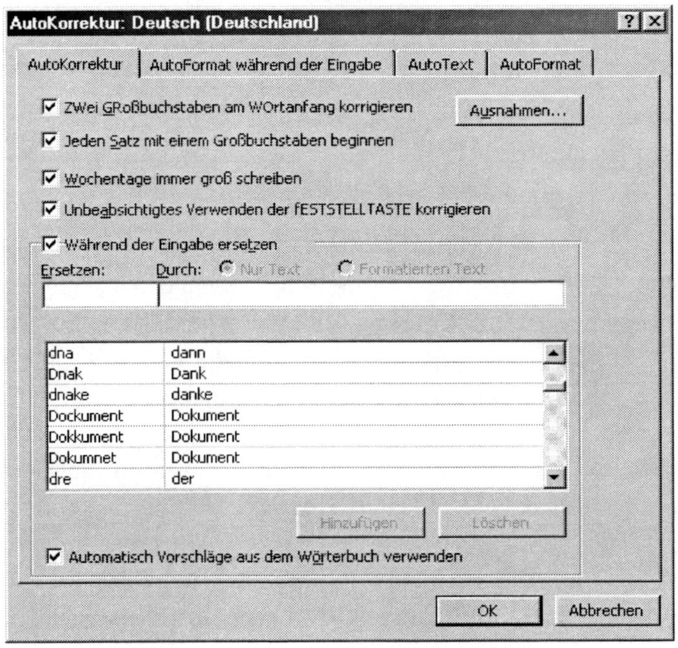

Abbildung 78: Der Dialog AutoKorrektur

Wir könnten nun zB den Eintrag *dna - dann* löschen, indem wir ihn markieren und den Button *Löschen* klicken. Wir können auch einen neuen Eintrag hinzufügen, indem wir das falsche Wort im Feld *Ersetzen* und das richtige im Feld *Durch* eintragen und anschließend den Button *Hinzufügen* klicken.

Eine andere Möglichkeit unser DNA-Problem zu lösen wäre, die Checkbox *Während der Eingabe ersetzen* zu deaktivieren, dann wird keiner der Einträge mehr automatisch korrigiert.

Autokorrektur deaktivieren

7.1.2 Die Fehleranzeige

Wenn Word (berechtigterweise oder nicht) ein Wort als falsch gekennzeichnet hat und wir klicken mit der rechten Maustaste auf dieses Wort, so öffnet sich folgendes Kontextmenü:

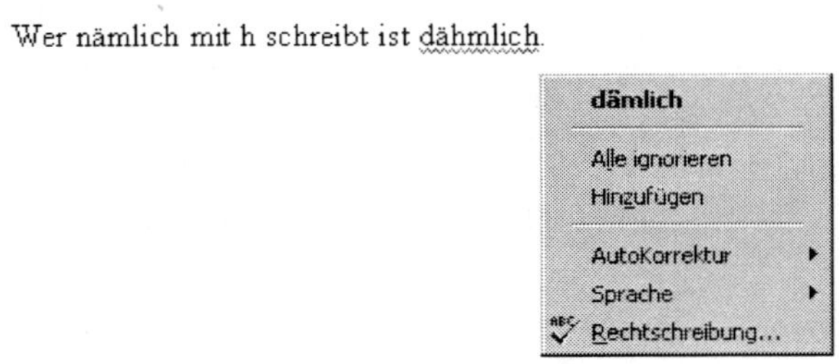

Abbildung 79: Kontextmenü zur Fehleranzeige

Zunächst bietet das Kontextmenü einen, manchmal auch mehrere, Verbesserungsvorschläge (hier *dämlich*) an. Wenn wir einen Verbesserungsvorschlag auswählen, ersetzt Word das falsche Wort durch diesen.

Fehler ausbessern

Fehler ignorieren

Wenn das Wort in Wirklichkeit richtig ist, können wir mittels des Menüpunkts *Alle ignorieren* bewirken, dass Word das Wort auch im übrigen Text nicht mehr als falsch kennzeichnet.

Wort hinzufügen

Mit dem Menüpunkt *Hinzufügen* können wir Word dazu veranlassen ein (richtiges) Wort „zu lernen", dh in sein Wörterbuch aufzunehmen. Das Wort wird dann nicht nur im aktuellen Text als richtig erkannt, sondern auch in allen zukünftigen Texten, die wir noch schreiben werden.

Mit Hilfe des Menüpunktes *AutoKorrektur* kann das Wort in die Liste der Wörter aufgenommen werden, die Word automatisch korrigiert.

Spracherkennung

Nun noch einige Worte zur Spracherkennung. Sobald wir einen Punkt hinter einen Satz setzen, versucht Word zu erkennen, in welcher Sprache der Satz geschrieben wurde. Bei einer Standardinstallation erkennt Word vier Sprachen: Deutsch, Englisch, Französisch und Italienisch. Befindet Word, dass es sich um einen deutschen Satz handelt, so korrigiert es alle darin enthaltenen Wörter nach der deutschen Rechtschreibung. Bei dem Satz „*Auf englisch heißt dämlich silly.*" würde Word *silly* als falsch kennzeichnen, im Satz „*You are silly.*" dagegen würde Word *silly* nicht beanstanden. Über den Menüpunkt *Sprache* kann man für ein einzelnes Wort die korrekte Sprache wählen. Wechselt man innerhalb eines Dokuments zwischen Sprachen hin und her, kann das natürlich schon zu Verwirrungen führen.

7.1.3 Die Rechtschreibprüfung

Rechtschreibprüfung starten

Um den Text nach Fertigstellung auf Rechtschreibfehler zu prüfen, stellen wir den Cursor an den Anfang des Textes und wählen aus dem Menü *Extras* den Menüpunkt *Rechtschreibung und Grammatik*. Word beginnt nun mit der Fehlersuche. Sobald es einen Fehler gefunden hat, markiert es diesen und öffnet folgenden Dialog:

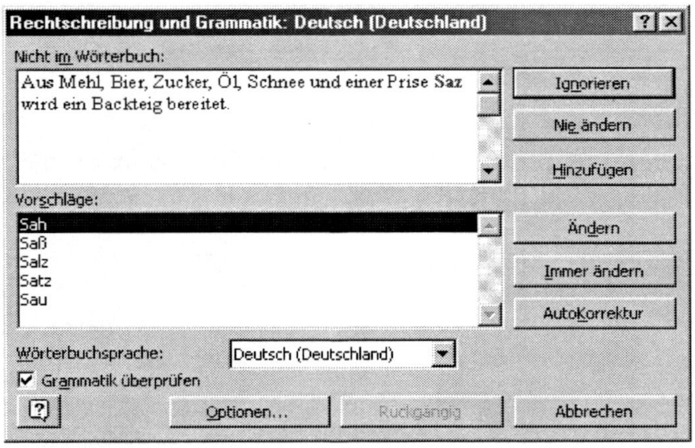

Abbildung 80: Der Dialog Rechtschreibung und Grammatik

Wörter mit falscher Rechtschreibung werden rot angezeigt, wie hier das Wort *Saz*. Wenn Word einen Grammatikfehler vermutet, zeigt es diesen grün an. Im Feld *Vorschläge* zeigt Word bei Rechtschreibfehlern alle Alternativen aus seinem Wörterbuch an, die als Korrektur passend erscheinen. Bei Grammatikfehlern zeigt es Erklärungen für den vermuteten Fehler an.

Fehler ausbessern

Wenn wir den Vorschlag *Salz* wählen und auf *Ändern* klicken, verbessert Word den Fehler und begibt sich auf die Suche nach dem nächsten.

Über den Button *Immer ändern* veranlassen wir Word dazu das Wort im ganzen Text entsprechend zu ändern.

Fehler ignorieren

Wählen wir *Ignorieren*, so wird das Wort nicht ausgebessert und Word nimmt die Suche nach dem nächsten Fehler auf. Durch *Nie ändern* schlägt Word auch weitere Vorkommnisse des Wortes im Text nicht mehr zur Korrektur vor.

Die Funktionen *Hinzufügen* und *AutoKorrektur* kennen wir schon aus dem Kontextmenü der Fehleranzeige.

In der Liste Wörterbuchsprache können wir die Sprache wählen, nach der Word den Text korrigieren soll.

7.1.4 Optionen für die Rechtschreibprüfung

Durch Klick auf den Button *Optionen* öffnen wir folgenden Dialog

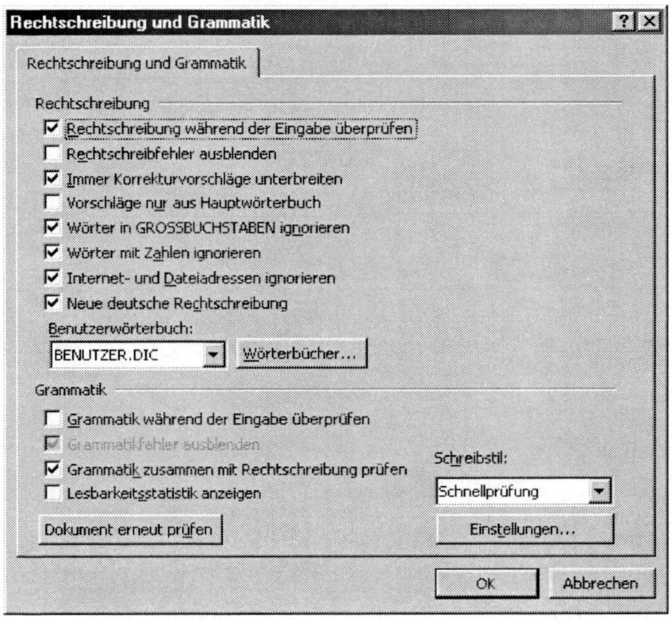

Abbildung 81: Optionen für die Rechtschreibprüfung

Rechtschreibprüfung anpassen

Hier können wir die Rechtschreib- und Grammatikprüfung so einstellen, wie wir sie für unsere Zwecke brauchen. Diese Einstellung gilt übrigens nicht nur für die aktuelle Word-Sitzung, sondern auch für alle weiteren.

Würden wir beispielsweise den Punkt *Rechtschreibfehler ausblenden* aktivieren, so würde Word (vermeintlich) falsche Wörter nicht mehr mit einer Wellenlinie versehen.

7.2 Silbentrennung

Silbentrennung

Es sieht hässlich aus, wenn der rechte Rand eines Textes nicht halbwegs eine Linie bildet bzw, wenn wir im Blocksatz schreiben und zwischen den Wörtern einer Zeile riesengroße Abstände sind. Dem können wir mittels der Anwendung der automatischen Silbentrennung Abhilfe schaffen.

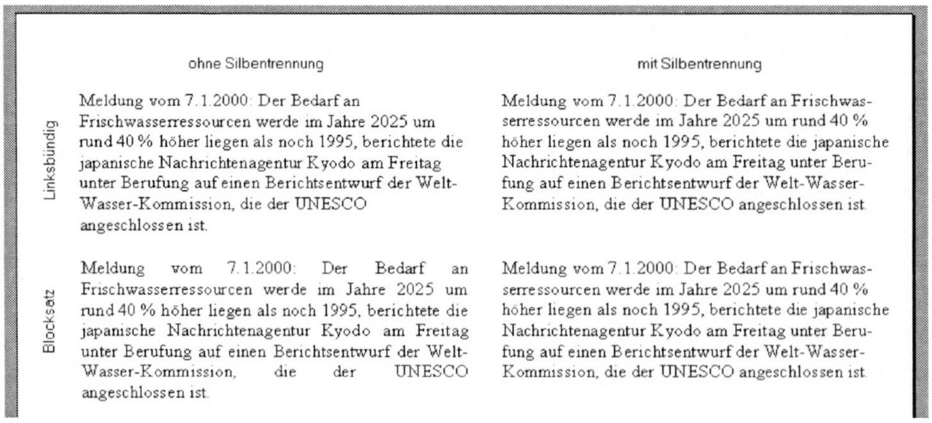

Abbildung 82: Text mit und ohne Silbentrennung

Nun verhält es sich aber bei Textverarbeitungssystemen mit dem Silbentrennungszeichen ähnlich wie mit händischen Zeilenumbrüchen. Wenn wir, nachdem wird die Silbentrennungszeichen eingefügt haben, noch irgendwo Text einfügen, kann es zu unerwünschten Auswirkungen kommen.

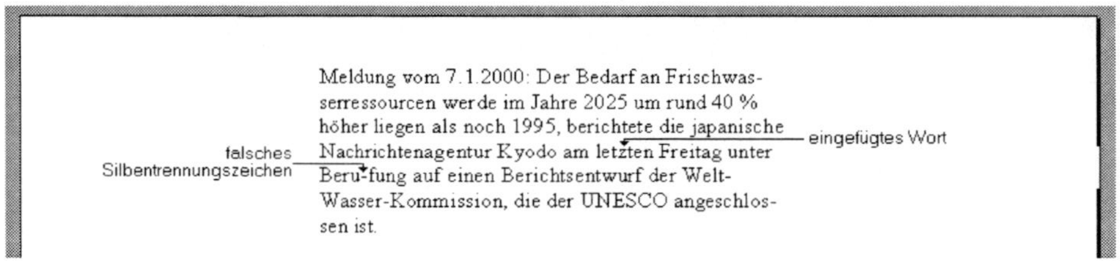

Abbildung 83: Unerwünschte Folgen händischer Silbentrennung

Es ist nun aber gar nicht notwendig, dass wir uns selbst um die Silbentrennung kümmern, wir können das dem Textverarbeitungsprogramm überlassen.

Word bietet uns drei Möglichkeiten Fehler wie den obigen zu vermeiden: manuelle Silbentrennung mittels bedingtem Trennstrich, automatische Silbentrennung und halbautomatische Silbentrennung.

7.2.1 Manuelle Silbentrennung

Manuelle Silbentrennung

Wenn wir beim Setzen des Trennstrichs gleichzeitig die *Strg*-Taste drücken, so fügen wir einen sogenannten bedingten Trennstrich ein. Das heißt, Word erkennt, wenn auch der erste Teil des Wortes in die neue Zeile verschoben wird und entfernt den Trennstrich.

7.2.2 Automatische Silbentrennung

Automatische Silbentrennung

Automatische Silbentrennung bedeutet, dass Word die Silbentrennung während der Texteingabe selbständig vornimmt. Word fügt dabei nur bedingte Trennstriche ein, dh der Text kann problemlos nachträglich bearbeitet werden.

Man stellt automatische Silbentrennung ein, indem man aus dem Menü *Extras* und dem Untermenü *Sprache* den Menüpunkt *Silbentrennung* wählt. Im darauf erscheinenden Dialog aktiviert man den Punkt *Automatische Silbentrennung*.

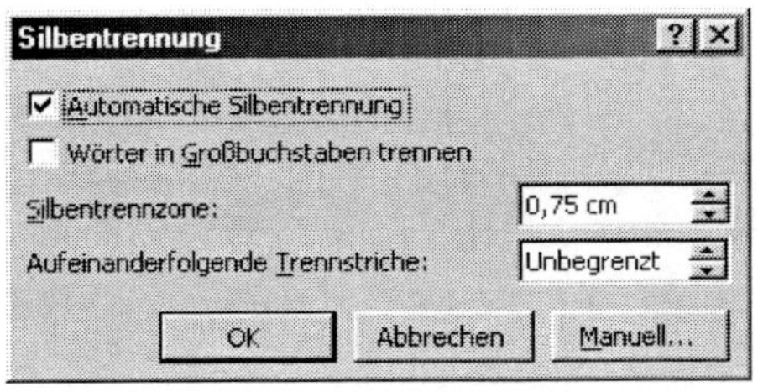

Abbildung 84: Automatische Silbentrennung einstellen

7.2.3 Halbautomatische Silbentrennung

Halbautomatische Silbentrennung

Die automatische Silbentrennung hat den Nachteil, dass es zu nicht besonders sinnvollen Trennungen kommen kann. So könnte das Wort *Druckerzeugnis* (im Sinne von Druck-erzeugnis) beispielsweise *Drucker-zeugnis* getrennt werden.

Die halbautomatische Silbentrennung funktioniert folgendermaßen. Wir schalten die automatische Silbentrennung aus und schreiben den Text zunächst völlig ohne Trennzeichen. Dann stellen wir den Cursor an den Beginn des Textes und wählen wiederum aus dem Menü *Extras* und dem Untermenü *Sprache* den Menüpunkt *Silbentrennung*. Im Dialog klicken wir dann auf den Button *Manuell*.

Word sucht nun die erste Stelle im Text, wo getrennt werden kann.

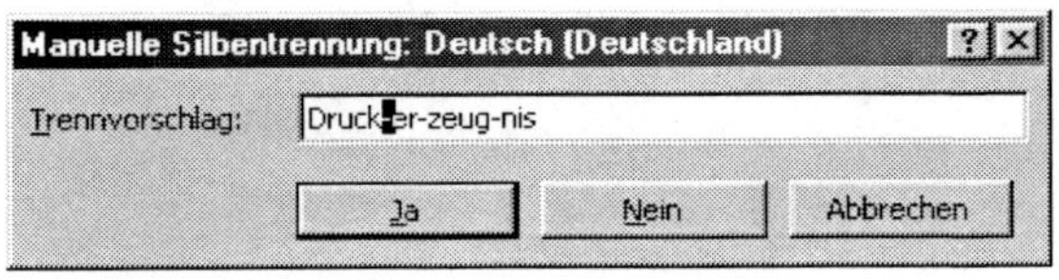

Abbildung 85: Halbautomatische Silbentrennung

Word markiert einen möglichen Trennstrich durch einen blinkenden schwarzen Balken. Klicken wir einfach nur auf *Ja*, so wird das Wort an dieser Stelle getrennt. Wollen wir an einer anderen Stelle trennen, so klicken wir zunächst auf den entsprechenden Trennstrich und erst dann auf *Ja*. Wollen wir das Wort gar nicht trennen, so klicken wir auf *Nein*. Nun sucht Word die nächste mögliche Trennstelle und lässt uns entscheiden, ob und wo getrennt werden soll. Dieser Vorgang wird wiederholt, bis das Textende erreicht ist.

7.3 Übung

1. Wir öffnen unser Übungsdokument *Übungen.doc* und beginnen eine neue Seite.
2. Wir schreiben folgenden Text (samt Fehlern):

> Silbentrennung
> Vor Einführung der neuen Rechtschreibung brachte man den Schulkindern noch den folgenden Merksatz bei: „Trenne nie ein s vom t, denn es tut ihm we!“. Interessant ist, warum es diese Regelung gab - sie geht auf die Geschichte des Buchdruks zurück. s und t standen auf einem Druckblok zusammen und konnten daher nicht getrennt werden. Nach der neuen Regelung dürfen Wörter wie Kiste, Liste usw zwischen s und t getrennt werden (also den

Sprechsilben entsprechent). Außerdem wird ck beim Trennen nict mehr durch kk ersetzt. Zucker ist also nicht mehr als Zuk-ker zu trennen sondern als Zu-cker.

3. Wir öffnen das Kontextmenü zum (falsch geschriebenen Wort) *we* und wählen den passenden Korrekturvorschlag.
4. Wir weisen das Textverarbeitungsprogramm an die nicht falschen Textstellen *ck*, *kk*, *Zuk-ker* und *Zu-cker* nicht als falsch zu kennzeichnen. (Hinweis: Aus dem Kontextmenü muss der Eintrag *Alle ignorieren* gewählt werden.)
5. Wir führen für den gesamten Text eine Rechtschreibprüfung durch, indem wir den Text markieren und aus dem Menü *Extras* den Menüpunkt *Rechtschreibung und Grammatik* wählen. Wir korrigieren die angezeigten Fehler. (Hinweis: Wollen wir etwas nicht ausbessern, so wählen wir *Ignorieren*.)
6. Wir führen für den Text eine halbautomatische Silbentrennung durch.

8 Dokumente drucken

8.1 Die Seite einrichten

Wenn wir ein Dokument zu Papier bringen möchten, müssen wir uns überlegen, wie groß das Papier ist und ob wir es im Hoch- oder Querformat verwenden möchten. Außerdem müssen wir Überlegungen über die Seitenränder anstellen. Wenn wir den Text zum Beispiel in einer Ringmappe ablegen möchten, müssen wir einen entsprechenden linken Rand für die Lochung berücksichtigen.

Bei einer Schreibmaschine können wir das Papier entsprechend einspannen, was aber bei einem Drucker nicht möglich ist. Daher muss das Textverarbeitungsprogramm dem Drucker die entsprechenden Befehle übermitteln. Dazu müssen wir dem Programm aber zuvor mitteilen, wie wir den Ausdruck wünschen.

Seite einrichten

In Word rufen wir dazu den Dialog *Seite einrichten* über das Menü *Datei* und den Menüpunkt *Seite einrichten* auf.

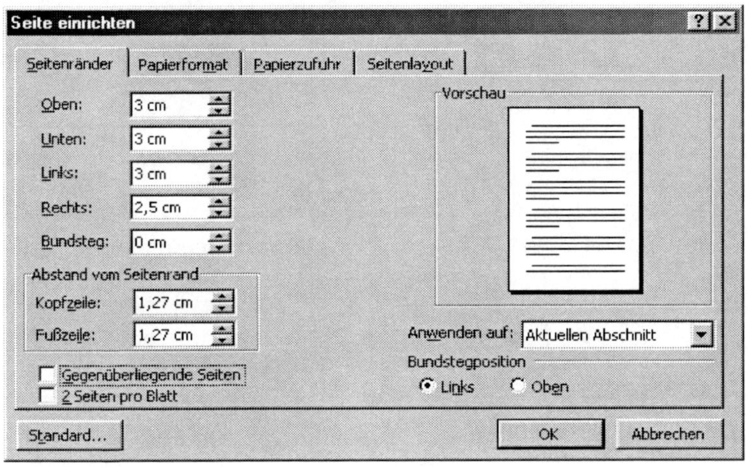

Abbildung 86: Der Dialog Seite einrichten

Bevor wir uns den Details zuwenden, sei noch darauf hingewiesen, dass das Ändern der Seiteneinrichtung eventuell die Textaufteilung ändert. Zum Beispiel wird durch die Einstellung von kleineren Seitenrändern die Seite breiter, was heißt, dass mehr Text in einer Zeile Platz hat. Aus diesem Grunde sollten manche Formatierungsarbeiten, wie zB die Silbentrennung, erst vorgenommen werden, nachdem die Seite endgültig eingerichtet ist, sonst hat man doppelte Arbeit.

8.1.1 Die Seitenränder einstellen

Seitenränder einstellen

Der Dialog hat mehrere Registerblätter. Im Registerblatt *Seitenränder* können wir die Breite der Seitenränder bestimmen. Dabei ist zu beachten, dass der Drucker kleine Randbereiche des Papiers nicht bedrucken kann. Wie breit diese Randbereiche sind, hängt vom Druckertyp ab. Stellen wir also zu kleine Ränder ein, so erhalten wir eine Fehlermeldung.

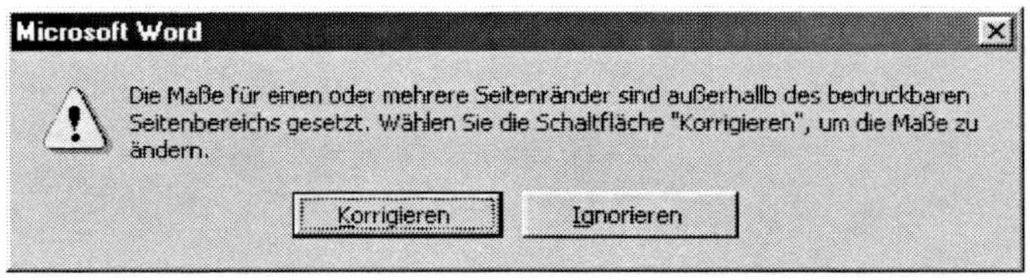

Abbildung 87: zu kleine Seitenränder

Durch Klick auf *Korrigieren* können die Werte berichtigt werden. Informationen über den bedruckbaren Bereich finden wir im Handbuch des Druckers.

Es sei nochmals erwähnt, dass Seitenränder und Absatzränder addiert werden müssen. Das heißt, wenn wir einen linken Seitenrand von 3 cm einstellen und einen linken Absatzeinzug von 1 cm, so beträgt der Abstand zwischen linkem Papierrand und Absatzbeginn 4 cm.

8.1.2 Das Papierformat und die Seitenausrichtung einstellen

DIN

Im Abschnitt über die *Autokorrektur* wurde der Deutsche Normen-Ausschuss (DNA) erwähnt. Dieser ist zuständig für die Festlegung von einheitlichen Papierformaten, an die sich Papierfabriken halten müssen. Die Papierformate werden in der sogenannten Deutschen Industrie Norm (DIN) bestimmt. Die wichtigsten Formate sind:

DIN A3	297 mm x 420 mm	doppelt so groß wie gewöhnliches Druckerpapier
DIN A4	210 mm x 297 mm	Gewöhnliches Druckerpapier
DIN A5	148 mm x 210 mm	halb so groß wie gewöhnliches Druckerpapier

Wir wechseln nun im Dialog *Seite einrichten* auf das Registerblatt *Papierformat*.

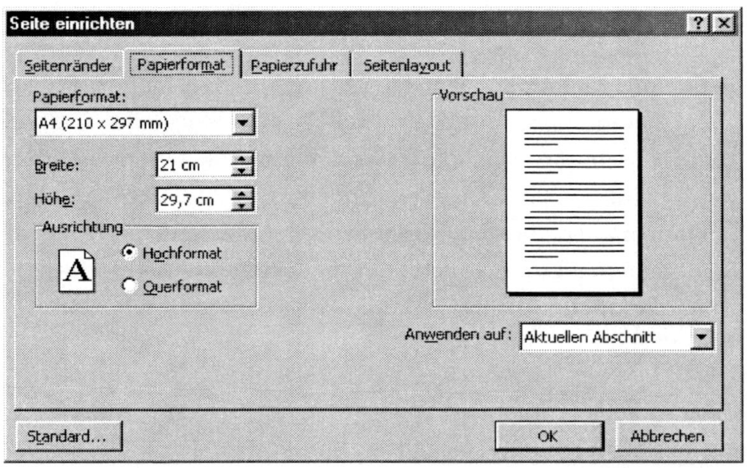

Abbildung 88: Das Registerblatt Papierformat

Papierformat wählen

Aus der Liste Papierformat können wir das gewünschte Format, meist wird es sich um A4 handeln, wählen. Word zeigt dann automatisch in den Feldern unter der Liste die Breite und Höhe dieses Formats an. Falls notwendig kann man Breite und Höhe dann noch ändern.

Seitenausrichtung

Außerdem können wir auf diesem Registerblatt noch einstellen, ob das Blatt im Hoch- oder im Querformat bedruckt werden soll.

8.1.3 Eine Einrichtung als Standard einstellen

Grundsätzlich gelten die Einstellungen, die wir im Dialog *Seite einrichten* vornehmen nur für das aktuelle Dokument. Wir können sie aber auch zur Standardeinstellung machen. Dadurch erhält ein neu angelegtes Dokument diese als Voreinstellung. Zu diesem Zwecke klicken wir auf den Button *Standard* und bestätigen die Sicherheitsabfrage mit *Ja*.

8.2 Den Druck vorbereiten

Druckvorschau

Wenn wir unser Dokument fertiggestellt haben, gilt es zu prüfen, ob das Layout auch unseren Vorstellungen entspricht. Wenn wir das Dokument aber erst drucken müssten, um Schönheitsfehler zu finden, würden wir eine Menge unnötiges Papier verschwenden, daher bieten Textverarbeitungsprogramme Druckvorschauen an. Das heißt man kann sich am Bildschirm ansehen, wie das Dokument in gedruckter Form aussehen wird.

Seitenansicht

In Word dient die sogenannte Seitenansicht diesem Zweck. Sie wird über das Menü *Datei*, Menüpunkt *Seitenansicht* geöffnet.

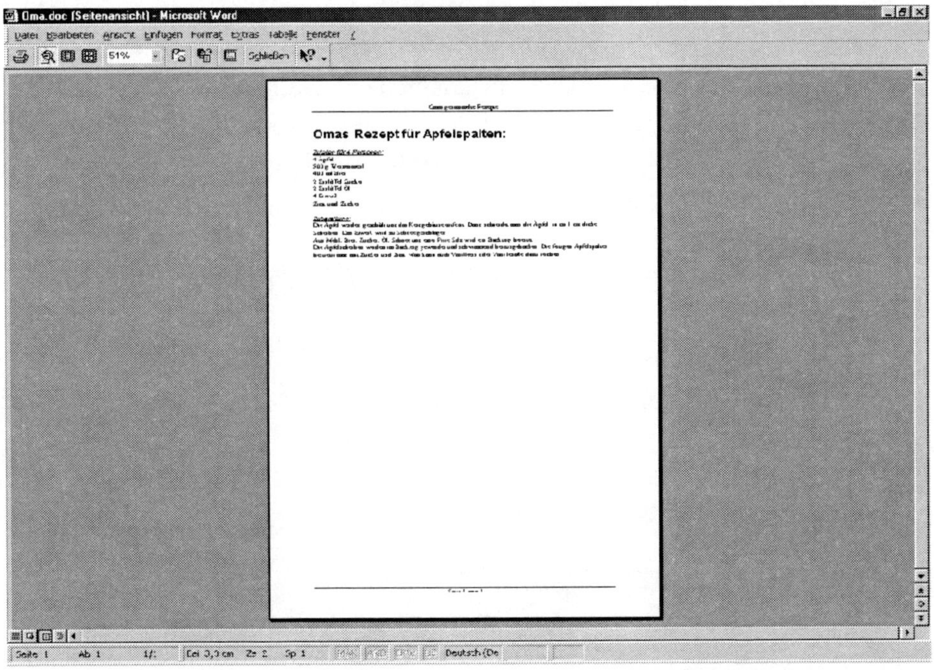

Abbildung 89: Die Seitenansicht

Wenn das Dokument aus mehreren Seiten besteht, kann man mit den Tasten Bild↑ und Bild↓ oder mit Hilfe der Bildlaufleiste zwischen den Seiten blättern.

Mit Hilfe des Symbols können mehrere Seiten neben- bzw untereinander betrachtet werden. Mit schaltet man auf die Ein-Seiten-Ansicht zurück.

Lupe

Zur besseren Kontrolle kann der Text mit der Lupe per Mausklick vergrößert und anschließend wieder verkleinert werden. Dazu klickt man zunächst auf das Symbol . Der Mauszeiger wird zu einer Lupe mit einem Plus im Glas. Ein Klick auf den Text vergrößert diesen. Der Mauszeiger wird zu einer Lupe mit einem Minus im Glas. Ein weiterer Klick auf den Text verkleinert diesen wieder. Wie groß der Text angezeigt wird, kann auch über die Liste 54% eingestellt werden.

Ein Klick auf das Symbol bewirkt, dass Word versucht, die Anzahl der Seiten zu reduzieren. Das macht Sinn, wenn auf der letzen Seite zB nur mehr eine halbe Zeile stehen würde.

Durch Klick auf den Button *Schließen* gelangen wir zur vorherigen Ansicht zurück.

Sollten die automatischen Seitenumbrüche nicht unseren Vorstellung entsprechen, können wir manuelle Seitenumbrüche einfügen (Zur Erinnerung: gleichzeitig *Strg*-Taste und *Eingabe*-Taste betätigen).

8.3 Grundlegende Druckeinstellungen

Drucken

Wenn das Layout des Dokuments unseren Vorstellungen entspricht, so klicken wir (in der Seitenansicht oder in der gewöhnlichen Ansicht) auf das Symbol . Dadurch wird das Dokument auf dem im System eingestellten Standarddrucker ausgegeben (bzw in dessen Warteschlage gestellt – doch dazu später).

Druck-einstellungen

Möglicherweise will man jedoch nicht das ganze Dokument drucken oder das Dokument (oder Teile davon) mehrmals drucken. Wenn wir solche Sonderwünsche haben, wählen wir anstatt einfach auf das Druckersymbol zu klicken aus dem Menü *Datei* den Menüpunkt *Drucken*. Folgender Dialog wird geöffnet:

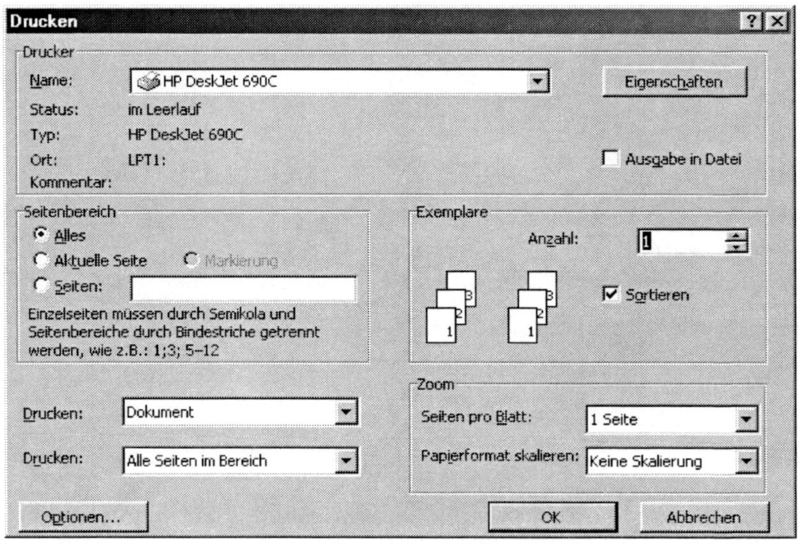

Abbildung 90: Der Druckdialog

Drucker wählen

Als Drucker ist zunächst der im System eingestellte Standarddrucker gewählt. Wir können aus der Liste jedoch jeden anderen verfügbaren Drucker wählen. Dabei ist jedoch zu beachten, dass ein anderer Drucker andere Eigenschaften hat und sich daher möglicherweise das Textlayout verändert (zB die Seiteneinteilung).

Seiten wählen

Im Bereich *Seitenbereich* können wir wählen, ob wir alle Seiten des Dokuments, die aktuelle (also jene Seite in der sich der Cursor befindet) oder bestimmte Seiten drucken möchten. Der Text *Einzelseiten ...* beschreibt, wie wir den zu druckenden Seitenbereich angeben müssen. Wenn wir vor dem Aufruf des Druckdialoges Text markiert haben, können wir genau diesen markierten Text drucken, indem wir die Option *Markierung* wählen.

Anzahl

Im Bereich *Exemplare* können wir wählen, wie oft das Dokument gedruckt werden soll.

Durch Klick auf den Button *OK* wird das Dokument bzw der Dokumentteil in der gewünschten Anzahl gedruckt bzw in die Warteschlange des gewählten Druckers gestellt.

8.4 Die Druckerwarteschlange

Druckerwarteschlange

Wenn wir den Druck unseres Dokuments starten, erzeugt das Textverarbeitungsprogramm einen Druckauftrag und stellt diesen in die Warteschlange des betroffenen Druckers. Sobald der Druckauftrag in der Warteschlange steht, erscheint in der Task-Leiste in dem Bereich, wo sich auch die Uhrzeit befindet, ein Symbol dafür, dass gedruckt wird 

. Das für die Druckerwarteschlange zuständige Programm versucht die Druckaufträge der Reihe nach zum Drucker zu schicken. Sobald unser Druckauftrag zum Drucker unterwegs ist, verschwindet das Drucken-Symbol wieder. (Das heißt aber noch nicht, dass das Dokument tatsächlich schon gedruckt wurde, sondern nur, dass die Zuständigkeit an den Drucker übergeben wurde, der Druckauftrag kann sich also noch im Speicher des Druckers selbst befinden.)

Durch einen Doppelklick auf das Druckersymbol können wir nachsehen, was sich gerade in der Druckerwarteschlange befindet.

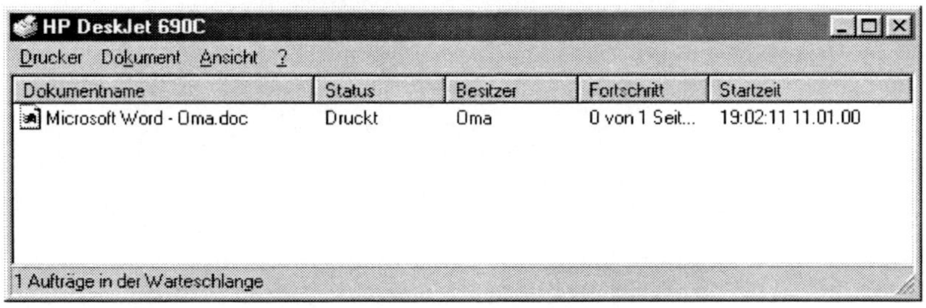

Abbildung 91: Die Druckerwarteschlange

Druckauftrag abbrechen

Sollten wir versehentlich ein 100 Seiten Dokument in Druckauftrag gegeben haben, so können wir hier unseren Druckauftrag (im Allgemeinen) wieder stornieren. Wir markieren dazu den Druckauftrag, indem wir ihn anklicken und drücken die *Entfernen*-Taste oder wählen den Menüpunkt *Druckauftrag abbrechen* im Menü *Dokument* des Warteschlangen-Dialogs.

Man kann einen Druckauftrag auch anhalten. Das ist praktisch, wenn während des Ausdrucks zB das Telefon läutet und das Druckgeräusch das Gespräch stören würde. Dazu markieren wir wieder den Druckauftrag und wählen den Menüpunkt *Drucker anhalten* im Menü *Dokument*.

Etwas anders verhält sich die Sache, wenn der Drucker nicht direkt an unserem Rechner angeschlossen ist, sondern wir über ein Netzwerk drucken. Dann hängen unsere Einflussmöglichkeiten auf die Druckerwarteschlange von den uns zugeteilten Rechten ab. Bei Problemen wendet man sich am besten an den Administrator.

8.5 Übung

1. Wir öffnen unser Übungsdokument *Übungen.doc*, das wir nun drucken wollen.
2. Wir prüfen in der Seitenansicht, ob der Druck unseren Vorstellungen entspricht.
3. Wir öffnen den Druckdialog und überprüfen die Einstellungen (zB ob der richtige Drucker eingestellt ist).
4. Wir starten den Druck (indem wir den Druckdialog mit *OK* schließen).

9 Formatvorlagen und Dokumentvorlagen verwenden

9.1 Formatvorlagen erstellen und anwenden

Wenn man vorhat ein größeres Dokument zu verfassen, sollte man nicht einfach drauflos schreiben, sondern sich zuvor Gedanken über die Gestaltung machen. Wenn man zB jede Überschrift mit einer anderen Formatierung versieht, kann der Leser nicht unterscheiden, was jetzt eine große und was eine kleine Überschrift sein soll und wird sich beim Lesen sehr schwer tun.

Es ist daher sinnvoll sich zu überlegen, wie viele Gliederungsebenen wir verwenden wollen und dann für jede ein eigenes Überschriftformat zu definieren. Vom Textverarbeitungsprogramm werden wir bei dieser Arbeit durch Formatvorlagen unterstützt.

Formatvorlage

Eine Formatvorlage ist ein Gruppe von Formatierungsmerkmalen. Ein Beispiel wäre eine Formatvorlage mit den Eigenschaften: Schriftart Arial, Schriftgröße 12 pt, fett, unterstrichen. Einmal definiert, kann die Formatvorlage schnell und einfach einem Textteil zugewiesen werden. Anstelle von 4 Formatierungsschritten, bedarf es nur eines Schritts.

Der Hauptvorteil der Formatvorlage liegt aber nicht in der Zeitersparnis durch weniger Formatierungsschritte, sondern darin, dass wir dem Textverarbeitungsprogramm Informationen über die Gliederung unseres Textes geben. Damit kann es uns bei der Gestaltung besser unterstützen. Wenn sich ein Dokument bereits im fortgeschrittenen Zustand befindet und es entsteht plötzlich die Notwendigkeit alle Überschriften der Gliederungsstufe 3 zu ändern, so hätten wir, müssten wir das manuell erledigen, eine Menge Arbeit. Haben wir aber eine Formatvorlage verwendet, so ändern wir einfach deren Merkmale und die Sache ist erledigt.

Absatz-Formatvorlage

Zeichen-Formatvorlage

Man unterscheidet Absatz-Formatvorlagen und Zeichen-Formatvorlagen. Absatzformatvorlagen beziehen sich auf einen ganzen Absatz und können Absatz- und Zeichenformatierungen enthalten, Zeichen-Formatvorlagen beziehen sich auf Zeichen und können daher nur Zeichenformatierungen enthalten.

9.1.1 Formatvorlagen zuweisen

In der Symbolleiste *Format* befindet sich eine Liste mit allen von uns selbst definierten und von Word vordefinierten Formatvorlagen.

Abbildung 92: Formatvorlagen

Zeichen-Formatvorlagen sind mit dem Symbol **a** gekennzeichnet (wie zB in der Abbildung die Formatvorlage *Textteil*), Absatz-Formatvorlagen mit dem Symbol ¶ (wie alle übrigen Formatvorlagen der Abbildung).

Formatvorlage zuweisen

Um eine Absatz-Formatvorlage zuzuweisen, setzen wir den Cursor in den Absatz und wählen aus der Liste die gewünschte Absatz-Formatvorlage. Es kann sich auch um einen neuen Absatz handeln, dann wird dieser gleich während des Schreibens entsprechend formatiert.

Um eine Zeichen-Formatvorlage zuzuweisen markieren wir den entsprechenden Text und wählen aus der Liste die gewünschte Zeichen-Formatvorlage. Um neuen Text gleich mit den gewünschten Formatierungen zu schreiben, setzen wir den Cursor an die Stelle, wo wir den Text schreiben wollen ohne etwas zu markieren und wählen die entsprechende Zeichen-Formatvorlage.

9.1.2 Erstellen und Bearbeiten von Formatvorlagen

Um selbst neue Formatvorlagen zu definieren oder bestehende zu bearbeiten, wählen wir aus dem Menü *Format* den Menüpunkt *Formatvorlage*.

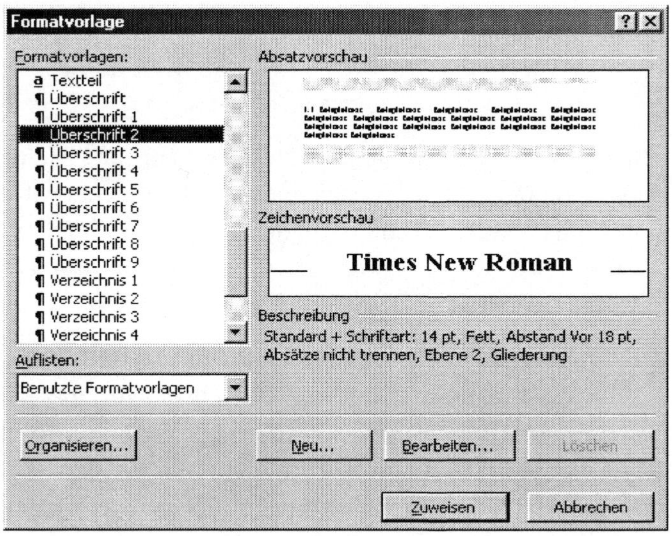

Abbildung 93: Der Dialog Formatvorlage

In der Liste *Formatvorlagen* sind bereits bestehende Formatvorlagen aufgelistet. Wir können uns aussuchen, ob nur oft benutzte Formatvorlagen, alle Formatvorlagen oder nur benutzerdefinierte (also von uns selbst definierte) Formatvorlagen angezeigt werden, indem wir den entsprechenden Eintrag in der Liste *Auflisten* wählen.

Wenn wir eine Formatvorlage markieren, werden rechts Vorschauen und die Beschreibung zu dieser Formatvorlage angezeigt.

Ein Klick auf den Button *Zuweisen* schließt den Dialog und formatiert den aktuellen Absatz, bzw den gerade markierten Text mit der in der Liste gewählten Formatvorlage.

Ist die ausgewählte Formatvorlage eine selbst definierte, so ist der Button *Löschen* aktiviert und wir können die Formatvorlage entfernen.

Formatvorlage bearbeiten oder erstellen

Durch Klick auf den Button *Bearbeiten* können wir die gewählte Formatvorlage ändern, durch Klick auf den Button *Neu* eine neue definieren. Beides führt dazu, dass der folgende Dialog geöffnet wird.

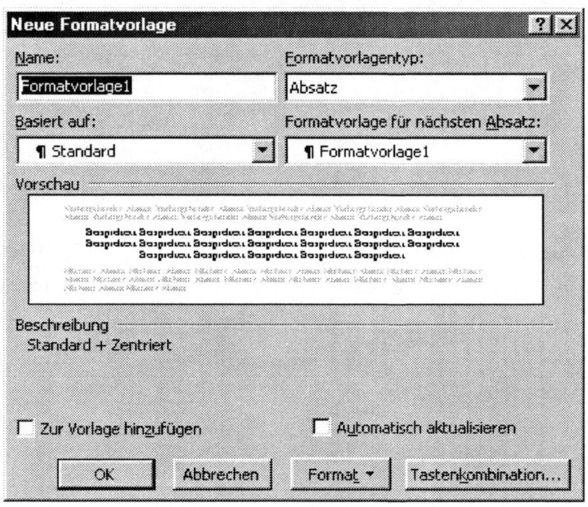

Abbildung 94: Formatvorlage definieren

Im Feld *Name* können wir den Namen der Formatvorlage bestimmen bzw ändern. Im Feld *Formatvorlagentyp* wählen wir, ob wir eine Absatz- oder eine Zeichen-Formatvorlage erstellen möchten.

In der Liste *Basiert auf* geben wir eine bestehende Formatvorlage an, die als Muster dient. Das heißt, unsere Formatvorlage erhält zunächst alle Formatierungsmerkmale der Musterformatvorlage und wir können dann weitere Merkmale hinzufügen, bzw bestehende umdefinieren. Wollen wir keine Musterformatvorlage verwenden, so wählen wir *Keine Formatvorlage*.

Mit der Liste *Formatvorlage für nächsten Absatz* hat es folgende Bewandtnis: Nehmen wir an, wir wählen eine Überschriften-Formatvorlage, schreiben die Überschrift, betätigen die *Eingabe*-Taste und wollen normalen Text schreiben. Dazu müssten wir nun die Formatvorlage für den normalen Text wählen. Haben wir aber die Überschriften-Formatvorlage so definiert, dass wir im Feld *Formatvorlage für nächsten Absatz* die Formatvorlage für normalen Text angegeben haben, so schaltet Word nach der Überschrift automatisch auf die Formatvorlage für normalen Text um.

Formatvorlage anpassen

Die Formatierungsmerkmale der Formatvorlage legen wir durch Klick auf den Button *Format* fest.

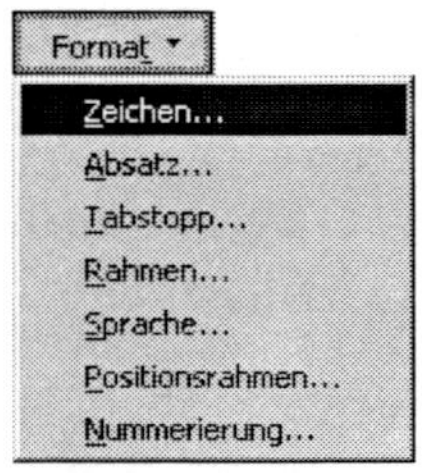

Abbildung 95: Formatierungsmerkmale festlegen

Durch wählen eines Eintrags der Liste, öffnen wir uns (großteils) schon bekannte Dialoge, in denen wir die gewünschten Formatierungsmerkmale festlegen können.

Wenn wir fertig sind, beenden wir den Dialog *Neue Formatvorlage* (bzw *Formatvorlage bearbeiten)* mit *OK*. Damit gelangen wir in den Dialog *Formatvorlage* zurück. Wenn wir die neue (bzw bearbeitete) Formatvorlage gleich anwenden wollen, beenden wir diesen durch *Zuweisen* ansonsten durch *Abbrechen*.

9.1.3 Schnelles Erstellen von Absatz-Formatvorlagen

Absatz-Formatvorlage erstellen

Absatz-Formatvorlagen können in Word sehr einfach erstellt werden. Man formatiert einen Absatz mit den gewünschten Formatierungsmerkmalen, trägt im Textfeld der Formatvorlagen-Liste einen Namen für die Formatvorlage ein und schließt diesen mit der *Eingabe*-Taste ab. Dabei muss der Cursor im Absatz stehen.

Zu beachten ist dabei: Wenn wir einen bereits für eine andere Formatvorlage existierenden Namen wählen, so erreichen wir das Gegenteil. Der Absatz wird mit den Merkmalen dieser Formatvorlage formatiert (und unsere Formatierungen gehen verloren).

9.1.4 Weitere Vorteile von Formatvorlagen

Wie zuvor bereits erwähnt, liegt der Vorteil von Formatvorlagen nicht nur darin, weniger Formatierungsschritte machen zum müssen, sondern auch darin, dass wir dem Textverarbeitungssystem Informationen über die Gliederung unseres Textes geben. Dadurch dass das Textverarbeitungsprogramm Überschriften erkennen kann, kann es uns Hilfestellungen, wie automatisches Erstellen von Inhaltsverzeichnissen, Nummerieren der Überschriften und noch Einiges mehr anbieten.

9.2 Dokumentvorlagen erstellen und anwenden

Bei Firmen ist es üblich, dass Dokumente einen einheitlichen Grundaufbau haben. So enthält zum Beispiel jeder Brief in der Kopfzeile den Firmennamen und in der Fußzeile Adressangaben inklusive Telefon- und Faxnummer, Email-Adresse und Homepage. Es liegt nun nahe (sofern es nicht ein eigenes vorgedrucktes Firmenpapier gibt), der Einheitlichkeit halber immer dieselbe Vorlage zu verwenden. Genau diesem Zweck dienen Dokumentvorlagen.

Dokumentvorlagen können aber nicht nur feste Texte enthalten, sondern zB auch Formatvorlagen und Makros. (Mit Hilfe von Makros lassen sich bestimmte Aufgaben automatisieren. Ein Makro besteht aus einer Reihe von Befehlen, die zu einem einzigen Befehl gruppiert werden, so dass eine Aufgabe automatisch ausgeführt wird.) Es ist sogar möglich Menü- und Tastaturbelegungen in Dokumentvorlagen aufzunehmen.

Einheitliches Dokumentlayout

Mit diesen Möglichkeiten lässt sich zum Beispiel der Aufbau von Berichten, internen Mitteilungen, Faxen usw vereinheitlichen. Das ist nicht nur eleganter, sondern spart auch Zeit. Einerseits muss sich der Schreiber nicht mehr den Kopf über den Aufbau seines Textes zerbrechen. Andererseits kann der Leser einem Text in gewohntem Format die relevanten Informationen schneller entnehmen.

9.2.1 Die globale Vorlage

Standarddokumentvorlage

Jedes Word-Dokument basiert auf einer von Word vordefinierten Standarddokumentvorlage mit dem Namen *Normal.dot*. *dot* steht für Document Template (Template heißt Schablone) und ist, so wie *doc* die Endung für Dokumente ist, die Endung für Dokumentvorlagen. Wenn wir ein neues Dokument über das Symbol 🗋 erzeugen, so basiert dieses auf der Vorlage *Normal.dot*.

Normal.dot

Die Vorlage *Normal.dot* enthält verschiedene wichtige Elemente, so sind zB die Formatvorlagen *Überschrift 1* bis *Überschrift 9* Bestandteile von *Normal.dot*. Eine Besonderheit dieser Dokumentvorlage ist, dass ihre Element in jedem Dokument zur Verfügung stehen, also auch wenn wir eine andere Dokumentvorlage wählen. Das ist deshalb so, weil jede (vordefinierte oder selbst erstellte) Dokumentvorlage auf *Normal.dot* basiert. Das bedeutet, wenn wir eine neue Dokumentvorlage erstellen, dann sind die Elemente von *Normal.dot* automatisch darin enthalten. Wir können dann weitere Elemente dazunehmen oder bestehende abändern.

9.2.2 Dokumentvorlagen anwenden

Wenn wir ein neues Dokument über das Menü *Datei* Menüpunkt *Neu* erstellen, so wird zunächst ein Dialog mit verschiedenen Registerkarten geöffnet. In diesen Registerkarten werden uns verschiedene von Word vordefinierte Dokumentvorlagen zur Wahl gestellt.

Standardvorlage anwenden

Wollen wir ein normales Dokument erstellen, also ein Dokument ohne besondere Dokumentvorlage, so wählen wir aus dem Register *Allgemein* das Symbol *Leeres Dokument*. Dadurch wird das Dokument mit der globalen Dokumentvorlage *Normal.dot* erstellt. (Dieser Vorgang entspricht dem Erstellen eines Dokuments über das Symbol 🗋).

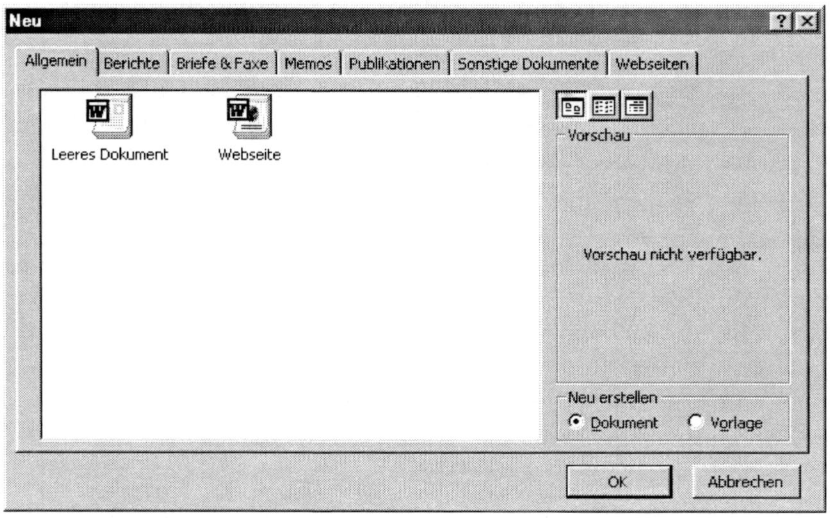

Abbildung 96: Ein neues, leeres Dokument erstellen

Vordefinierte Vorlage anwenden

In einem anderen Register des Dialogs *Neu* werden uns Vorlagen für Briefe und Faxe angeboten.

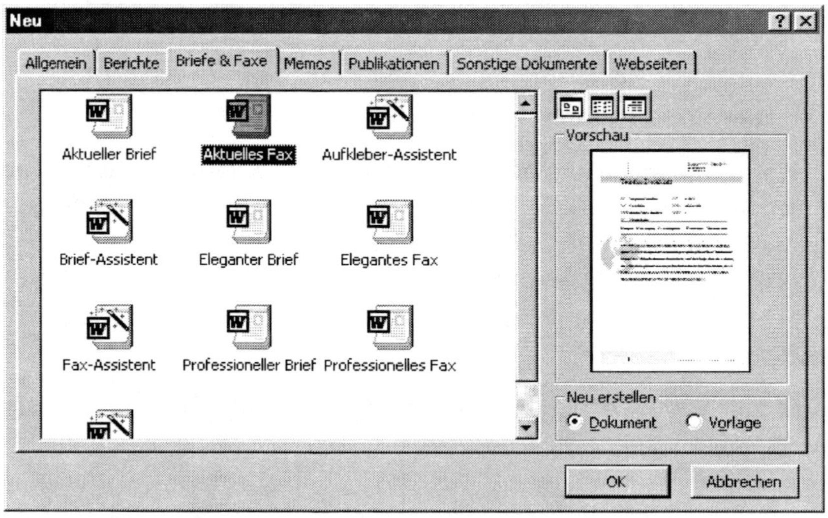

Abbildung 97: Dokumentvorlagen für Briefe und Faxe

Wenn wir zB *Aktuelles Fax* wählen und *OK* klicken, so wird folgendes Dokument erstellt:

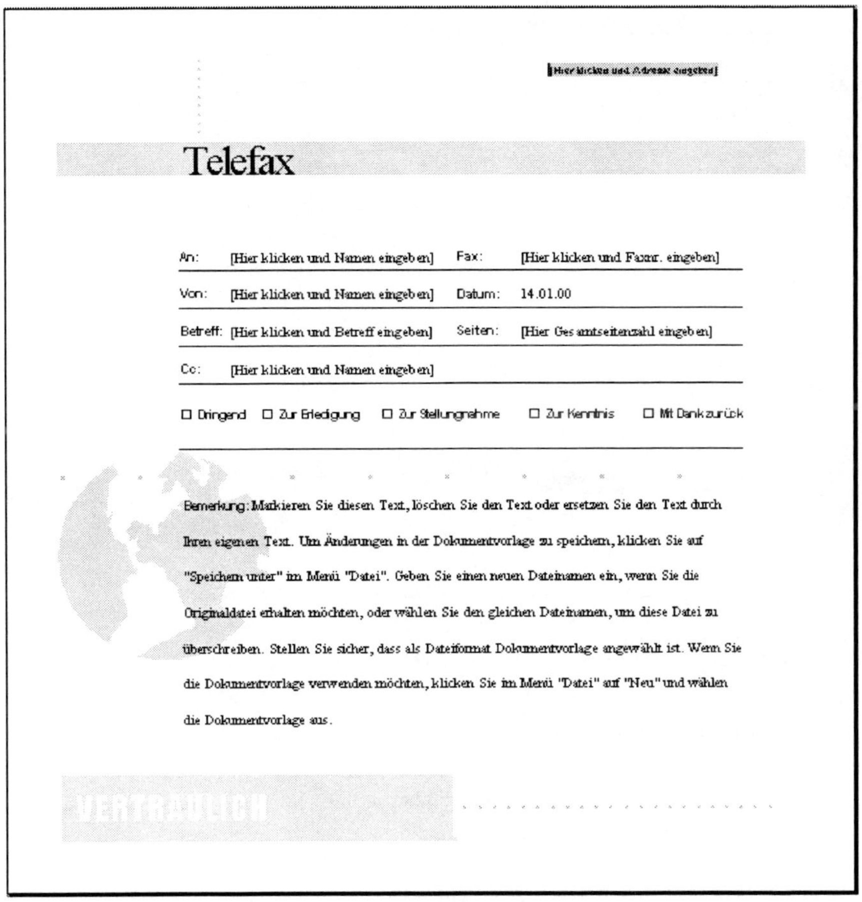

Abbildung 98: Dokumentvorlage für ein Fax

Word hat außer den für das Fax vordefinierten Elementen noch einige Kommentare eingefügt, um uns die Verwendung der Dokumentvorlage zu erleichtern. Das müssen wir bei unseren eigenen Dokumentvorlagen natürlich nicht tun.

9.2.3 Eine neue Dokumentvorlage erstellen

Dokumentvorlage erstellen

Um selbst eine Dokumentvorlage zu erstellen wählen wir, genau wie beim Erstellen eines neuen Dokuments, aus dem Menü *Datei* den Menüpunkt *Neu*. Wir wählen, wie gewohnt, im Register *Allgemein* das Symbol *Leeres Dokument*. Aus der Gruppe *Neu erstellen* wählen wir nun aber, anstatt wie bisher *Dokument*, die Option *Vorlage*. Dadurch wird dieselbe Arbeitsumgebung geöffnet, wie für ein leeres Dokument.

Dokumentvorlage speichern

Nun können wir mit der Erstellung der Dokumentvorlage beginnen, also zB Text hineinschreiben, Kopf- und Fußzeilen erstellen, Formatvorlagen anlegen usw. Wenn wir fertig sind, klicken wir auf das Symbol  (oder wählen aus dem Menü *Datei* den Menüpunkt *Speichern*), um die neue Dokumentvorlage zu speichern.

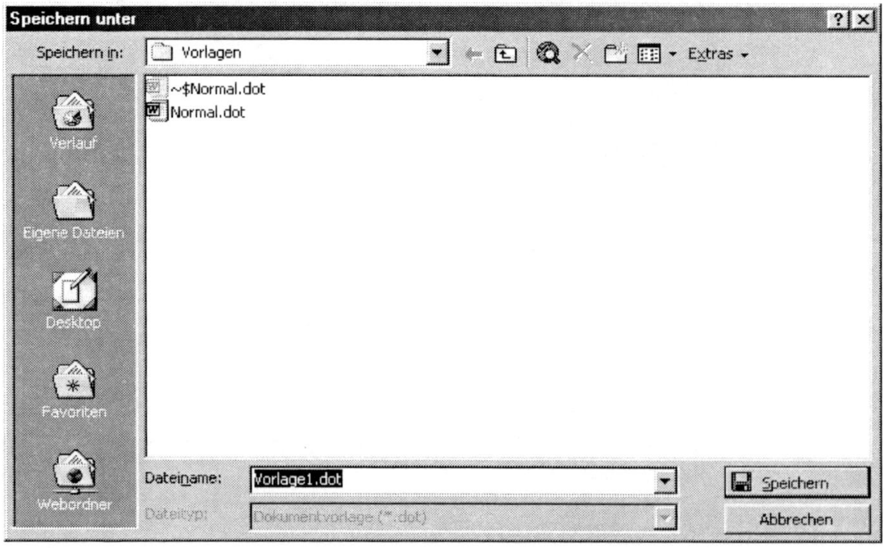

Abbildung 99: Eine neue Dokumentvorlage speichern

Word schlägt als Speicherort den Ordner *Vorlagen* vor. Das wollen wir auch akzeptieren, da Word sonst unsere Vorlage nicht findet, dh beim Erstellen von neuen Dokumenten nicht anbietet. Im Ordner Vorlagen befindet sich, wie wir sehen, auch die Vorlage *Normal.dot*. Der Eintrag ~$Normal.dot zeigt an, dass die Vorlage *Normal.dot* geöffnet ist. Das ist sie deshalb, weil sie ja als Basis für unsere neue Dokumentvorlage dient.

Wir wählen nun einen Dateinamen für unsere Vorlage, wobei wir darauf achten müssen, dass wir die vorgeschlagenen Endung *dot* beibehalten und klicken auf *Speichern*.

Eigene Dokumentvorlage anwenden

Wenn wir jetzt aus dem Menü *Datei* den Menüpunkt *Neu* wählen, so wird uns im Register *Allgemein* eine weitere Dokumentvorlage angeboten.

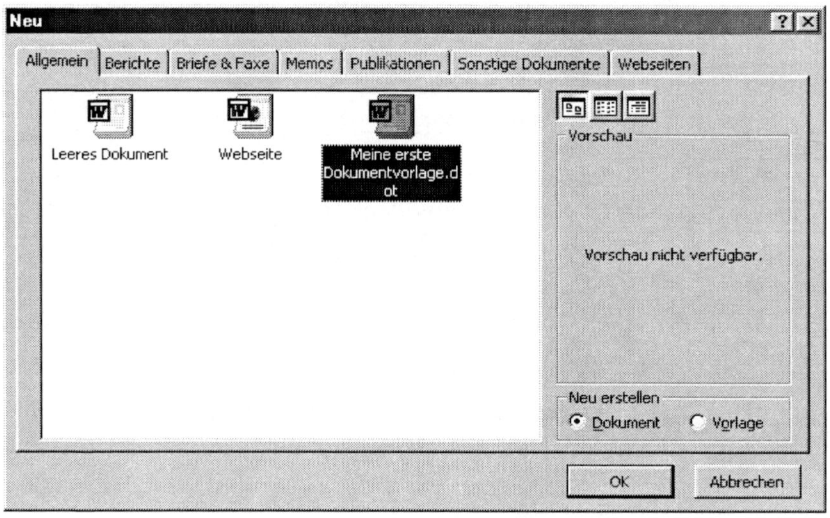

Abbildung 100: Eine neue Dokumentvorlage

9.2.4 Dokumentvorlagen bearbeiten

Änderungen in einer Dokumentvorlage können auf zwei Arten erfolgen. Entweder direkt, indem wir die Dokumentvorlage bearbeiten, also in der *dot*-Datei Änderungen vornehmen oder indirekt, aus einem Dokument, dass auf der Dokumentvorlage basiert.

Vorlage direkt bearbeiten

Um die Dokumentvorlage direkt zu bearbeiten gehen wir genauso vor, wie beim Bearbeiten eines Dokuments. Wir öffnen die Dokumentvorlage, indem wir im Menü *Datei* den Menüpunkt *Öffnen* wählen oder auf das Symbol klicken. Unsere Dokumentvorlage befindet sich im Ordner *Vorlagen*, deshalb müssen wir in der Liste *Suchen in* diesen Ordner wählen. (Wenn wir nicht wissen, wo sich dieser Ordner befindet, können wir über den Menüpunkt *Optionen* im Menü *Extras* nachsehen. Im Register *Speicherort für Dateien* ist der Pfad unter *Benutzervorlagen* eingetragen. Tipp: Sollte der Name nicht zur Gänze lesbar sein (*C:\...\Microsoft\Vorlagen*) - auf *Ändern* klicken.) Außerdem müssen wir als Dateityp *Dokumentvorlagen (*.dot)* wählen. Nun scheint unsere Vorlage in der Liste der zu öffnenden Dateien auf. Wir öffnen die Dokumentvorlage, nehmen die Änderungen vor und speichern sie wieder ab.

Vorlage indirekt bearbeiten

Man kann eine Dokumentvorlage aber auch aus einem Dokument, das auf dieser Dokumentvorlage basiert, bearbeiten, zB beim Erstellen einer neuen Formatvorlage. Wenn wir im Dialog *Neue Formatvorlage* die Checkbox *Zur Vorlage hinzufügen* aktivieren, so wird die Formatvorlage nicht nur im aktuellen Dokument gespeichert, sondern auch in der zugrundeliegenden Dokumentvorlage.

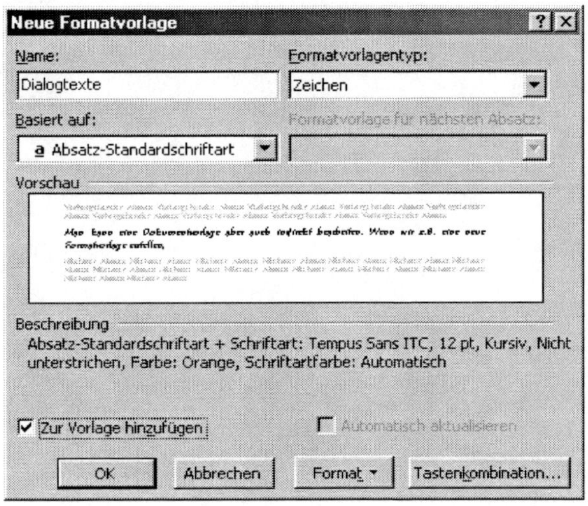

Abbildung 101: Eine Dokumentvorlage indirekt bearbeiten

9.3 Übung

Wir entwerfen unsere persönliche Briefvorlage. Der Fantasie sollen dabei keine Grenzen gesetzt werden. Die Briefvorlage sollte aber jedenfalls Formatvorlagen enthalten, zB eine Zeichen-Formatvorlage für den Betreff und eine Absatz-Formatvorlage für den Brieftext.

Die fertige Briefvorlage speichern wir im (von Word standardmäßig vorgeschlagenen) Ordner *Vorlagen* und verwenden sie dann, um einen Brief an einen Freund (eine Freundin) zu schreiben.

Ein Beispiel:

Sabine Schmied
Semmelgasse 90
1234 Siebenhausen
Tel: 01234/5678

An
Konstanze Kogler
Kastanienstraße 100
4321 Kleinstetten

gehört zur Dokumentvorlage

Siebenhausen, am 2. Februar 2000

Betrifft: Kaffeeklatsch

Formatvorlage *Betreff*

Formatvorlage *Brieftext*

Liebe Konstanze!

Ich muss nächste Woche beruflich nach Kleinstetten und da dachte ich mir, das wäre doch eine gute Gelegenheit meine alte Freundin Konstanze zu treffen – wir haben uns ja seit Ewigkeiten nicht mehr gesehen.

Ich bin die ganze Woche da, muss aber vormittags arbeiten, nachmittags hätte ich Zeit. Teile mir bitte bald mit, ob Du Zeit und Lust auf einen „Kaffeeklatsch" hast. Meine Telefonnummer steht im Absender.

Hoffentlich bis bald

Deine Sabine

gehört zur Dokumentvorlage

Seite 1 von 1

10 Dokumente übersichtlich gestalten

10.1 Dokumente gliedern

Dokument gliedern

Wenn man eine größere Arbeit zu schreiben hat, etwa ein Buch oder eine wissenschaftliche Abhandlung, so hat man wahrscheinlich zunächst einmal ein grobes Konzept im Kopf. Man wird also zunächst einmal die Kapitel festlegen, diese vielleicht noch in Unterkapitel unterteilen und dann mit dem Schreiben beginnen. Während des Schreibens entsteht dann oft die Notwendigkeit ein Kapitel einzuschieben bzw ein Kapitel an eine andere Stelle zu verschieben oder es ganz zu löschen.

Hätte man nur eine Schreibmaschine zur Verfügung, müsste man vermutlich einiges doppelt und dreifach schreiben, außerdem bedürfte es großer Sorgfalt, um nicht die Übersicht zu verlieren.

Textverarbeitungsprogrammen dagegen unterstützen uns bei größeren Arbeiten in zweifacher Hinsicht. Einerseits ist doppelt schreiben nicht notwendig, Kapitel können problemlos verschoben, eingefügt und gelöscht werden. Andererseits ist es möglich, den Text in verschiedenen Ebenen zu betrachten, also zB nur die Überschriften der Hauptkapitel.

10.1.1 Ein Konzept entwerfen

Um zu zeigen, wie man in Word ein Konzept für ein Dokument entwirft, wollen wir ein Kochbuch entwerfen (das dann natürlich auch unser Apfelspaltenrezept enthält).

Gliederungsansicht

Zunächst wechseln wir in die Ansicht *Gliederung*, indem wir aus dem Menü *Ansicht* den Menüpunkt *Gliederung* wählen. Word verbreitert dadurch die Eingabefläche auf Bildschirmbreite und blendet die Symbolleiste *Gliederung* ein, außerdem wird die Formatvorlage *Überschrift* 1 eingestellt.

Wir beginnen damit, die Hauptkapitel einzugeben. Dazu tippen wir einfach den Titel des ersten Hauptkapitels ein, betätigen die *Eingabe*-Taste, tippen den Titel des zweiten Hauptkapitels ein usw.

- **Zum Geleit**
- **Was die Hausfrau (der Hausmann) wissen sollte**
- **Vorspeisen**
- **Beilagen**
- **Saucen und Majonäsen**
- **Fische**
- **Fleisch**
- **Wild**
- **Mehlspeisen und Backwerk**
- **Nachspeisen**
- **Erfrischungen und Getränke**
- **Hausmannsküche**
- **Resteküche**
- **Nachwort**

Abbildung 102: Die Hauptkapitel

Unterkapitel einfügen

Nun wollen wir die Hauptkapitel in Unterkapitel gliedern, zunächst das Kapitel *Was die Hausfrau (der Hausmann) wissen sollte*. Wir fügen das Unterkapitel einfach nach dem Hauptkapitel ein, dadurch steht es zunächst auf der selben Gliederungsebene wie das Hauptkapitel. Deshalb klicken wir auf das Symbol ➡ in der Symbolleiste *Gliederung*. Der Cursor muss dabei in der Zeile des neuen Unterkapitels stehen.

- **Zum Geleit**
- **Was die Hausfrau (der Hausmann) wissen sollte**
  - ***Die Gewürze und ihre Verwendung***
- **Vorspeisen**
- **Beilagen**
- **Saucen und Majonäsen**
- **Fische**
- **Fleisch**
- **Wild**
- **Mehlspeisen und Backwerk**
- **Nachspeisen**
- **Erfrischungen und Getränke**
- **Hausmannsküche**
- **Resteküche**
- **Nachwort**

Abbildung 103: Ein Unterkapitel

Das Unterkapitel wurde eingerückt und hat die Formatvorlage *Überschrift 2* zugewiesen bekommen. Außerdem wurde das Symbol neben dem Hauptkapitel von ▭ auf ✥ geändert, was bedeutet, das dieses Kapitel ein (oder mehrere) Unterkapitel besitzt oder (normaler) Text zu dem Kapitel eingegeben wurde.

Gliederungsebene ändern

Auf die gleiche Weise können wir alle weiteren Unterkapitel erfassen. Ein Klick auf das Symbol ➡ rückt ein Kapitel jeweils eine Gliederungsebenen tiefer. (Ein nochmaliger Klick würde das Unterkapitel eine weitere Gliederungsebene tiefer rücken – also auf Gliederungsebene 3 – und ihm die Formatvorlage *Überschrift 3* zuweisen.)

Ein Klick auf das Symbol ⬅ rückt ein Kapitel um eine Gliederungsstufe höher. Ein Klick auf das Symbol ➠ bewirkt, dass die entsprechende Zeile zum normalen Text gemacht wird. Sie erhält die Formatvorlage *Standard*.

Nachdem wir mit dem Konzeptentwurf fertig sind, können wir mit dem Schreiben des Textes beginnen. Dieser kann zwar auch in der Ansicht *Gliederung* erfasst werden, es empfiehlt sich aber dazu in die Ansicht *Seitenlayout* zu wechseln, da in der Ansicht *Gliederung* nicht alle Formatierungen angezeigt werden.

10.1.2 Ebenen ein- und ausblenden

Der besondere Vorteil der Ansicht *Gliederung* liegt darin, dass man sich schnell und effizient einen Überblick über das (möglicherweise schon recht umfangreiche) Schriftstück verschaffen kann.

Ebenen ein-/ausblenden

Man kann zB Gliederungsebenen ein- und ausblenden. Möchte man zB nur die Titel der Hauptkapitel betrachten, so klickt man auf das Symbol **1**. Alle

Unterkapitel (und der normale Text) werden dann ausgeblendet. Möchte man zusätzlich zu den Hauptkapitel auch deren Unterkapitel betrachten (aber nicht die Unterkapitel der Unterkapitel) so klickt man auf das Symbol **2**. Durch Klick auf *Alle* wird der gesamte Text sichtbar.

Wenn der gesamte Text eingeblendet ist (durch Klick auf *Alle*), bewirkt ein Klick auf das Symbol ☰, dass von jedem Absatz nur die erste Zeile angezeigt wird.

Durch Klick auf das Symbol ᴬ⁄**A** wird der Text ohne Formatierungen angezeigt (dh auch die Überschriften unformatiert angezeigt). Dadurch kann ein größerer Teil des Textes auf einen Blick erfasst werden.

Ebenen auf-/ zuklappen

Man kann auch die Gliederungsebenen einzelner Kapitel auf- und zuklappen. Wenn man den Cursor auf ein Kapitel setzt und auf das Symbol ✚ klickt, werden die Unterkapitel dieses Kapitels – so vorhanden – eingeblendet. (Wenn die Unterkapitel ohnehin eingeblendet waren, passiert nichts.) Ein Klick auf das Symbol ▬ blendet die Unterkapitel aus. (Waren die Unterkapitel ohnedies ausgeblendet, passiert wieder nichts.)

10.1.3 Kapitel verschieben und löschen

Es kann passieren, dass man während des Schreibens merkt, dass es besser ist ein Kapitel an einer früheren (oder einer späteren) Stelle im Text zu platzieren. Diese Arbeit kann in der Ansicht *Gliederung* leicht und übersichtlich durchgeführt werden.

Kapitel verschieben

Zunächst ist es ratsam, nur jene Gliederungsebenen einzublenden, die man für den Vorgang des Verschiebens braucht. Dann markiert man das Kapitel, das verschoben werden soll. Dies geht ganz einfach, indem man den Mauszeiger über das ✚ bzw ▭ des Kapitels führt und, sobald sich der Mauszeiger in ein Fadenkreuz verwandelt ✥, klickt. Das nun markierte Kapitel kann auf zwei Arten verschoben werden. Einerseits mit den Symbolen ⬆ und ⬇, andererseits mit der Maus.

Ein Klick auf das Symbol ⬆ (⬇) bewirkt, dass das gesamte markierte Kapitel mit all seinen Unterkapiteln nach oben (unten) geschoben wird.

Schneller geht's mitunter mit der Maus. Man klickt einfach auf das Kapitel und zieht es mit gedrückter Maustaste an die gewünschte Stelle.

Kapitel löschen

Auch das Löschen von Kapiteln ist in der Gliederungsansicht übersichtlicher. Wieder ist es ratsam, alle Gliederungsebenen auszublenden, die für den Vorgang nicht notwendig sind. Wir markieren das zu löschende Kapitel und betätigen die *Entfernen*- oder die *Rückschritt*-Taste. Das Kapitel und all seine Unterkapitel werden gelöscht.

10.1.4 Die Kapitel nummerieren

Die Nummerierung der Überschriften kann einen Text wesentlich übersichtlicher machen. Ohne Nummerierung kann es für den Leser zB recht schwer sein zu unterscheiden, was ein Haupt- und was ein Unterkapitel ist.

Nun stellt sich vielleicht die Frage, ob, wenn die Überschriften einmal nummeriert sind, das Verschieben, Löschen bzw Einfügen von Kapiteln zu falschen Nummern führt. Die Antwort ist nein. Genau wie beim Einfügen von

Nummerierungszeichen kümmert sich das Textverarbeitungsprogramm darum, dass die Nummerierung immer korrekt ist.

Überschriften nummerieren

Um in Word die Überschriften zu nummerieren, gehen wir wie folgt vor: Zunächst wechseln wir zur Ansicht Gliederung. Dann wählen wir aus dem Menü *Format* den Menüpunkt *Nummerierung und Aufzählungszeichen*. Im erscheinenden Dialog wählen wir das Register *Gliederung*.

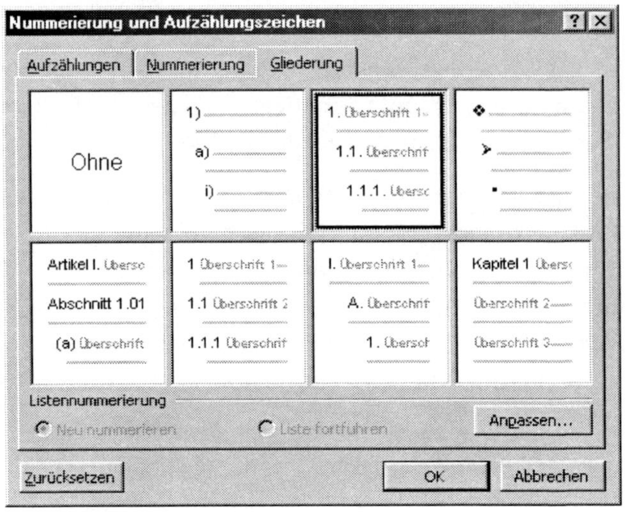

Abbildung 104: Die Überschriften nummerieren

Wir wählen eine der Optionen, die den Text *Überschrift* enthält (also das dritte Feld der oberen Zeile oder ein Feld der unteren Zeile), indem wir sie anklicken. Durch Klick auf den Button *Anpassen* können wir das Format nach unseren Wünschen anpassen. Sobald wir den Dialog mit *OK* schließen führt Word die Nummerierung durch.

10.2 Verzeichnisse erstellen

Jedes größere Dokument sollte über ein Inhaltsverzeichnis verfügen und ein solches zu erstellen geht mit Hilfe eines Textverarbeitungsprogramms auch ganz schnell und einfach.

Inhaltsverzeichnis

Für die im Folgenden beschriebene Art der Verzeichniserstellung in Word, müssen die Einträge, die ins Inhaltsverzeichnis aufgenommen werden sollen, mit einer der Formatvorlagen *Überschrift 1* bis *Überschrift 9* versehen sein.

Wir stellen den Cursor an den Beginn des Textes und wählen aus dem Menü *Einfügen* den Menüpunkt *Index und Verzeichnisse* und wählen im erscheinenden Dialog das Register *Inhaltsverzeichnis*.

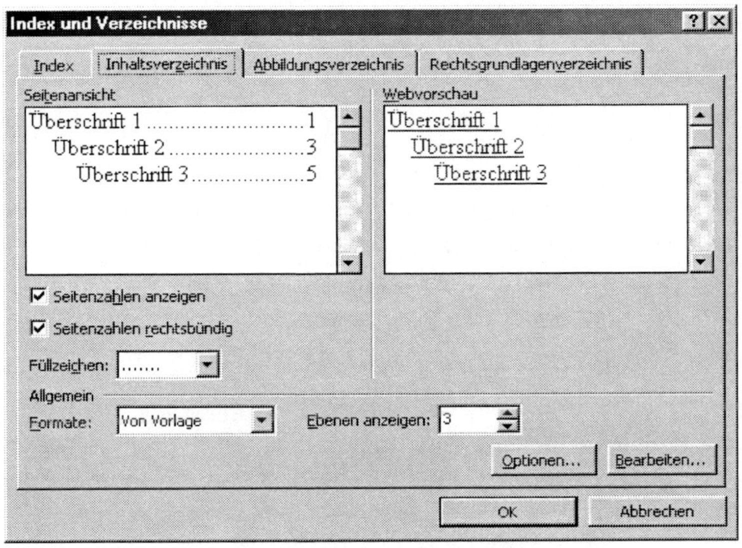

Abbildung 105: Inhaltsverzeichnis erstellen

Im Feld *Ebenen anzeigen* können wir festlegen, bis zu welcher Gliederungstiefe die Kapiteltitel in das Verzeichnis aufgenommen werden sollen. (Wollen wir zB nur die Titel der Hauptkapitel im Verzeichnis stehen haben, so wählen wir 1.)

Verzeichnis aktualisieren

Durch Klick auf *OK* wird das Inhaltsverzeichnis eingefügt. Nun ergibt sich aber ein kleines Problem mit den Seitenzahlen. Im Inhaltsverzeichnis werden jene Seitenzahlen angezeigt, auf denen die jeweiligen Kapitel zu finden waren bevor das Inhaltsverzeichnis eingefügt wurde. Nun braucht das Inhaltsverzeichnis aber selbst Platz und die Seitenzahlen verschieben sich dadurch. Dem Problem kann aber leicht abgeholfen werden. Wir bewegen den Cursor mit den Pfeiltasten ins Inhaltsverzeichnis und Betätigen dann die Taste *F9*.

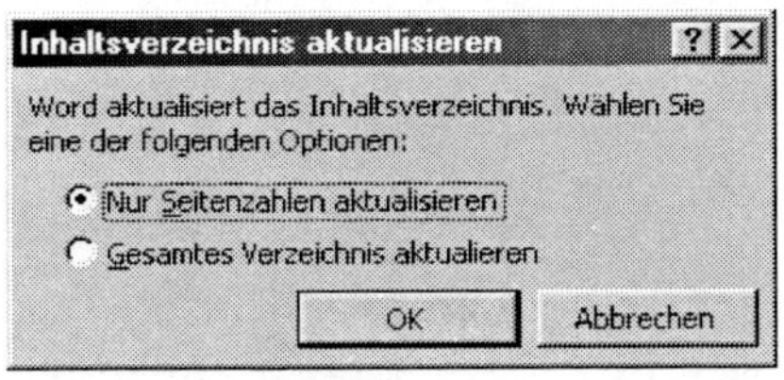

Abbildung 106: Das Inhaltsverzeichnis aktualisieren

Im erscheinenden Dialog behalten wir die Option *Nur Seitenzahlen aktualisieren* bei und bestätigen mit *OK*.

Nun stimmen die Seitenzahlen. Denselben Vorgang können wir durchführen, wenn wir nach Einfügen des Inhaltsverzeichnisses noch Änderungen am Text vorgenommen haben.

Zu einem Kapitel springen

Das Inhaltsverzeichnis hat noch einen angenehmen Nebeneffekt. Durch Klick auf eine Überschrift im Verzeichnis springt Word zu der Textstelle, wo diese Überschrift steht.

11 Die Hilfe verwenden

Wir haben nun schon einiges über Textverarbeitungsprogramme erfahren und werden auf den nächsten Seiten noch viel dazulernen. Aber auch dem erfahrensten Anwender kann es passieren, dass er bei ausgefalleneren Aufgabenstellungen nicht auswendig weiß, wie diese zu bewältigen sind. Praktischerweise sind moderne Programme mit einer Online-Hilfe ausgerüstet, in der man in einem solchen Fall nachschlagen kann.

?

In der Regel bieten Programme ein Menü *?* an, über das das Hilfe-Inhaltsverzeichnis und verschiedene Suchfunktionen aufgerufen werden können. Außerdem wird im Allgemeinen über die Taste *F1* Hilfe zum aktuellen Fenster angeboten.

Wir wollen uns hier darauf konzentrieren, die sehr umfangreiche Hilfe von Word 2000 optimal nutzen zu lernen.

11.1 Der Office-Assistent

Wenn wir Word öffnen, sehen wir ihn, manchmal schläft er, manchmal scheint er unser Tun zu beobachten, manchmal schaut er nur nachdenklich in die Gegend.

Abbildung 107: Der Office-Assistent Karl Klammer

Der Office-Assistent kann aber viel mehr. Er kann Fragen beantwortet und macht auch selbständig Vorschläge.

Office-Assistent einblenden

Sollte der Office-Assistent nicht zu sehen sein, kann er über den Menüpunkt *Office-Assistenten anzeigen* im Menü *?* eingeblendet werden.

Übrigens: Es gibt außer Karl Klammer noch andere Office-Assistenten. Eine Auswahl wird uns geboten, wenn wir mit der rechten Maustaste auf den Assistenten klicken und aus dem erscheinenden Kontextmenü *Assistent auswählen* aufrufen.

Abbildung 108: Alternative Office-Assistenten

Die schlechte Nachricht: Die alternativen Assistenten sind nicht bei jeder Office-Installation verfügbar.

11.1.1 Vorschläge des Office-Assistenten

Scheinbar beobachtet Karl Klammer (bzw einer seiner Kollegen) unser Tun. Ist er der Meinung, etwas was wir tun, könnte von Word besser unterstützt werden, so erscheint eine Glühbirne über seinem Kopf.

Abbildung 109: Karl Klammer hat einen Tipp für uns

Tipps des Assistenten

Durch einen Klick auf die Glühbirne teilt er uns seinen Verbesserungsvorschlag mit. Wenn wir zB *November* eintippen, so leuchtet, nachdem wir das erste e eingetippt haben, die Lampe auf. Wenn wir die Glühbirne anklicken, wird uns folgendes mitgeteilt:

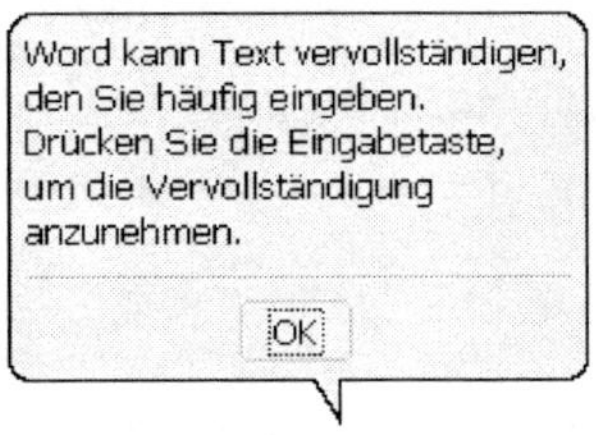

Abbildung 110: Karl Klammers Tipp

Hat Karl Klammer uns einmal einen Ratschlag gegeben, so nimmt er an, dass wir ihn uns gemerkt haben. Beim nächsten Eintippen von November (oder eines anderen Texts, den Word vervollständigen kann) erscheint keine Glühbirne mehr über seinem Kopf.

11.1.2 Dem Office-Assistenten Fragen stellen

Um vom Office-Assistenten Hilfe anzufordern klicken wir ihn einfach an, dadurch wird seine Sprechblase geöffnet.

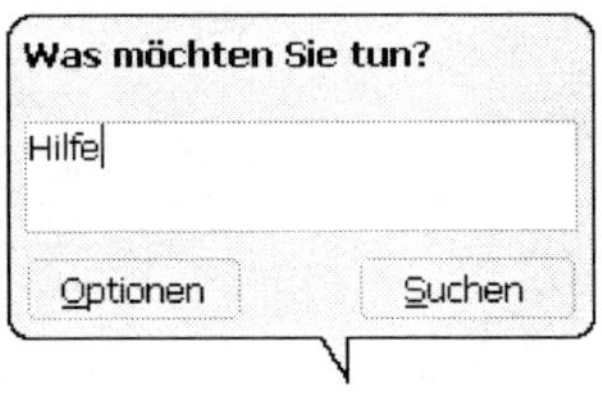

Abbildung 111: Den Office-Assistenten um Hilfe bitten

Dem Assistent Fragen stellen

Im weißen Feld können wir unsere Frage eintippen. Wir fragen ihn zB einfach um Hilfe. Sobald wir unsere Eingabe mit der *Eingabe*-Taste abschließen oder auf *Suchen* klicken, zeigt Karl Klammer an, was er alles zu diesem Thema zu sagen hat.

Abbildung 112: Das Ergebnis der Suche nach Hilfe

Sollten keines der angebotenen Themen eine Antwort auf unsere Frage versprechen, so können wir diese auch neu formulieren und Karl Klammer erneut suchen lassen.

Ein Klick auf *Siehe auch* oder den Pfeil daneben zeigt weitere Themen an. Ein Klick auf Karl Klammer selbst schließt die Sprechblase wieder.

Hilfethema anzeigen

Wir wollen aber mehr über die Hilfe erfahren und klicken daher auf das erste Thema. *Möglichkeiten zum Zugreifen auf die Hilfe während der Arbeit.* Nun wird das Hilfefenster mit dem gewählten Thema geöffnet. Dem Hilfefenster ist der nächste Abschnitt gewidmet.

11.2 Das Hilfefenster

Um dem Hilfefenster Platz zu schaffen, wird das Textfenster entsprechend verkleinert.

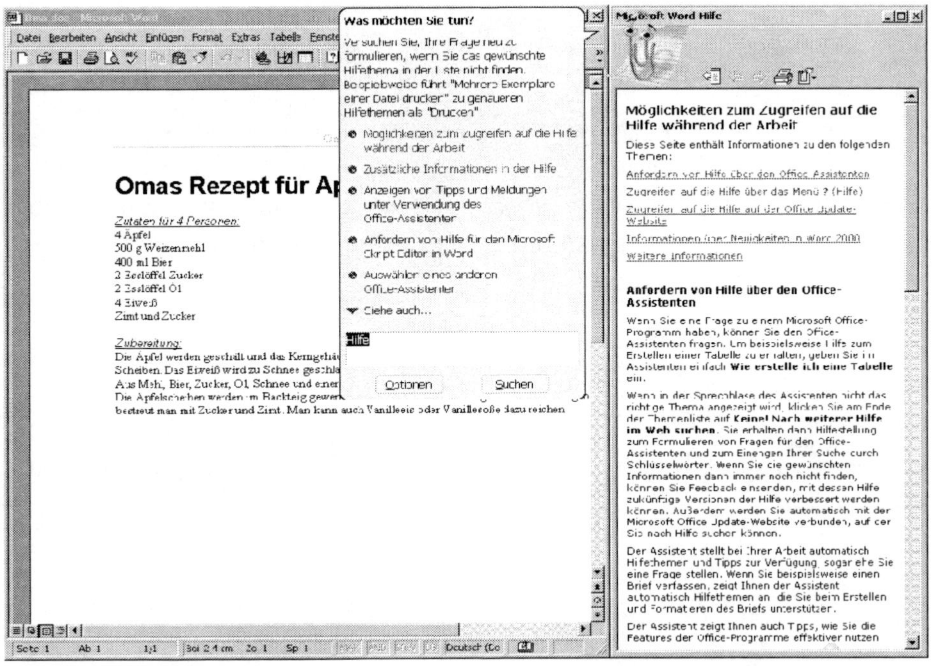

Abbildung 113: Das Hilfefenster

Im Hilfefenster werden nun Informationen zum gewählten Thema (*Möglichkeiten zum Zugreifen auf die Hilfe während der Arbeit*) angezeigt. Die blauen (bzw violetten) unterstrichenen Textstellen sind Verweise auf andere Textstellen, die mit dem Thema in Zusammenhang stehen. Diese Textstellen können sich (wie hier) auf derselben oder auf einer anderen Seite befinden. Durch einen Klick auf einen solchen Verweis, wird die entsprechende Textstelle im Hilfefenster angezeigt.

Navigieren im Hilfefenster

Sobald wir einmal auf diese Weise den Inhalt des Hilfefensters aktiviert haben, wird das Symbol ⇦ über dem Hilfetext aktiviert. Durch einen Klick darauf kehren wir zum vorherigen Inhalt zurück. Mit den Symbolen ⇦ und ⇨ können wir also zwischen den bereits einmal angewählten Inhalten blättern. Verweise, die wir bereits einmal angeklickt haben, verändern ihre Farbe von blau auf violett, damit wir die Übersicht behalten, was wir schon gelesen haben und was nicht.

Auch die Sprechblase des Hilfe-Assistenten ist immer noch geöffnet und wir können auch aus ihr ein Thema im Hilfefenster anzeigen, indem wir es anklicken. Die Sprechblase kann übrigens geschlossen werden, indem man den Hilfe-Assistenten anklickt.

Begriffserklärungen

Manchmal finden wir im Hilfetext auch blaue (bzw violette) Textstellen, die aber nicht unterstrichen sind. Meist handelt es sich dabei um Begriffe, die möglicherweise nicht bekannt sind. Ein Klick darauf öffnet ein kleines Fenster mit Erklärungen zu dem Begriff.

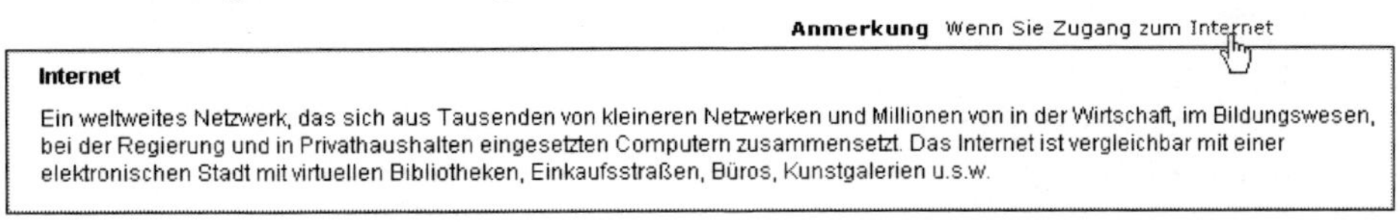

Abbildung 114: Begrifferklärungen

Hilfe drucken

Wir können den Hilfetext auch ausdrucken, indem wir auf das Symbol über dem Hilfetext klicken.

Schließlich können wir das Hilfefenster wieder schließen, indem wir auf das Schließen-Symbol des Fensters klicken. Es ist auch möglich das Hilfefenster offen zu lassen, während wir im Text weiterschreiben. Das ist aber nicht sehr praktisch, da dem Textfenster doch beträchtlich Platz genommen ist.

11.2.1 Das Inhaltsverzeichnis

Inhalt der Hilfe einblenden

Wir wollen das Hilfefenster aber noch nicht schließen, sondern auf das Symbol klicken. Dadurch wird das Inhaltsverzeichnis der Hilfe eingeblendet.

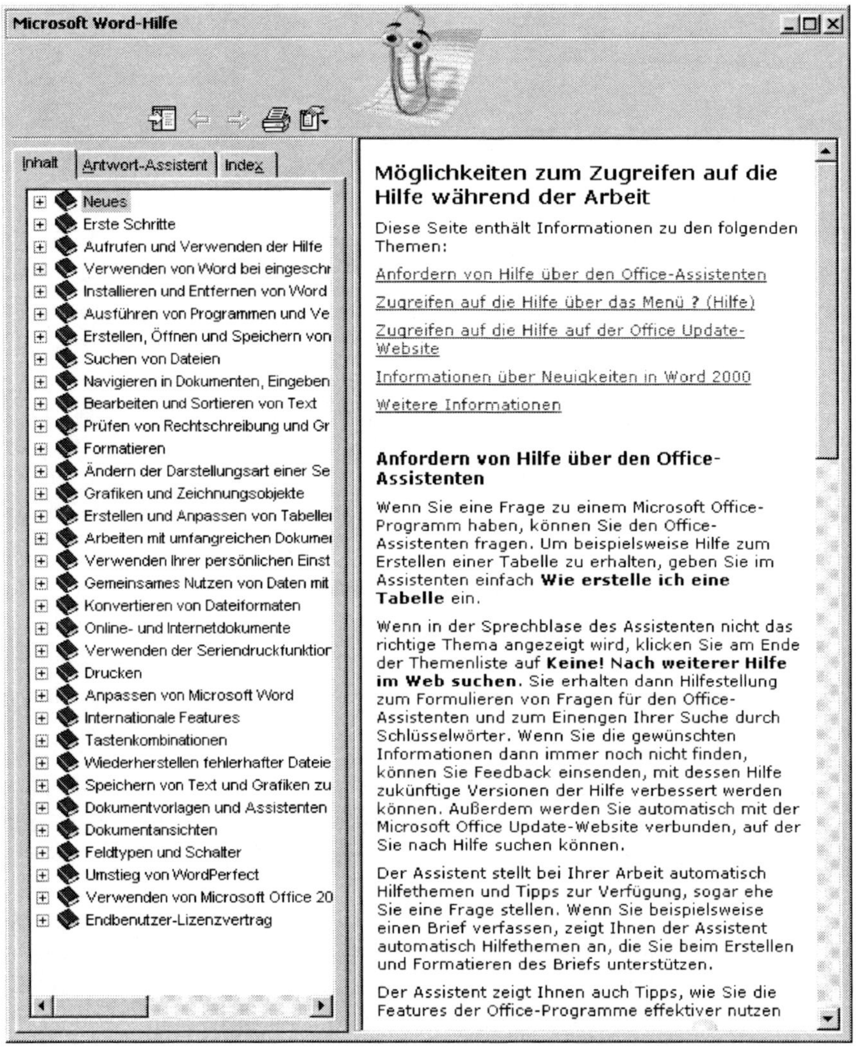

Abbildung 115: Das Inhaltsverzeichnis der Hilfe

Gliederung der Hilfe

Im Inhaltsverzeichnis sind die Hilfethemen in Büchern zusammengefasst, symbolisiert durch das kleine Buch. Ein solches Buch kann weitere Bücher oder Texte zum entsprechenden Thema enthalten. Durch Klick auf das Symbol ⊞ neben dem Buch oder durch Doppelklick auf die Zeile, wird das Buch geöffnet.

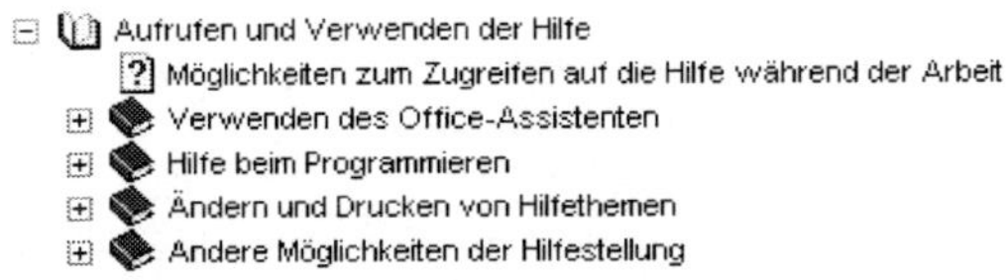

Abbildung 116: Der Inhalt eines Hilfe-Buchs

Hilfetext anzeigen

Das Symbol ? kennzeichnet einen Hilfetext. Durch einen Klick auf die entsprechende Zeile wird der Hilfetext im Hilfefenster angezeigt.

Inhalt der Hilfe ausblenden

Das Symbol zum Öffnen des Inhaltsverzeichnisses hat übrigens sein Aussehen verändert: . Durch einen Klick darauf kann das Inhaltsverzeichnis wieder ausgeblendet werden.

11.2.2 Der Antwort-Assistent

Wir wollen aber das Inhaltsverzeichnis noch nicht ausblenden, sondern uns seine weiteren Register ansehen, zunächst das Register *Antwort-Assistent*.

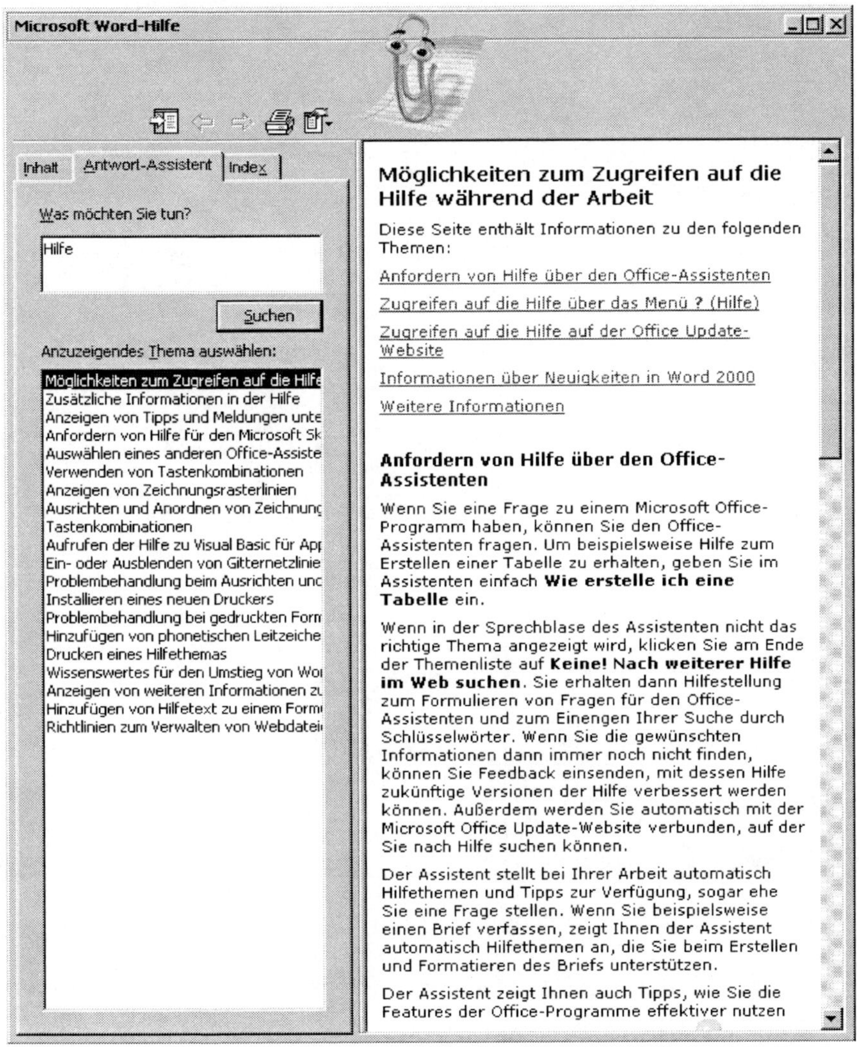

Abbildung 117: Der Antwort-Assistent

Die Funktion Antwort-Assistent wird eigentlich ebenso gut durch Karl Klammer und seine Kollegen erfüllt und ist für den Fall gedacht, dass der

Office-Assistent ausgeschaltet wurde (was aus Platzgründen manchmal notwendig sein kann).

Antwort-Assistent

Wie in der Sprechblase des Office-Assistenten geben wir im Feld *Was möchten Sie tun* die Frage ein, zu der wir Hilfe erhalten möchten. Durch Klick auf den Button *Suchen*, wird eine Liste der Themen angezeigt, die möglicherweise eine Antwort enthalten. Durch Klick auf ein Thema wird dieses im Hilfefenster angezeigt.

11.2.3 Der Index

Im Register Index hat Word eine Reihe von Schlüsselwörtern zusammengestellt, nach denen vermutlich häufig gesucht wird.

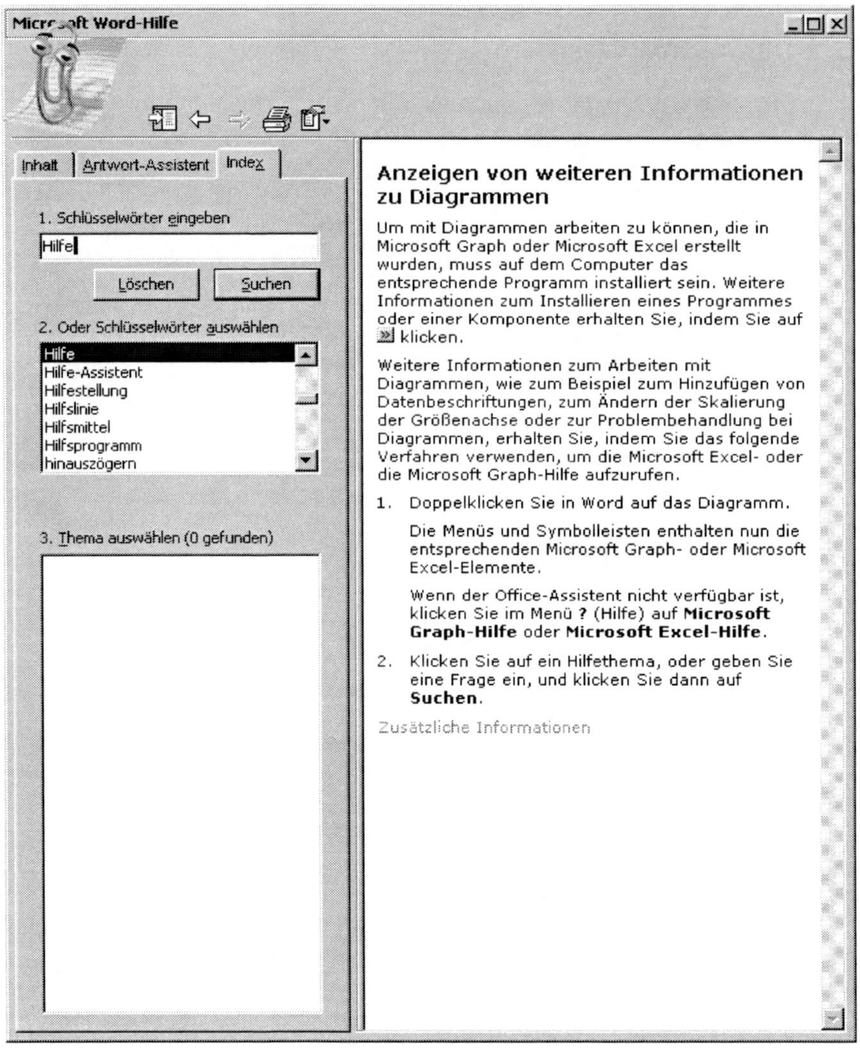

Abbildung 118: Das Register Index

Schlüsselwörter

Die Liste unter den Buttons *Löschen* und *Suchen* enthält alle Schlüsselwörter, nach denen gesucht werden kann, in alphabetischer Reihenfolge. Wir können direkt aus dieser Liste ein Schlüsselwort durch Doppelklick anwählen. Dadurch werden im darunter liegenden Feld alle Themen angezeigt, die mit dem Schlüsselwort in Zusammenhang stehen. Das erste Thema wird gleich im Hilfefenster angezeigt. Wir können andere Themen anzeigen lassen, indem wir sie anklicken.

Im Hilfe-Index suchen

Die Liste nach dem passenden Stichwort zu durchsuchen ist allerdings etwas mühsam. Das Feld *Schlüsselwörter eingeben* bietet uns aber eine Suchhilfe. Wenn wir in diesem Feld zB ein *H* eintippen, schreibt Word automatisch das erste Wort aus dem Schlüsselwort-Verzeichnis, das mit *H* beginnt ins Feld. Die restlichen Buchstaben werden allerdings markiert, damit wir sie überschreiben können. Die Schlüsselwort-Liste springt zu diesem Wort.

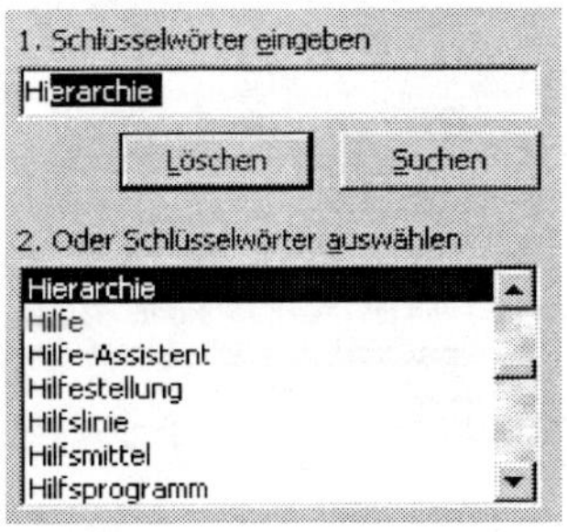

Abbildung 119: Suchhilfe im Index

Sobald das richtige Wort im Feld steht, klicken wir auf den Button *Suchen*, dadurch werden die mit dem Schlüsselwort verbundenen Themen angezeigt. Der Button *Löschen* dient dazu den Inhalt des Feldes *Schlüsselwörter eingeben* zu löschen.

11.3 Die Direkthilfe

Direkthilfe aktivieren

Mit der Direkthilfe bietet Word Erklärungen zu einzelnen Elementen seiner Oberfläche an. Die Direkthilfe wird im Hauptfenster aktiviert, indem man aus dem Menü *?* den Menüpunkt *Direkthilfe* wählt. Der Mauszeiger erhält dadurch ein Fragezeichen. Wenn wir nun auf ein Element der Oberfläche klicken (zu dem es eine Direkthilfe gibt), so wird eine Erklärung zu diesem Element angezeigt.

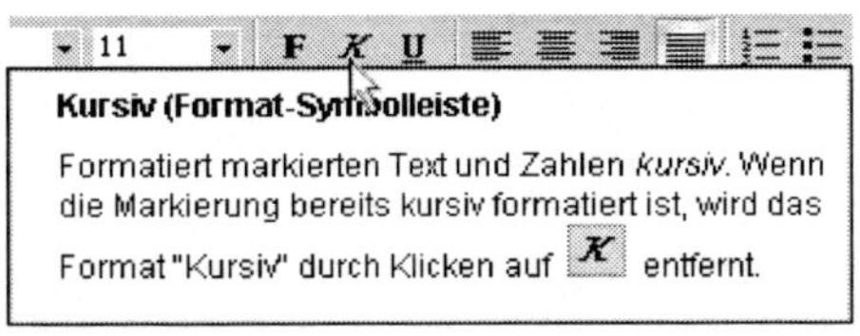

Abbildung 120: Direkthilfe zum Symbol Kursiv

In Dialogen wird die Direkthilfe über das Symbol **?** in der Titelleiste aufgerufen. Die Anwendung ist gleich wie im Hauptfenster.

Abbildung 121: Direkthilfe in Dialogen

12 Dokumente verwalten

12.1 Dokumente organisieren

Wir wollen uns nun etwas ausführlicher damit beschäftigen, wo unsere Dokumente gespeichert werden. Textverarbeitungsprogramme schlagen beim Speichern einen Ordner vor, in dem das Dokument abgelegt werden soll. Wir können dies nun einfach akzeptieren und alle unsere Dokumente in diesem Ordner ablegen. Mit der Zeit und dem Anwachsen der Zahl der Dokumente wird das aber recht unübersichtlich. Es macht daher Sinn etwas mehr Ordnung in unsere Dokumente zu bringen.

Dokumente ordnen

Die beste Möglichkeit dies zu tun ist, für jedes Thema einen eigenen Ordner anzulegen. Unser Rezept für Apfelspalten könnten wir beispielsweise in einem Ordner *Kulinarisches* ablegen. Andere Rezepte können wir dann ebenfalls dort speichern. Außerdem könnten wir eine Excel-Datei, die Statistiken über die Essgewohnheiten der Europäer enthält, dort ablegen. Sollten sich zu viele Dateien im Ordner *Kulinarisches* ansammeln, so können wir durch weitere Unterordner (*Rezepte für Süßspeisen*, *Rezepte für Eintöpfe*, *Wissenswertes übers Essen* usw) Ordnung schaffen.

Wir können die Organisation unserer Dateien entweder auf Windows-Ebene vornehmen, dazu ist am besten das Programm Windows-Explorer geeignet, oder wir verwenden dazu das Textverarbeitungsprogramm. Wir wollen uns hier des Textverarbeitungsprogramms bedienen. Da diese Organisationsarbeiten aber bei verschiedenen Textverarbeitungsprogrammen verschieden (und auch in verschiedenem Umfang) unterstützt werden, bezieht sich das Folgende auf Word 2000. Wir erhalten dadurch aber sicherlich eine Idee, wie's grundsätzlich gemacht wird.

12.1.1 Einen neuen Ordner erzeugen

Wir wollen nun zunächst einen Ordner Rezepte anlegen, um dann unsere beiden Dokumente *Oma.doc* und *Birnen.doc* dort abzulegen.

Ein Laufwerk auswählen

Dazu öffnen wir über das Menü *Datei*, Menüpunkt *Öffnen* oder über das Symbol den Öffnen-Dialog. Dort öffnen wir die Liste *Suchen in* indem wir auf den kleinen Pfeil klicken. Wir wollen den Ordner auf der Festplatte C: erzeugen, deshalb wählen wir den Eintrag für diese Platte.

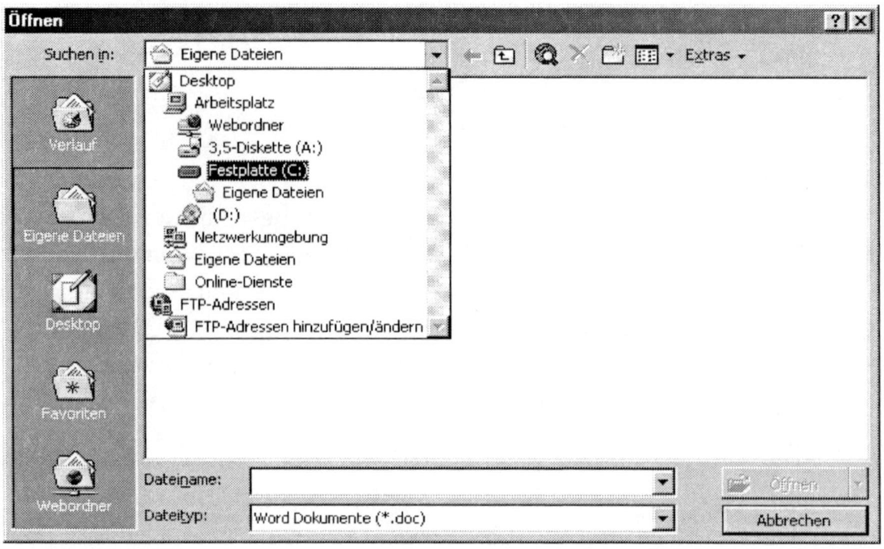

Abbildung 122: Das Laufwerk für den neuen Ordner wählen

Statt *Festplatte (C:)* kann möglicherweise auch *Harddisk (C:)* oder etwas ähnliches stehen, das ist vom jeweiligen Rechner abhängig.

Nun sehen wir im großen Feld die Ordner der Festplatte C:. Sollten sich direkt auf der Festplatte Word-Dokumente befinden, so sehen wir auch diese.

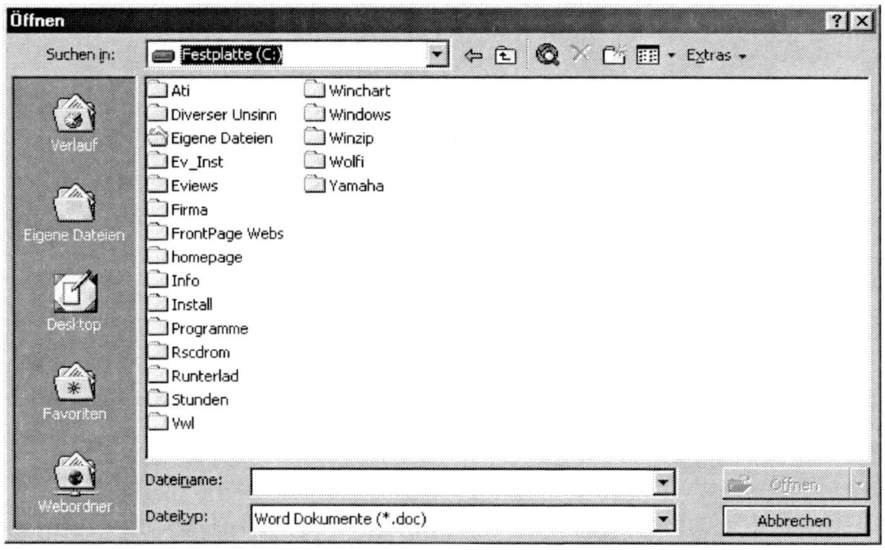

Abbildung 123: Die Ordner der Festplatte C:

Einen Ordner erstellen

Nun wollen wir den neuen Ordner *Rezepte* erzeugen. Dazu klicken wir auf das Symbol und tippen im erscheinenden Dialog im Feld *Name Rezepte* ein.

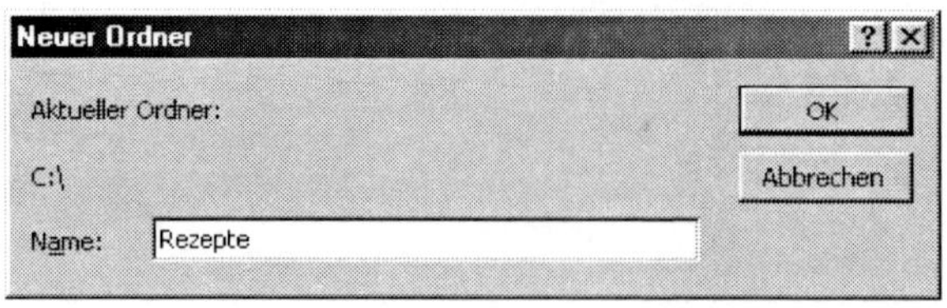

Abbildung 124: Einen neuen Ordner anlegen

Im Feld *Suchen in* ist nun der neue Ordner *Rezepte* ausgewählt und im großen Feld wird uns der Inhalt dieses Ordners angezeigt - also nichts, da der Ordner ja noch leer ist.

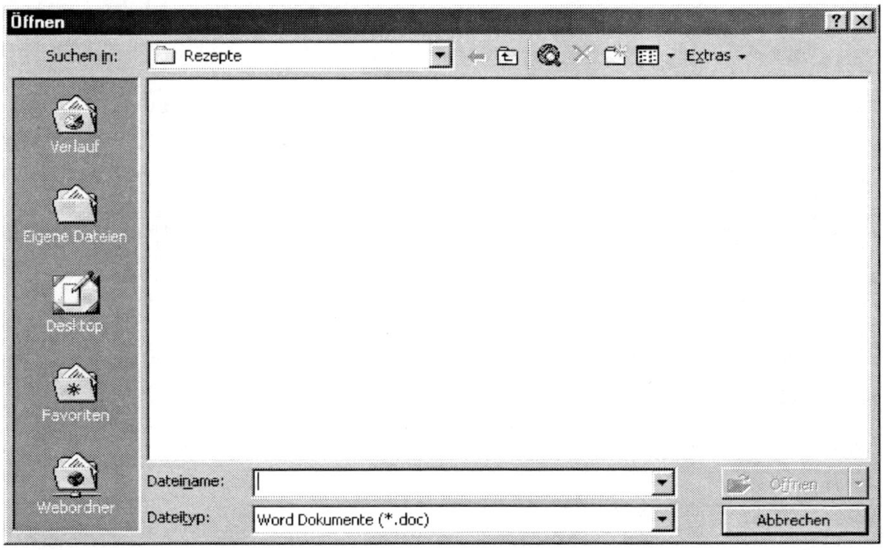

Abbildung 125: Der Inhalt des neuen Ordners

12.1.2 Dokumente in den neuen Ordner verschieben

Nun müssen wir noch die beiden Dokumente *Oma.doc* und *Birnen.doc* in den neuen Ordner verschieben. Da wir beim Speichern der beiden Dateien den von Word vorgeschlagenen Ordner akzeptiert haben, befinden sie sich im Standardordner *Eigene Dateien*. Zu diesem Ordner kann sehr einfach gewechselt werden, indem man auf das Symbol *Eigene Dateien* klickt.

Dokumente ausschneiden

Zunächst markieren wir die beiden Dateien. (Man markiert zwei Dateien gleichzeitig indem man sie, bei gedrückter *Strg*-Taste, nacheinander anklickt.) Dann öffnen wir mit einem rechten Mausklick auf die markierten Dateien das Kontextmenü und wählen aus diesem den Menüpunkt *Ausschneiden*.

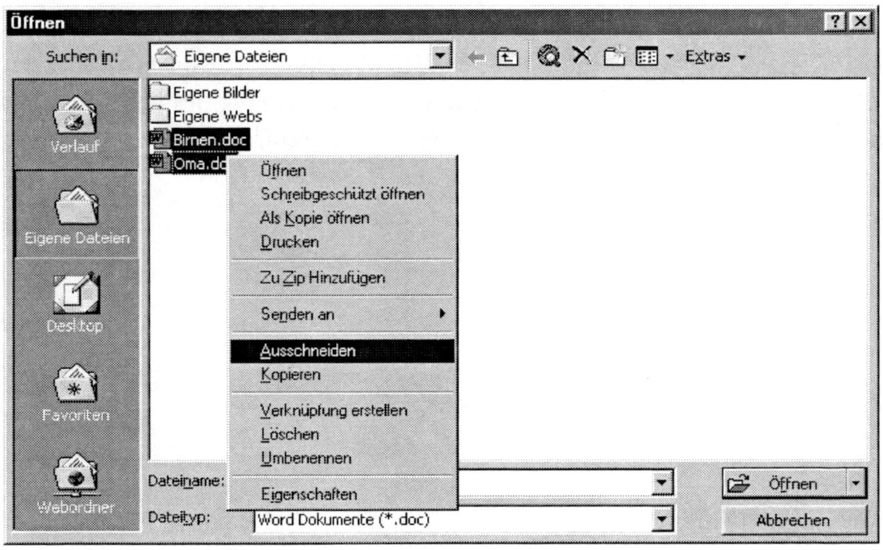

Abbildung 126: Die beiden Dateien in die Zwischenablage kopieren

Nun befinden sich die beiden Dateien in der Zwischenablage. Wir wechseln nun wieder zum Ordner *Rezepte*. Dazu wählen wir im Feld *Suchen in* wieder die Festplatte C: - im großen Feld werden alle Ordner der Festplatte angezeigt. Wir öffnen den Ordner *Rezepte* mit einem Doppelklick.

Dokumente einfügen

Wir öffnen durch einen rechten Mausklick im großen (leeren) Feld das Kontextmenü und wählen den Menüpunkt *Einfügen*. Die beiden Dateien werden aus der Zwischenablage in den Ordner *Rezepte* verschoben und wir haben unser Ziel erreicht.

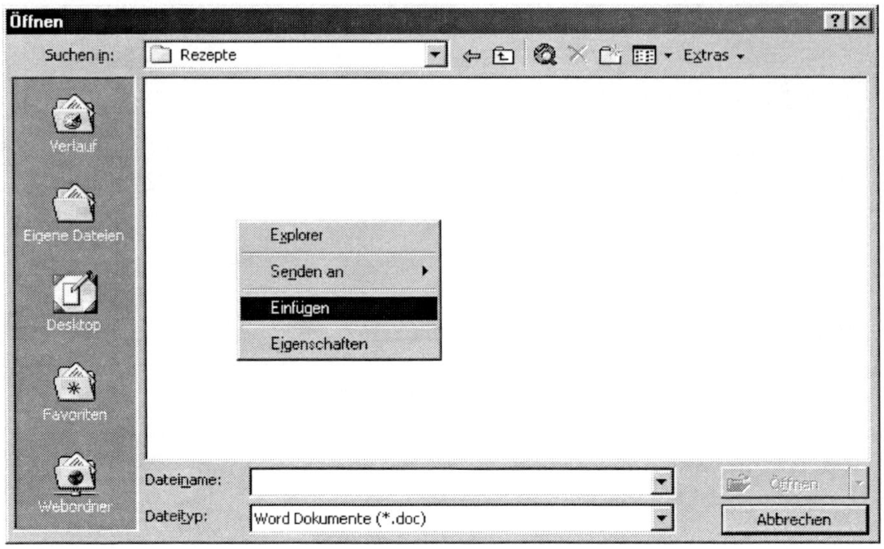

Abbildung 127: Die Dateien aus der Zwischenablage einfügen

Wir schließen nun noch den Dialog mit *Abbrechen*.

12.1.3 Ein neues Dokument im neuen Ordner ablegen

Ab nun werden wir unsere Rezepte gleich im Ordner *Rezepte* ablegen, um uns nachträgliches Ordnung schaffen zu ersparen.

Neues Dokument speichern

Wir speichern das neue Rezept, wie gewohnt, durch Wählen des Menüpunkts *Speichern* aus dem Menü Datei oder über das Symbol. Im Dialog *Speichern unter* wählen wir, wie vorher, zunächst die Festplatte C: im Feld *Suchen in* und dann, durch einen Doppelklick, den Ordner *Rezepte*. Im Feld *Dateiname* tragen wir den Namen des neuen Dokuments ein. Durch Klick auf den Button *Speichern* wird das neue Rezept im Ordner *Rezepte* abgelegt.

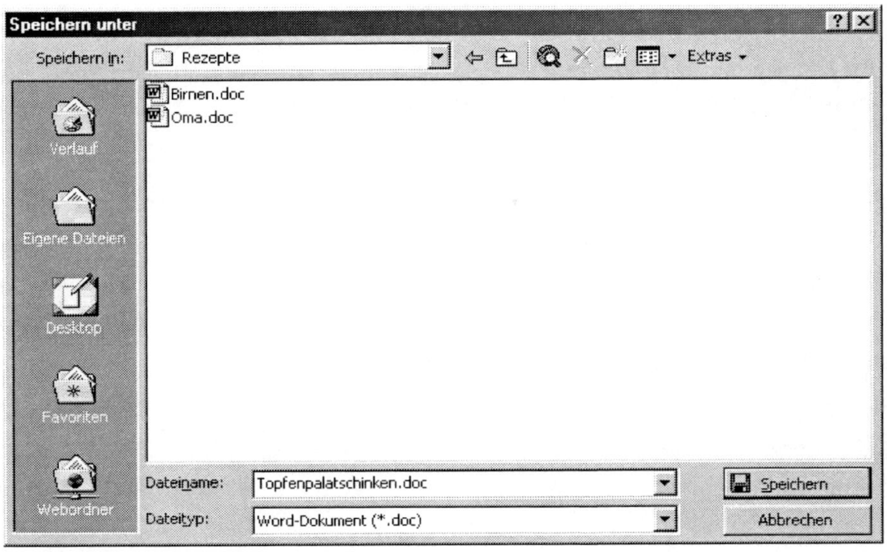

Abbildung 128: Das Topfenpalatschinken-Rezept im Ordner Rezepte speichern

Unter Umständen ist der Ordner *Rezepte* im Dialog *Speichern unter* schon ohne unser Zutun ausgewählt. Word merkt sich, aus welchem Ordner wir zuletzt eine Datei geöffnet haben, bzw in welchem Ordner wir zuletzt eine Datei gespeichert haben. Beim nächsten Aufruf des Dialoges *Öffnen* bzw des Dialoges *Speichern unter* wählt es dann gleich diesen Ordner aus.

12.1.4 Dokumente aus einem bestimmten Ordner öffnen

Mit dem bisher gelernten ist es nun auch kein Problem mehr für uns ein Dokument aus einem beliebigen Ordner zu öffnen. Angenommen jemand hat uns eine CD gegeben, mit dem Hinweis, das sich auf dieser CD im Ordner *Essen und Trinken* ein Unterordner *Mein liebstes Rezept* befindet, der ein Dokument namens *Exotischer Reistopf* enthält. Angeblich soll es sich um ein besonders ausgezeichnetes Rezept handeln, daher wollen wir es uns ansehen.

Dokument öffnen

Wir wählen den Menüpunkt *Öffnen* aus dem Menü *Datei* oder klicken auf das Symbol . Im Dialog *Öffnen* wählen wir im Feld *Suchen in* das CD-Laufwerk. Das CD-Laufwerk erkennen wir am Symbol . Meist steht daneben der Name der gerade eingelegten CD.

Im großen Feld werden nun die Ordner der CD angezeigt (eventuell sehen wir auch Word-Dokumente). Wenn uns unser Informant nicht belogen hat, sollte sich darunter ein Ordner *Essen und Trinken* befinden. Wir machen einen Doppelklick auf diesen Ordner. Nun sehen wir im großen Feld die Unterordner des Ordners *Essen und Trinken* (und eventuell enthaltene Word-Dokumente). Einer dieser Unterordner sollte *Mein liebstes Rezept* heißen. Wir machen einen Doppelklick auf diesen Ordner.

Nun sehen wir bereits das Dokument *Exotischer Reistopf* (eventuell nebst anderen Word-Dokumenten und weiteren Unterordnern). Wir öffnen es durch einen Doppelklick oder indem wir es markieren und auf den Button *Öffnen* klicken.

Wir können das Rezept nun lesen und, wenn es tatsächlich so gut ist, eventuell (*Datei - Speichern unter*) in unserem Rezeptordner ablegen.

Mit der gleichen Vorgangsweise, wie wir eben ein Dokument aus dem Unterordner eines Ordners auf einer CD geöffnet haben, können wir Dokumente von Netzlaufwerken, Disketten, Festplatten usw öffnen.

12.1.5 Dokumente umbenennen und löschen

Es wäre sinnvoll, wenn unsere Rezeptdokumente als Titel den Namen des Gerichts tragen würden, das sie beschreiben. Das ist im Falle von *Oma.doc* und *Birnen.doc* nicht der Fall. Wir wollen sie also umbenennen in *Apfelspalten.doc* und *Birnenspalten.doc*.

Dokument umbenennen

Wir öffnen dazu wieder den Dialog *Öffnen* (oder den Dialog *Speichern unter*) und wählen den Rezepte-Ordner. Zunächst markieren wir *Oma.doc*, dann klicken wir nochmals auf *Oma.doc*. Dadurch wird der Dokumentname zu einem beschriftbaren Feld.

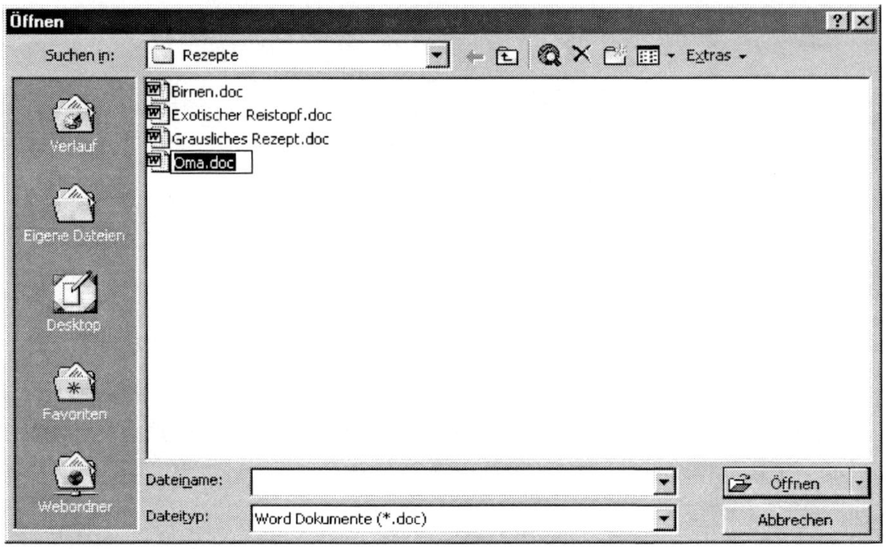

Abbildung 129: Der Dokumentname kann editiert werden

Wir tippen *Apfelspalten.doc* ein und bestätigen mit der *Eingabe*-Taste oder klicken irgendwo außerhalb des Feldes. Das war's schon. *Oma.doc* heißt jetzt *Apfelspalten.doc*. Genauso verfahren wir, um *Birnen.doc* in *Birnenspalten.doc* umzubenennen.

Dokument löschen

Irgendwie hat sich in unserem *Rezepte*-Ordner ein *Grausliches Rezept* eingeschlichen. Das wollen wir löschen. Wir markieren es und klicken auf das Symbol X. Die Sicherheitsabfrage bestätigen wir mit *Ja*. Jetzt müssen wir nur noch den Dialog mit *Abbrechen* beenden.

12.2 Dokumente auf Diskette speichern und von Disketten öffnen

Selbst im Zeitalter der totalen Vernetzung kommt es noch vor, dass man ein Dokument mittels Diskette von einem Rechner zum anderen transportieren möchte.

Um das aktuelle Dokument auf eine Diskette zu speichern, schiebt man einfach eine solche ins Diskettenlaufwerk und ruft den Menüpunkt *Speichern unter* aus dem Menü *Datei* auf. Im Feld *Suchen in* wählt man das Diskettenlaufwerk.

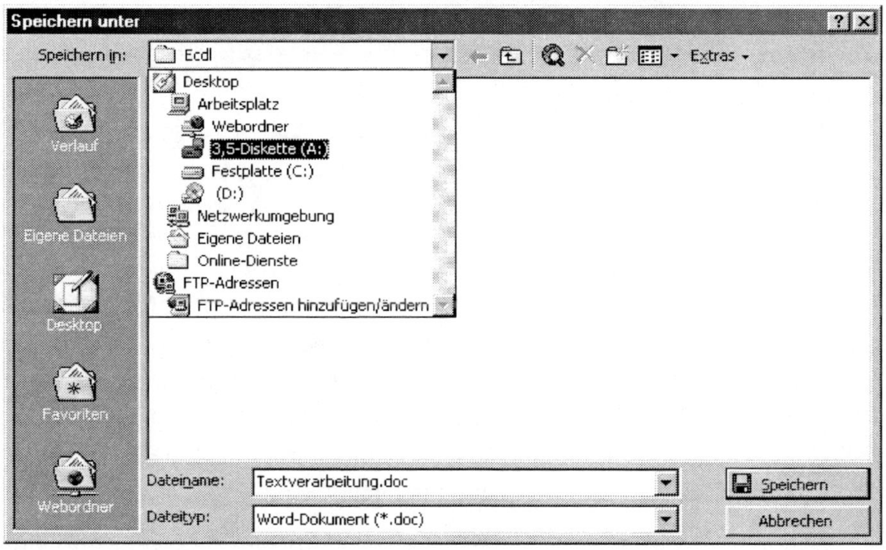

Abbildung 130: Auf Diskette speichern

Dokument auf Diskette speichern

Durch Klick auf den Button *Speichern* wird das Dokument auf die Diskette übertragen. Meist dauert das ein bisschen, besonders, wenn es sich um ein großes Dokument handelt.

Wenn man nach dem Speichern auf die Diskette noch mit dem Dokument weiterarbeiten möchte, ist es ratsam das Dokument mittels *Speichern unter* wieder auf die Festplatte (oder das Netzlaufwerk) zu speichern. Das Textverarbeitungsprogramm merkt sich, wo das Dokument zuletzt gespeichert wurde, und würde ansonsten künftig bei jedem Klick auf 💾, das Dokument auf die Diskette speichern, was meist unerwünscht und zeitraubend ist. Besonders unangenehm ist dies, wenn automatisches Speichern eingestellt ist.

Beachten sollte man vielleicht noch, dass das Fassungsvermögen einer Diskette mit 1,44 Megabyte beschränkt ist. Ist die Diskette also schon recht voll, so kann es vorkommen, dass wir folgende Fehlermeldung erhalten.

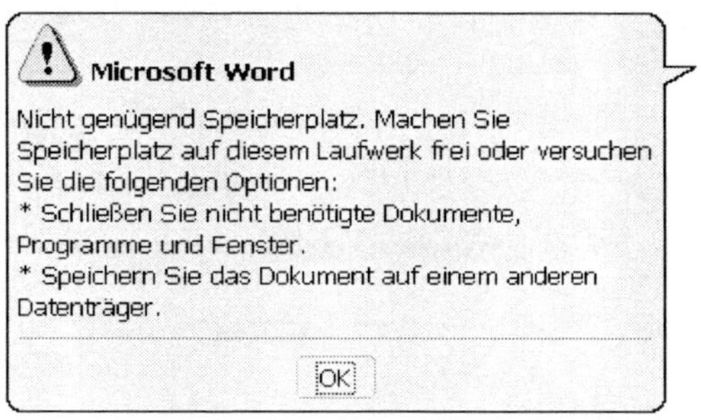

Abbildung 131: Die Diskette ist voll

Max. 1,4 MB Dokumentgröße

In diesem Falle sollten wir prüfen, ob wir nicht einige Dateien von der Diskette löschen können, und es dann erneut versuchen. Es ist aber auch nicht auszuschließen, dass das Dokument selbst größer ist als 1,4 Megabyte. In diesem Falle ist ein Speichern auf Diskette auf diese Art nicht mehr möglich.

Dokument von Diskette öffnen

Das Öffnen des Dokuments am Zielrechner geht genauso, als ob das Dokument sich auf CD befinden würde, was wir vorher ja schon besprochen haben. Auch hier ist es wieder ratsam, sollte mit dem Dokument weitergearbeitet werden, es auf die Festplatte oder ein Netzlaufwerk zu übertragen.

12.2.1 Dokumente in einem anderen Format abspeichern

Beim Transport eines Dokuments zwischen zwei Rechnern (mit Diskette oder auf andere Art) kann aber ein Problem auftreten, nämlich dass am Zielrechner eine andere Version des Textverarbeitungsprogramms installiert ist. Weniger schlimm ist das, wenn es sich um eine neuere Version handelt. Die meisten Programme sind abwärtskompatibel, dh ein Dokument, das mit einer älteren Version erstellt wurde, kann von einer neueren Version gelesen werden. Der umgekehrte Fall, nämlich dass ein mit einer neueren Version erstelltes Dokument von einer älteren Version fehlerfrei gelesen werden kann, ist beinahe auszuschließen bzw glücklicher Zufall.

Aus diesem Grunde bieten neuere Versionen von Textverarbeitungsprogrammen oft die Möglichkeit Dokumente so zu speichern, dass sie von älteren Versionen gelesen werden können.

In Word wählt man dazu aus dem Menü *Datei* den Menüpunkt *Speichern unter.*

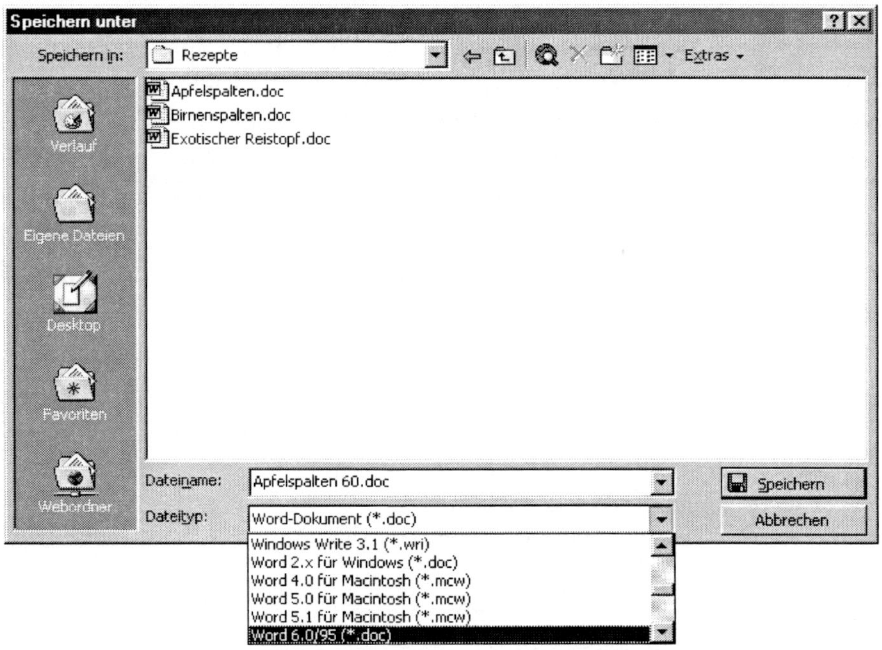

Abbildung 132: Dokument im Format Word 6.0/95 speichern

Format wählen

Aus der Liste *Dateityp* wählt man das passende Format. Die in der Abbildung gewählte Option speichert das Dokument zB in einem für Word 6.0 lesbaren Format. Zu beachten ist auch, dass man den Dateinamen ändern sollte, will man nicht das aktuelle Dokument (im Word 2000 Format) überschreiben.

Auf diese Weise kann man Dokumente aber nicht nur für ältere Versionen lesbar machen, es ist zum Teil auch möglich sie für andere Textverarbeitungsprogramme bzw andere Anwendungen zugänglich zu machen.

Von besonderer Bedeutung sind dabei folgende Formate:

Textformat

txt: steht für „Text". Es handelt sich dabei um einfachen Text ohne Formatierungen. Dieses Format kann von beinahe jedem Textverarbeitungsprogramm gelesen werden.

Rich Text Format

rtf: steht für „Rich Text Format". Auch dieses Format kann von beinahe jedem Textverarbeitungsprogramm gelesen werden, erlaubt aber gewisse (einfache) Formatierungen.

HTML-Format

htm(l): steht für „Hyper Text Markup (Language)" und ist das Format für Internetseiten.

Beim Speichern in einem fremden Format gehen natürlich Formatierungen, die das neue Format nicht kann verloren. Word gibt auch eine entsprechende Warnung aus, bevor es das Dokument im gewählten Format speichert.

13 Grafiken und AutoFormen verwenden

Es gibt vielfältige Anwendungen für die Verwendung von Bildern und Symbolen in Texten. Manchmal sagt ein Bild mehr als 1000 Worte. Werbetexte oder Ankündigungen sind ohne Blickfang in Form von Bildern kaum denkbar. Manchmal lockern Bilder einen Text nur auf und machen ihn dadurch leichter lesbar.

Was mit der Schreibmaschine unmöglich bzw recht mühsam war, nämlich Bilder in den Text zu integrieren, ist mit Textverarbeitungsprogrammen ganz leicht.

13.1 ClipArts einfügen

Viele Textverarbeitungsprogramme bieten uns vorgefertigte Grafiken an, die wir für unsere Text verwenden können. In Word heißen diese mitgelieferten Bilder ClipArts.

Wir wollen nun sehen, ob wir ein passendes Bild finden, mit dem wir unser Apfelspaltenrezept ansprechender gestalten können. Wir öffnen also das Dokument *Apfelspalten.doc* und setzen den Cursor zwischen die Zutaten und die Zubereitung.

ClipArt einfügen

Man fügt in Word ein ClipArt ein, indem man aus dem Menü *Einfügen* das Menü *Grafik* wählt und aus diesem den Menüpunkt *ClipArt*.

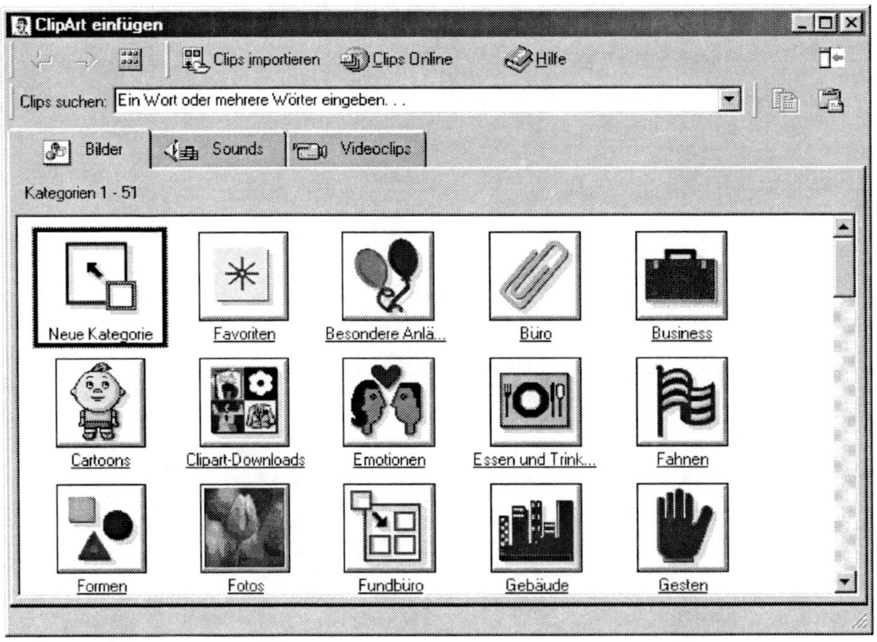

Abbildung 133: Die ClipGallery

Kategorie wählen

Die ClipArts sind in verschiedene Kategorien unterteilt. Ein Klick auf eine der Kategorien zeigt die dahinter verborgenen Bilder. Hat man die Bilder angesehen, gelangt man durch Klick auf den Navigationspfeil ⇦ wieder zur Kategorienauswahl zurück.

Wir wählen nun die Kategorie *Essen und Trinken* ...

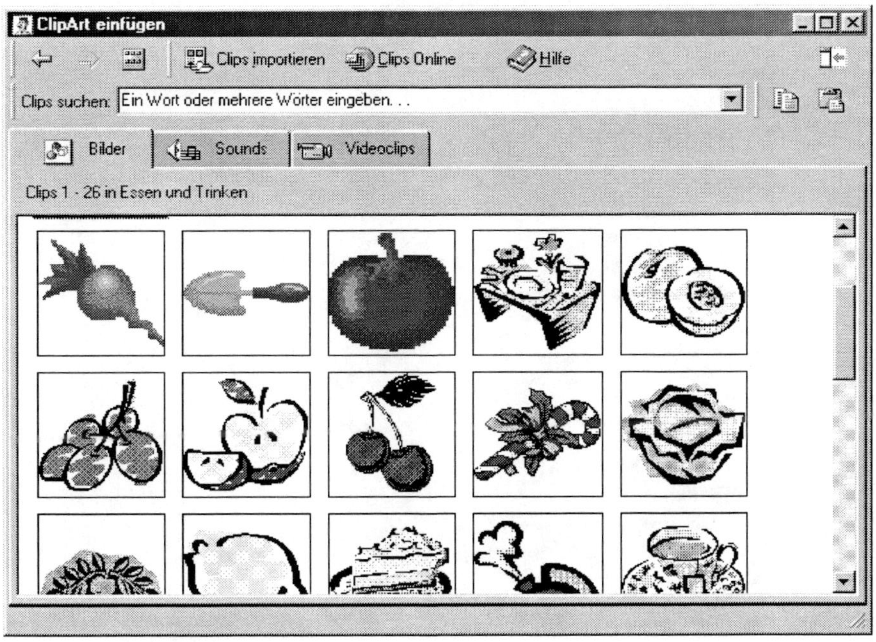

Abbildung 134: Die ClipArts der Kategorie Essen und Trinken

Clipart einfügen

... und haben auch schon ein passendes Bild gefunden - einen Apfel. Wir klicken auf das Apfelbild und wählen aus dem erscheinenden Menü das Symbol um das Bild in unseren Text einzufügen.

Abbildung 135: Das Bild in das Apfelspaltenrezept einfügen

Clipart -Dialog schließen

Der Dialog wird dadurch nicht geschlossen und man könnte theoretisch weitere ClipArts einfügen. Wir haben aber mit dem einen genug und schließen den Dialog über das Schließen-Symbol .

Unser Apfelspaltenrezept sieht nun so aus:

Abbildung 136: Das Rezept mit Bild

Das sieht zwar ganz nett aus, macht den Text aber etwas schwer lesbar. Wir wollen uns daher im nächsten Abschnitt mit der Platzierung von Grafiken beschäftigen.

Noch eine Anmerkung: Ob und wie viele ClipArts vorhanden sind, hängt von der jeweiligen Word-Installation ab.

13.2 Grafiken positionieren

13.2.1 Grafik verschieben und Größe anpassen

Grafik verschieben

Wenn wir die Grafik verschieben wollen, müssen acht kleine Quadrate □ rund um die Grafik sichtbar sein. Ist dies nicht der Fall, müssen wir die Grafik anklicken. Wenn wir den Mauszeiger über die Grafik bewegen, verändert er sein Aussehen: ✥. Wenn wir die Grafik nun anklicken, können wir sie mit gedrückter Maustaste verschieben.

Größe anpassen

Bewegen wir den Mauszeiger über eines der kleinen Quadrate □, zB über das links in der Mitte, so verändert der Mauszeiger wieder sein Aussehen: ↔. Klicken wir jetzt und bewegen die Maus bei gedrückter Maustaste nach links, so wird die Grafik breiter, bewegen wir sie nach rechts, so wird die Grafik schmäler.

Auf diese Weise können wir also die Größe der Grafik verändern. Über die Quadrate links und rechts in der Mitte können wir die Breite der Grafik beeinflussen, über die Quadrate oben und unten in der Mitte die Höhe, der Mauszeiger sieht dann so aus: ↕.

Über die Quadrate in den Ecken können wir Breite und Höhe gleichzeitig beeinflussen. Bewegen wir zB den Mauszeiger über das linke obere Quadrat, so sieht der Mauszeiger so aus: ⤡. Durch Bewegen der Maus (bei gedrückter

Maustaste) ziehen wir praktisch das linke obere Eck der Grafik in die entsprechende Richtung.

Wenn man das Apfelbild etwas verkleinert und neben die Zutatenliste verschiebt, sieht unser Rezept so aus:

Omas Rezept für Apfelspalten:

Zutaten für 4 Personen:
4 Äpfel
500 g Weizenmehl
400 ml Bier
2 Esslöffel Zucker
2 Esslöffel Öl
4 Eiweiß
Zimt und Zucker

Zubereitung:
Die Äpfel werden geschält und das Kerngehäuse entfernt. Dann schneidet man die Äpfel in ca. 1 cm dicke Scheiben. Das Eiweiß wird zu Schnee geschlagen.
Aus Mehl, Bier, Zucker, Öl, Schnee und einer Prise Salz wird ein Backteig bereitet.
Die Apfelscheiben werden im Backteig gewendet und schwimmend herausgebacken. Die fertigen Apfelspalten bestreut man mit Zucker und Zimt. Man kann auch Vanilleeis oder Vanillesoße dazu reichen.

Abbildung 137: Die Grafik verkleinert und verschoben

13.2.2 Umbruchart festlegen

Diese Art Grafiken im Text zu platzieren hat den Nachteil, dass, falls oberhalb der Grafik Text eingefügt wird, die Grafik sich nicht mehr an der vorgesehen Stelle des Textes befindet. Dem können wir entgegenwirken, indem wir die Umbruchart festlegen.

Grafik formatieren

Durch Klick mit der rechten Maustaste auf die Grafik öffnen wir ein Kontextmenü, aus dem wir den Menüpunkt *Grafik formatieren* auswählen. Im erscheinenden Dialog wählen wir das Register *Layout*.

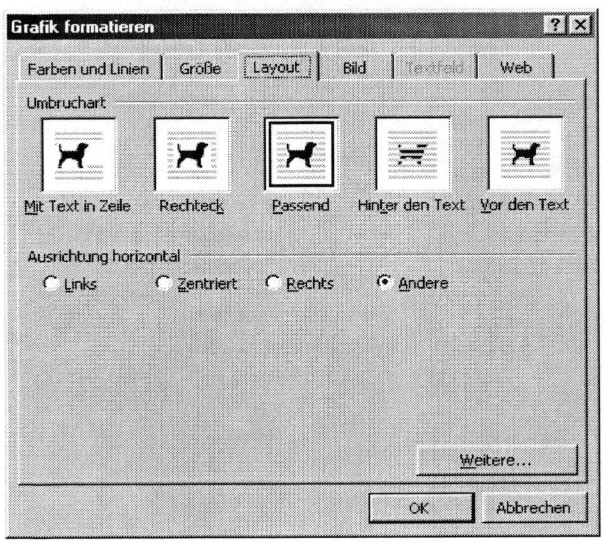

Abbildung 138: Die Umbruchart festlegen

Umbrucharten

Die Zeichnungen über den verschiedenen Umbrucharten zeigen, was sie bewirken. Bei der Umbruchart *Mit Text in Zeile* wird die Grafik wie ein normales Zeichen behandelt. Dadurch wird sie mit dem Text verschoben. Durch Wahl dieser Umbruchart steht die Grafik also immer an der richtigen Textstelle. Der Nachteil ist, dass diese Umbruchart oft optisch nicht optimal ist.

Abbildung 139: Optisch ungünstige Umbruchart „Mit Text in Zeile“

13.3 Grafiken bearbeiten

Bisher haben wir gelernt, wie man Größe und Position einer Grafik beeinflussen kann. Mit Hilfe der Symbolleiste *Grafik* können wir aber noch andere Eigenschaften ändern. Oft wird die Symbolleiste automatisch eingeblendet, sobald man auf die Grafik klickt. Ist dies nicht der Fall, so öffnen wir nun mit einem rechten Mausklick auf die Grafik das Kontextmenü und wählen den Menüpunkt *Grafiksymbolleiste anzeigen*.

Grafiksymbolleiste

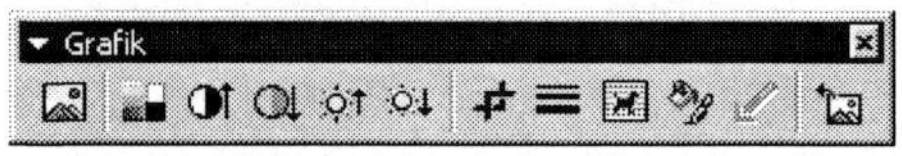

Abbildung 140: Die Grafiksymbolleiste

Durch Klick auf das Symbol  öffnet sich eine Auswahl mit den Einträgen *Automatisch*, *Graustufe*, *Schwarzweiß* und *Wasserzeichen*. Durch Klick auf *Graustufe* bzw *Schwarzweiß* wird das Bild in Grautönen bzw schwarzweiß dargestellt, *Automatisch* ist vermutlich eingestellt und stellt das Bild in den Originalfarben dar. *Wasserzeichen* stellt das Bild schemenhaft, etwa wie das Wasserzeichen einer Banknote, dar. Diese Einstellung ist sinnvoll, wenn man die Grafik als Hintergrundbild verwenden möchte.

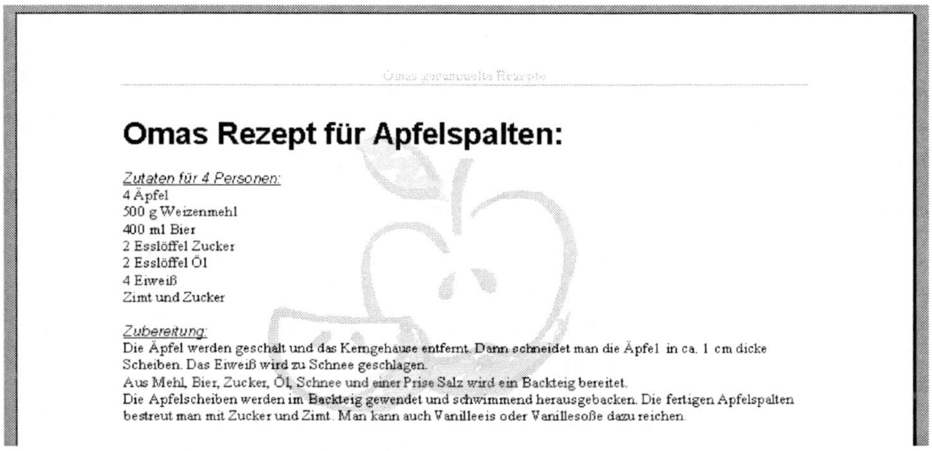

Omas gesammelte Rezepte

Omas Rezept für Apfelspalten:

Zutaten für 4 Personen:
4 Äpfel
500 g Weizenmehl
400 ml Bier
2 Esslöffel Zucker
2 Esslöffel Öl
4 Eiweiß
Zimt und Zucker

Zubereitung:
Die Äpfel werden geschält und das Kerngehäuse entfernt. Dann schneidet man die Äpfel in ca. 1 cm dicke Scheiben. Das Eiweiß wird zu Schnee geschlagen.
Aus Mehl, Bier, Zucker, Öl, Schnee und einer Prise Salz wird ein Backteig bereitet.
Die Apfelscheiben werden im Backteig gewendet und schwimmend herausgebacken. Die fertigen Apfelspalten bestreut man mit Zucker und Zimt. Man kann auch Vanilleeis oder Vanillesoße dazu reichen.

Abbildung 141: Unser Rezept mit Hintergrundbild

Grafik zuschneiden

Bei manchen ClipArts ist rund um das eigentliche Bild noch relativ viel weißer (oder andersfarbiger) Hintergrund. Mit dem Symbol kann das Bild zugeschnitten werden und somit unnötige Platzverschwendung vermieden werden. Durch Klick auf das Symbol wird der Mauszeiger zum Zuschneidesymbol. Indem man zB auf das mittlere linke Positions-Quadrat klickt und bei gedrückter Maustaste die Maus nach rechts bewegt, wird der linke Rand entsprechend abgeschnitten.

Abbildung 142: Den linken Rand des Bildes zurechtschneiden

Grafik umrahmen

Mit Hilfe des Symbols kann ein Rahmen um das Bild gezeichnet werden. Durch Klick auf das Symbol werden verschiedene Rahmenarten zur Auswahl gestellt. Ein Klick auf die gewünschte Art versieht das Bild dann mit dem entsprechenden Rahmen. (Man entfernt den Rahmen übrigens wieder, indem man auf *Weitere Linien* klickt und im erscheinenden Dialog als Farbe *Keine Linie* wählt.)

Das Symbol schließlich öffnet den Dialog *Grafik formatieren*, den wir schon von der Einstellung der Umbruchart kennen. In diesem Dialog werden noch eine Reihe weiterer Möglichkeiten zur Verfügung gestellt, Grafiken zu bearbeiten.

13.4 Grafik aus einer Datei einfügen

Nun haben wir gelernt, wie man die von Word zur Verfügung gestellten Bilder in den Text aufnehmen kann, was aber, wenn wir ein selbstgezeichnetes Bild einfügen wollen?

Angenommen wir wollen nun auch das Birnenspalten-Rezept mit einem Bild ausstatten, finden aber kein passendes. Wir zeichnen daher selbst ein Bild mit dem Grafikprogramm *Paint* und speichern es im Ordner *Rezepte* unter dem Namen *Birne.bmp*. (Das Programm *Paint* startet man über das Startmenü, Menü *Programme*, Untermenü *Zubehör*, Menüpunkt *Paint*.)

Grafik aus Datei

Um das Bild in den Text aufzunehmen öffnen wir zunächst das Birnenspalten-Rezept und rufen dann aus dem Menü *Einfügen*, Untermenü *Grafik* den Menüpunkt *Aus Datei* auf. Im Dialog wählen wir im Feld *Suchen in* den Ordner *Rezepte* (genauso, wie wir das schon beim Öffnen von Dokumenten getan haben).

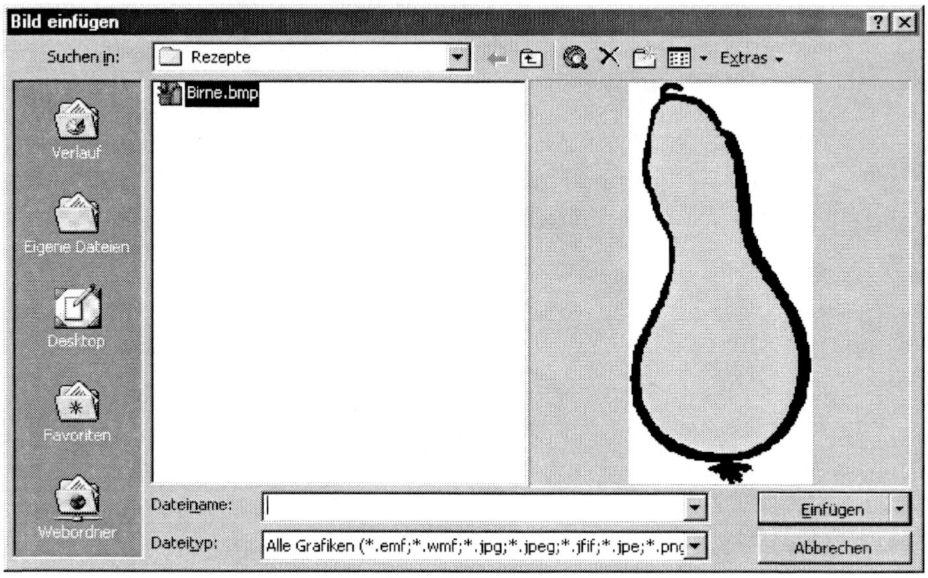

Abbildung 143: Ein selbstgezeichnetes Bild einfügen

Grafikdatei auswählen

Weil als Dateityp *Alle Grafiken (...)* gewählt ist, werden im großen weißen Feld alle Grafikdateien des Ordners *Rezepte* angezeigt. Der Ordner enthält nur die eine Grafikdatei - *Birne.bmp*. Rechts neben dem Feld sehen wir eine Vorschau auf das markierte Bild, also auf unsere Birnenzeichnung. Wir klicken nun auf den Button *Einfügen*, um die Zeichnung ins Birnenspaltenrezept aufzunehmen.

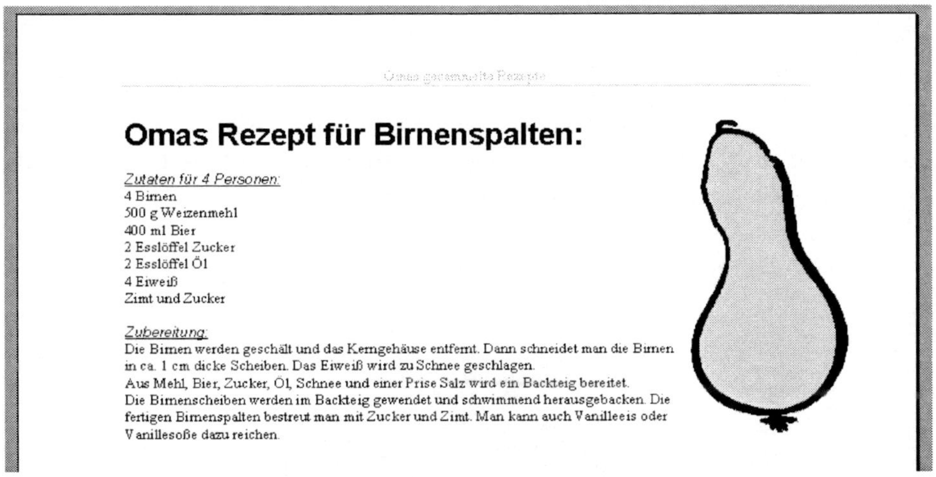

Omas gesammelte Rezepte

Omas Rezept für Birnenspalten:

Zutaten für 4 Personen:
4 Birnen
500 g Weizenmehl
400 ml Bier
2 Esslöffel Zucker
2 Esslöffel Öl
4 Eiweiß
Zimt und Zucker

Zubereitung:
Die Birnen werden geschält und das Kerngehäuse entfernt. Dann schneidet man die Birnen in ca. 1 cm dicke Scheiben. Das Eiweiß wird zu Schnee geschlagen.
Aus Mehl, Bier, Zucker, Öl, Schnee und einer Prise Salz wird ein Backteig bereitet.
Die Birnenscheiben werden im Backteig gewendet und schwimmend herausgebacken. Die fertigen Birnenspalten bestreut man mit Zucker und Zimt. Man kann auch Vanilleeis oder Vanillesoße dazu reichen.

Abbildung 144: Das Birnenspalten-Rezept mit Bild

Genauso wie ein ClipArt kann auch ein eigenes Bild bearbeitet werden. Wir können die Grafik also verschieben, in der Größer verändern usw, genau wie zuvor das Apfelbild.

Grafikformat

Man kann natürlich nicht nur selbsterstellte Grafiken in Texte aufnehmen, sondern ganz allgemein Grafiken, die mit Grafikprogrammen erstellt wurden, deren Format Word kennt. Jedes Grafikprogramm verwendet für die von ihm erzeugten Dateien eine bestimmte Dateinamenendung (der Teil des Dateinamens hinter dem Punkt). So haben die vom Grafikprogramm *Paint* erzeugten Dateien die Endung *bmp* für Bitmap.

Weitere, von Word unterstützte Formate sind: *wmf* (Windows Meta File), *cdr* (CorelDraw), *gif* (Graphics Interchange Format), *jpg* (Joint Pictures Expert Group), *dib* (Device Independent Bitmap) und viele mehr.

13.5 AutoFormen verwenden

Word bietet uns eine weitere Möglichkeit in unseren Texten durch grafische Elemente optische Akzente zu setzen. Dazu werden uns die sogenannten AutoFormen angeboten. Das sind Objekte, wie Linien, Pfeile, Rechtecke, Sterne, Legenden und vieles mehr.

Wir können zB unser Apfelspaltenrezept etwas lebendiger gestalten, indem wir Legenden mit Tipps zum besonders guten Gelingen einfügen.

13.5.1 AutoFormen einfügen

Zum Einfügen einer AutoForm brauchen wir die Symbolleiste *Zeichnen*. Sollte diese nicht sichtbar sein (meist ist sie am unteren Rand verankert) blenden wir sie über das Menü *Ansicht*, Untermenü *Symbolleisten*, Menüpunkt *Zeichnen* ein.

Abbildung 145: Die Symbolleiste Zeichnen

Die Apfelspalten gelingen besonders gut, wenn man mürbe Äpfel verwendet – das sollen die Köche, die unser Apfelspaltenrezept ausprobieren möchten, wissen. Um ihnen dies mitzuteilen, versehen wir die Textstelle *4 Äpfel* mit einer entsprechenden Legende.

Legende einfügen

Wir klicken in der Symbolleiste *Zeichnen* auf den kleinen Pfeil neben *AutoFormen*. Aus dem sich öffnenden Menü wählen wir das Untermenü *Legende* und hieraus die wolkenförmige Legende.

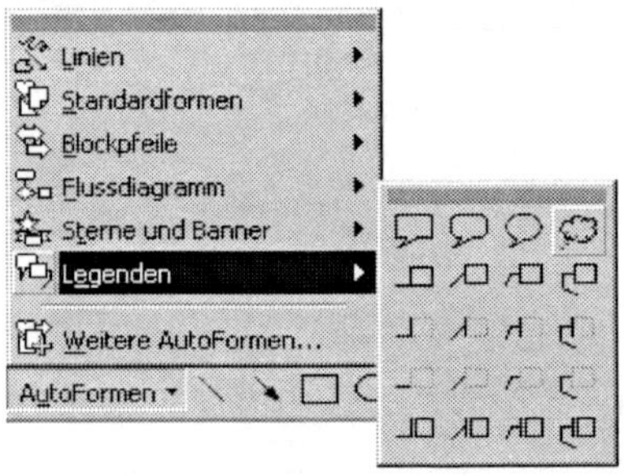

Abbildung 146: Eine wolkenförmige Legende einfügen

Der Cursor hat nun das Aussehen eines Fadenkreuzes: +. Wir klicken links neben den Text *4 Äpfel*, dadurch wird die wolkenförmige Legende eingefügt.

Es ist auch möglich, gleich beim Einfügen der AutoForm, deren Größe anzupassen. Dazu klickt man zunächst an die Stelle, wo die AutoForm eingefügt werden soll und zieht sie dann mit gedrückter Maustaste auf die gewünschte Größe.

13.5.2 Verschiedene AutoFormen

Die verschiedenen AutoFormen, die uns Word zur Verfügung stellt, sind von unterschiedlicher Komplexität. Es gibt einfache Objekte, wie Linien, Rechtecke und Ellipsen oder etwas komplexere, wie unsere Wolkenlegende. Diese besteht im Grunde aus zwei Teilen - einerseits der Wolke und andererseits den Gedankenblasen. Außerdem kann sie beschriftet werden.

Je nach Objekttyp gibt es verschiedene Möglichkeiten der Bearbeitung. Wir werden nun anhand unserer Wolkenlegende die grundsätzlichen Möglichkeiten kennen lernen.

13.5.3 Die Legende beschriften und verschieben

Zunächst wollen wir die Legende beschriften. Dazu muss sie markiert sein, was man am Positionierungsrahmen erkennt, der sie umgibt.

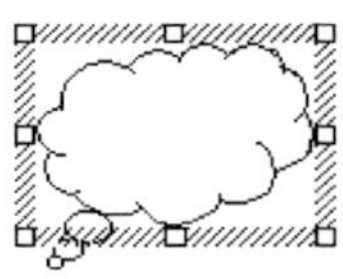

Abbildung 147: Eine markierte Legende

Außerdem muss die Textmarke in der Wolke blinken.

Legende ergänzen

Unmittelbar nach dem Einfügen der Legende sind diese Bedingungen erfüllt. Sie können aber jederzeit durch einen Klick in die Wolke wiederhergestellt werden.

Wir geben nun den Text „am besten mürbe" ein. Es zeigt sich, das dieser Text für die aktuelle Größe unserer Wolke zu lang ist. Wir müssen also ihre Größe anpassen, was genauso vor sich geht, wie bei einer Grafik. Am besten machen wir die Wolke etwas höher und etwas schmäler. Eine Möglichkeit dies zu bewerkstelligen ist, den Cursor über das kleine Quadrat □ rechts unten zu führen, wodurch er folgende Form annimmt: ⤡. Nun klicken wir und ziehen die Wolke mit gedrückter Maustaste auf die passende Größe.

AutoForm positionieren

Nun müssen wir die Legende noch in die richtige Position bringen. Dabei ist zu beachten: Es ist sowohl möglich, die gesamte Legende zu verschieben, als auch Wolke und Gedankenblasen getrennt voneinander zu positionieren.

Um die gesamte Legende zu verschieben markieren wir sie und bewegen den Cursor über die Gedankenblasen, bis er folgende Form annimmt: ✥. Wir klicken und verschieben die Legende, mit gedrückter Maustaste, an die gewünschte Stelle.

Um die Gedankenblasen an die richtige Stelle zeigen zu lassen, ohne die Position der Wolke zu verändern, müssen wir den Cursor über die kleine gelbe Raute bewegen, bis er folgende Form hat: ▷. (Sollte die gelbe Raute nicht zu sehen sein, kann sie durch einen Klick auf die Gedankenblasen sichtbar gemacht werden.) Nun klicken wir und ziehen die Gedankenblasen mit gedrückter Maustaste an die gewünschte Position.

Wenn nun die Gedankenblasen bereits an die richtige Stelle zeigen, können wir auch die Wolke allein verschieben. Dazu klicken wir in die Wolke und bewegen dann den Cursor über die Wolke, bis er wieder die Verschiebeform annimmt. Nun können wir die Wolke (durch Klick und Ziehen mit gedrückter Maustaste) verschieben – die Gedankenblasen zeigen konstant in dieselbe Richtung.

Mit diesem Wissen ausgestattet können wir unseren Tipp in Position bringen. Das Ergebnis könnte so aussehen:

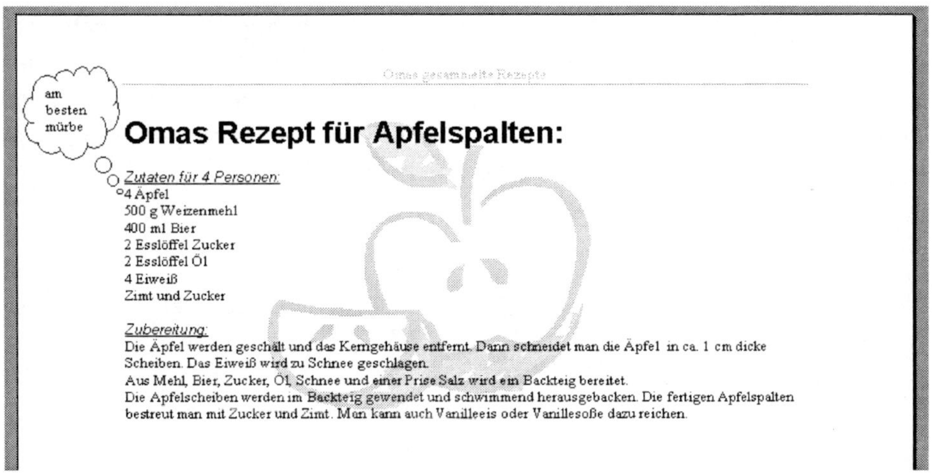
Omas gesammelte Rezepte

am besten mürbe

Omas Rezept für Apfelspalten:

Zutaten für 4 Personen:
4 Äpfel
500 g Weizenmehl
400 ml Bier
2 Esslöffel Zucker
2 Esslöffel Öl
4 Eiweiß
Zimt und Zucker

Zubereitung:
Die Äpfel werden geschält und das Kerngehäuse entfernt. Dann schneidet man die Äpfel in ca. 1 cm dicke Scheiben. Das Eiweiß wird zu Schnee geschlagen.
Aus Mehl, Bier, Zucker, Öl, Schnee und einer Prise Salz wird ein Backteig bereitet.
Die Apfelscheiben werden im Backteig gewendet und schwimmend herausgebacken. Die fertigen Apfelspalten bestreut man mit Zucker und Zimt. Man kann auch Vanilleeis oder Vanillesoße dazu reichen.

Abbildung 148: Die Legende in Position

13.5.4 AutoFormen formatieren

AutoForm formatieren

Nun wollen wir unsere Legende noch etwas verschönern. Dazu markieren wir sie zunächst und wählen dann unter den folgenden Möglichkeiten:

- Mit diesem Symbol können wir das Objekt mit einer Farbe füllen, also zB die Wolke hellblau einfärben.
- Mit diesem Symbol können wir die Linienfarbe (die Farbe der

Umrandung) festlegen.

Mit diesem Symbol können wir die Schriftfarbe des Legendentextes ändern. Der Text, dessen Farbe geändert werden soll muss markiert sein.

Mit diesem Symbol können wir die Linienstärke (wie dick die Umrandung sein soll) festlegen.

Mit diesem Symbol können wir die Strichart festlegen, also ob die Umrandung strichliert, gepunktet, ... sein soll.

Mit diesem Symbol können wir unserer Legende einen Schatten geben.

Mit diesem Symbol können bestimmte 3-D-Effekte erzielt werden (was aber bei der Wolkenlegende nicht möglich ist).

Das Ergebnis unserer Verschönerungsarbeiten könnte so aussehen:

Abbildung 149: Die formatierte Wolkenlegende

13.5.5 Besondere Hinweise

Verankerung von Objekten

Objekte verankern

Was würde mit unserer Legende passieren, wenn wir das Dokument *Oma.doc* nachträglich ändern, also zB über dem Apfelspaltenrezept noch ein weiteres einfügen? Die Antwort ist: Die Legende würde ihre richtige Position behalten. Das liegt daran, dass AutoFormen mit dem nächstliegenden Absatz verankert werden. Man kann diese Verankerung sichtbar machen, indem man im Menü *Extras* den Menüpunkt *Optionen* wählt und im erscheinenden Dialog im Register *Ansicht* das Kontrollfeld *Objektanker* aktiviert.

Objektgröße proportional verändern

Objektgröße verändern

Wenn man beim Ändern der Größe einer AutoForm über eines der Eck-Quadrate □ gleichzeitig die *Umschalt*-Taste betätigt, wird das Objekt proportional in der Größe verändert.

Objekt drehen

Objekt drehen

Wenn man ein Objekt markiert und anschließend das Symbol in der Symbolleiste *Zeichnen* anklickt, kann man des Objekt drehen. Um das Objekt werden dann grüne Markierungspunkte angezeigt. Durch Klick auf einen solchen Punkt und entsprechende Bewegung mit der Maus, bei gedrückter Maustaste, führt man die gewünschte Drehung durch.

Besonderheiten bei Freihandformen

Freihand-formen

Mit Hilfe des Symbols *Freihandform* kann ein (geschlossener oder nicht geschlossener) Linienzug gezeichnet werden. Mit dem Symbols *Kurve* kann eine Wellenlinie erzeugt werden.

Abbildung 150: Linienzug und Wellenlinie

Das Erzeugen dieser AutoFormen unterscheidet sich etwas vom normalen Vorgang. Zunächst wählt man (wie immer) aus dem Menü *Autoformen*, Untermenü *Linien* das entsprechende Symbol, zB *Freihandform*. Nun klickt man an die Stelle, wo der Linienzug beginnen soll. Dann führt man den Mauszeiger zu der Position, wo ein Richtungswechsel stattfinden soll ohne dabei die Maustaste zu drücken und klickt an dieser Stelle. Dieser Vorgang wird für jeden Richtungswechsel wiederholt. Die Figur wird abgeschlossen, indem man doppelklickt. Erfolgt der Doppelklick in der Nähe des Ausgangspunktes, so wird die Figur geschlossen.

Eine Wellenlinie wird auf die genau gleiche Art erzeugt, nur kann sie nicht geschlossen werden.

Mit dem Symbol *Freihandform* kann allerdings auch wirklich Freihand gezeichnet werden.

Abbildung 151:Freihandzeichnung

Dazu wählt man wieder das Symbol aus dem Menü *Autoformen*, Untermenü *Linien*. Nach dem Klick auf die Ausgangposition lässt man aber die Maustaste nicht los. Der Mauszeiger wird dann zum Bleistift und man kann frei zeichnen. Die Zeichnung wird durch Doppelklick beendet. Erfolgt der Doppelklick in der Nähe des Ausgangspunktes, so wird die Figur wiederum geschlossen.

Alternativ kann eine Freihandzeichnung mit Hilfe des Symbols erzeugt werden. Hier ist die Zeichnung beendet, sobald die Maustaste losgelassen wird (es ist kein Doppelklick erforderlich), dafür kann die Figur nicht geschlossen werden.

13.6 Übung

1. Wir öffnen unser Übungsdokument *Übungen.doc* und beginnen eine neue Seite.
2. Wir tippen folgenden Text:

> Wiener Kaffeevariationen:
> Kleiner Schwarzer: eine kleine Portion schwarzer Kaffee aus der Espresso-Maschine
> Kleiner Brauner: kleiner Schwarzer mit Milch oder Kaffeeobers
> Wiener Melange: schwarzer Kaffee aus der Espresso-Maschine mit aufgeschäumter Milch, oft mit Kakao bestreut
> Kaisermelange: ein kleiner Schwarzer mit einem Eidotter, zwei Kaffeelöffel Honig und einem Schuss Brandy
> Wiener Eiskaffee: Vanilleeis in einem Glas mit kaltem Kaffe, garniert mit Schlagobers
> Einspänner: schwarzer, etwas schwächerer, gezuckerter Kaffee in einem großen Glas, garniert mit Schlagobers
> Pharisäer: schwarzer Kaffee mit viel Rum und Zucker, garniert mit Schlagobers

3. Wir versuchen den Text mit Hilfe der uns bekannten Formatierungsmöglichkeiten optisch aufzubereiten.
4. Zur weiteren Verschönerung fügen wir ein passendes ClipArt ein.
5. Wir probieren verschiedene Arten aus die Grafik zu integrieren (verschieden Umbrucharten, Größe verändern, Position verändern, Grafik als Wasserzeichen verwenden).
6. Wenn wir eine passende Variante gefunden haben, speichern wir das Dokument.

Ein Beispiel (Hinweis: Die Grafik wurde als *Wasserzeichen* formatiert und *Hinter den Text* positioniert.):

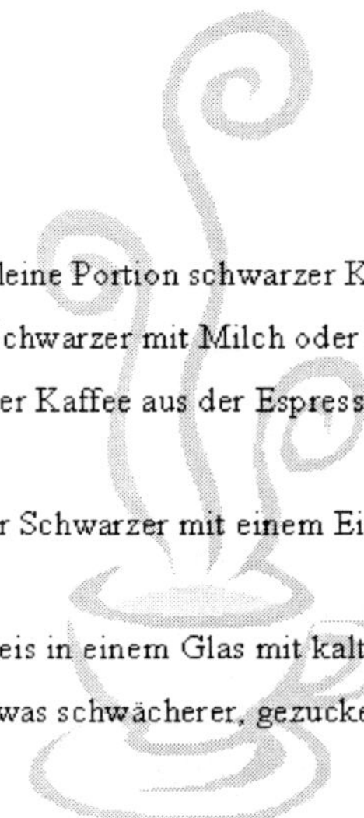

Wiener Kaffeevariationen:

- Kleiner Schwarzer: eine kleine Portion schwarzer Kaffee aus der Espresso-Maschine
- Kleiner Brauner: kleiner Schwarzer mit Milch oder Kaffeeobers
- Wiener Melange: schwarzer Kaffee aus der Espresso-Maschine mit aufgeschäumter Milch, oft mit Kakao bestreut
- Kaisermelange: ein kleiner Schwarzer mit einem Eidotter, zwei Kaffeelöffel Honig und einem Schuss Brandy
- Wiener Eiskaffee: Vanilleeis in einem Glas mit kaltem Kaffe, garniert mit Schlagobers
- Einspänner: schwarzer, etwas schwächerer, gezuckerter Kaffee in einem großen Glas, garniert mit Schlagobers
- Pharisäer: schwarzer Kaffee mit viel Rum und Zucker, garniert mit Schlagobers

14 Verwenden von Tabellen

Einsatz von Tabellen

Der Einsatz von Tabellen ist vielseitig. Man kann sie verwenden, um Informationen logisch strukturiert darzustellen. Einige Möglichkeiten dazu haben wir ja schon mit den Tabulatoren kennen gelernt. Sie können aber zB auch dazu verwendet werden ansprechende Seitenlayouts zu erstellen, indem Text und Grafiken durch die Tabelle angeordnet werden.

Wie schon bei vielen Themen zuvor ist der Einsatz von Tabellen zu spezifisch, um allgemein und für jedes Textverarbeitungsprogramm gültig, beschrieben werden zu können. Wir verwenden daher wieder Word 2000 als Beispiel.

14.1 Grundlegende Tabellenfunktionen

14.1.1 Eine Tabelle erstellen

Nehmen wir an, wir haben schon eine Reihe von Rezepten gesammelt und möchten nun in übersichtlicher Form einzelne Kriterien der Rezepte zusammenschreiben. Die Kriterien sollen sein: Kategorie (Vorspeise, Hauptspeise, Beilage, Nachspeise), Kosten, Kalorien/Portion und Zubereitungszeit. Die Zubereitungszeit wollen wir unterteilen in Arbeitszeit und Wartezeit. Das heißt, wir wollen eine Tabelle mit 6 Spalten erzeugen - 5 Spalten für 5 Kriterien und eine für den Titel des Gerichts.

Zunächst öffnen wir ein neues Dokument und speichern es im Ordner *Rezepte* mit dem Namen *Rezeptübersicht.doc*.

Tabelle einfügen

Nun wollen wir die Tabelle einfügen. Wir klicken dazu in der Symbolleiste *Standard* auf das Symbol . Dadurch wird ein Raster geöffnet. Mit Hilfe dieses Rasters werden wir die Dimension unserer Tabelle, dh die Anzahl der Spalten und Zeilen bestimmen. Jede markierte Spalte des Rasters wird einer Spalte, jede markierte Zeile einer Zeile unserer Tabelle entsprechen.

Wir klicken auf das erste Feld des Rasters, das sich dadurch markiert wird. Wir ziehen die Maus, bei gedrückter Maustaste, zum rechten Rand des Rasters, bis die erste Zeile markiert ist. Nun haben wir fünf markierte Felder - also fünf Spalten - wir wollen aber 6 Spalten. Wir ziehen deshalb die Maus (bei weiterhin gedrückter Maustaste) über den rechten Rand des Rasters hinaus. Dadurch erhält der Raster eine sechste Spalte, die wir auch markieren. Nun bewegen wir die Maus nach unten und markieren dadurch eine zweite Zeile.

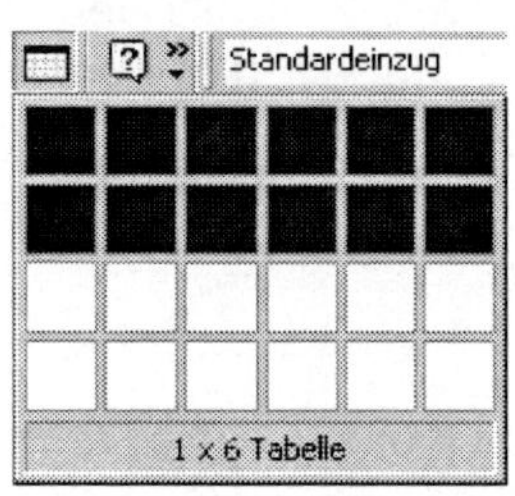

Abbildung 152: Eine Tabelle einfügen

Sobald wir die Maustaste loslassen wird die Tabelle in der gewählten Dimension eingefügt.

Abbildung 153: Eine Tabelle mit zwei Zeilen und 6 Spalten

14.1.2 Die Tabelle beschriften und sich in der Tabelle bewegen

Wir setzen nun den Cursor in die erste Zelle der Tabelle, indem wir mit der Maus hineinklicken, und tippen *Kategorie*.

Navigieren in der Tabelle

Um den Cursor in die nächste Zelle zu setzen, können wir wieder mit der Maus hineinklicken. Es ist aber lästig ständig zwischen Maus und Tastatur zu wechseln. Daher Drücken wir statt dessen die *Tabulator*-Taste 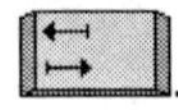. Dadurch wird ebenfalls der Cursor in die nächste Zelle gesetzt und wir können *Titel* eintippen.

Die folgende Tasten und Tastenkombinationen dienen der Navigation in der Tabelle mittels Tastatur:

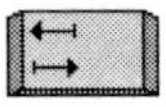	Eine Zelle nach links	Alt + Ende	letzte Zelle der Zeile
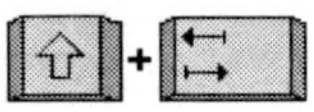	Eine Zelle nach rechts	Alt + Pos1	erste Zelle der Zeile
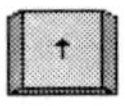	Eine Zelle nach oben	Alt + Bild↓	letzte Zelle der Spalte
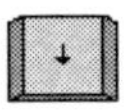	Eine Zelle nach unten	Alt + Bild↑	erste Zelle der Spalte

Wir tragen nun die dritte Spaltenüberschrift *Kosten* und anschließend die vierte *Kalorien/Portion* ein. Die Überschrift *Kalorien/Portion* ist eigentlich zu breit für die Spalte. Word macht die Zelle aber automatisch breiter, damit der Text Platz hat.

Überschrift eingeben

Die nächste Überschrift ist *Zubereitungszeit/Arbeitszeit*. Diese Überschrift wollen wir auf zwei Zeilen aufteilen, dazu haben wir zwei Möglichkeiten. Wir tippen zunächst *Zubereitungszeit* und betätigen dann die *Eingabe*-Taste. Dadurch wird die gesamte Zeile höher gemacht, so dass eine zweite Zeile Platz hat, und wir können *Arbeitszeit* in der neuen Zeile eintragen.

Die zweite Möglichkeit ist, anstelle die *Eingabe*-Taste zu drücken, einfach ein Leerzeichen zwischen die beiden Worte zu setzen. Da beiden Worte nicht in einer Zeile Platz haben, erzeugt Word automatisch eine neue Zeile und verschiebt das zweite Wort dorthin. (Bei *Kalorien/Portion* wurde die Spalte breiter gemacht, anstelle einen Teil des Textes in eine neue Zeile zu verschieben. Das ist deshalb so, weil Word den Text als ein Wort interpretiert und nicht wissen kann, wo und ob wir dieses abtrennen möchten.)

Nun tippen wir noch die letzte Überschrift *Zubereitungszeit/Wartezeit* ein.

Kategorie	Titel	Kosten	Kalorien/Portion	Zubereitungszeit Arbeitszeit	Zubereitungszeit Wartezeit

Abbildung 154: Die Tabelle mit Spaltenüberschriften

14.1.3 Markieren in einer Tabelle

Bevor wir die Tabelle mit Inhalt füllen, wollen wir uns damit beschäftigen, wie man in Tabellen markiert. Dieses Wissen ist wichtig, weil es für viele Tabellenfunktionen gebraucht wird. Die Funktion bezieht sich dann jeweils auf den markierten Teil der Tabelle.

14.1.3.1 Markieren einer einzelnen Zelle

Zelle markieren

Wenn wir die Maus über den linken Rand der Zelle führen, so erhält der Mauszeiger folgendes Aussehen ➚. Ein Klick markiert dann die Zelle. Wenn man nicht sehr treffsicher ist, ist es einfacher, den Cursor in die Zelle zu setzen und aus dem Menü *Tabelle* das Menü *Markieren* und daraus den Menüpunkt *Zelle* zu wählen.

Wir wollen zur Übung die Zelle mit dem Text *Kosten* markieren und das Symbol **F** aus der Symbolleiste *Format* wählen. Das Ergebnis ist folgendes:

Kategorie	Titel	**Kosten**	Kalorien/Portion	Zubereitungszeit Arbeitszeit	Zubereitungszeit Wartezeit

Abbildung 155: Eine Zelle formatieren

14.1.3.2 Markieren einer Zeile

Zeile markieren

Wenn wir links neben einer Zeile klicken, der Mauszeiger sollte dabei sein normales Aussehen haben, so wird die Zeile markiert. Man kann auch den Cursor in eine Zelle der zu markierenden Zeile setzen und aus dem Menü *Tabelle* das Menü *Markieren* und daraus den Menüpunkt *Zeile* wählen.

Weil es hässlich ist, wenn nur eine Spaltenüberschrift fett ist, markieren wir die Überschriftenzeile und wählen das Symbol **F**. Das Ergebnis:

Kategorie	**Titel**	Kosten	**Kalorien/Portion**	**Zubereitungszeit Arbeitszeit**	**Zubereitungszeit Wartezeit**

Abbildung 156: Eine Zeile formatieren

14.1.3.3 Markieren einer Spalte

Spalte markieren

Wenn wir den Mauszeiger über eine Spalte bewegen, so erhält er folgendes Aussehen:⬇. Durch einen Klick wird die entsprechende Spalte markiert. Dasselbe erreichen wir, wenn wir den Cursor in eine Zelle der Spalte setzen und das Menü *Markieren* und daraus den Menüpunkt *Spalte* wählen.

14.1.3.4 Markieren der ganzen Tabelle

Tabelle markieren

Wenn wir den Mauszeiger über die Tabelle bewegen, erscheint in der linken oberen Ecke das Symbol ⊞. Wenn wir nun den Mauszeiger über dieses Symbol bewegen, ändert er sein Aussehen wie folgt: ✥. Durch einen Klick in diesem Zustand wird die ganze Tabelle markiert. Alternativ dazu kann man den Cursor in eine Zelle der Tabelle setzten und das Menü *Markieren* und daraus den Menüpunkt *Tabelle* wählen.

Durch Klick auf das Symbol könnten wir nun zB die ganze Tabelle zentrieren. In unserem Fall hat das allerdings kaum Auswirkungen, da die Tabelle die ganze Seitenbreite einnimmt.

14.1.3.5 Einen Teil der Tabelle markieren

Mehrere Zellen markieren

Um mehrere neben- bzw übereinanderliegende Zellen zur markieren, die aber nicht genau eine Spalte bzw eine Zeile bilden, klicken wir in die erste Zelle und erweitern die Markierung, durch Ziehen der Maus bei gedrückter Maustaste, auf den gewünschten Zellenbereich.

Kategorie	Titel	Kosten	Kalorien/Portion	Zubereitungszeit Arbeitszeit	Zubereitungszeit Wartezeit

Abbildung 157: Zellenbereich markieren

14.2 Tabellen bearbeiten

14.2.1 Zeilen hinzufügen

Zuerst tragen wir das Apfelspaltenrezept in die Tabelle ein.

Kategorie	Titel	Kosten	Kalorien/Portion	Zubereitungszeit Arbeitszeit	Zubereitungszeit Wartezeit
Nachspeise	Apfelspalten	€ 3,50	500	30 min	-

Abbildung 158: Der erste Eintrag

Zeile einfügen

Um auch das Birnenspaltenrezept eintragen zu können, braucht die Tabelle eine weitere Zeile. Wir betätigen deshalb, nach Eingabe des „-" für keine Wartezeit (der Cursor steht also in der letzten Zelle der Tabelle), die *Tabulator*-Taste, als wollten wir in die nächste (noch nicht vorhandene) Zelle springen - eine neue Zeile wird erzeugt und der Cursor steht in deren erster Zelle.

Nach dem Birnenspaltenrezept wollen wir das Rezept für den exotischen Reistopf eintragen. Da unsere Tabelle aber übersichtlich sein soll, wollen wir der Ordnung halber Hauptspeisen vor Nachspeisen eintragen. Es wäre also eine Zeile zwischen Überschriften und dem Apfelspalten-Eintrag nötig. Um diese zu erzeugen setzen wir den Cursor in die Apfelspalten-Zeile und wählen aus dem Menü *Tabelle* das Menü *Zellen einfügen* und daraus den Menüpunkt *Zeilen oberhalb*. Die Zeile wird erzeugt und wir können das Rezept für den exotischen Reistopf eintragen.

Kategorie	Titel	Kosten	Kalorien/Portion	Zubereitungszeit Arbeitszeit	Zubereitungszeit Wartezeit
Hauptspeise	Exotischer Reistopf	€ 6,--	400	1 h	10 min
Nachspeise	Apfelspalten	€ 3,50	500	30 min	-
	Birnenspalten	€ 3,50	500	30 min	-

Abbildung 159: Eine Zwischenzeile erzeugen

Nun würde man vermuten, dass die Zeile, statt oberhalb des ersten Eintrags, unterhalb der Überschriftenzeile einzufügen, denselben Effekt erzielt hätte. Das stimmt aber nicht ganz. Für die neue Zeile werden die Formatierungen der Ausgangszeile übernommen, in unserem Fall fette Schrift. Es wäre also ein weiterer Arbeitsschritt nötig gewesen, um normale Schrift einzustellen.

14.2.2 Zeilen löschen

Unterläuft uns ein Fehler und wir wollen eine oder mehrere ganze Zeile aus der Tabelle entfernen, so markieren wir diese und betätigen die *Rückschritt*-Taste oder wir wählen aus dem Menü *Tabelle* das Untermenü *Löschen* und daraus den Eintrag Zeilen. **Zeile löschen**

Wollen wir nur den Inhalt der Zeile löschen, nicht aber die Zeile selbst, so markieren wir sie wiederum, betätigen aber die *Entfernen*-Taste.

14.2.3 Spalten hinzufügen

Wir wollen, der Übung halber, vor der Spalte *Kosten* eine neue Spalte einfügen. Wir setzen dazu den Cursor in die Spalte *Kosten* und wählen aus dem Menü *Tabelle* das Menü *Zellen einfügen* und daraus den Menüpunkt *Spalten nach links*. **Spalte einfügen**

Kategorie	Titel		Kosten	Kalorien/Portion	Zubereitungszeit Arbeitszeit	Zubereitungszeit Wartezeit
Hauptspeise	Exotischer Reistopf		€ 6,--	400	1 h	10 min
Nachspeise	Apfelspalten		€ 3,50	500	30 min	-
	Birnenspalten		€ 3,50	500	30 min	-

Abbildung 160: Eine neue Spalte

Da die neue Spalte Platz braucht, verschmälert Word die übrigen Spalten. Dem sind aber Grenzen gesetzt. Wenn eine Spalte so breit ist, wie das breiteste in ihr vorkommende Wort, so kann sie nicht mehr verschmälert werden. Dann macht Word die ganze Tabelle breiter (ungeachtet dessen, ob dabei der rechte Rand der Seite überschritten wird).

14.2.4 Spalten löschen

Da wir die neue Spalte eigentlich gar nicht brauchen, wollen wir sie gleich wieder löschen. Wir markieren sie dazu und betätigen die *Rückschritt*-Taste oder wählen aus dem Menü *Tabelle* das Menü *Löschen* und daraus den Menüpunkt *Spalten*. **Spalte löschen**

14.2.5 Zellen verbinden

Kategorie	Titel	Kosten	Kalorien/Portion	Zubereitungszeit Arbeitszeit	Zubereitungszeit Wartezeit
Vorspeise	Gemüsecremesuppe	€ 3,--	100	30 min	30 min
	Mozzarella-Nudel-Salat	€ 2,50	120	25 min	-
	Erlauftaler Mostsuppe	€ 2,--	220	15 min	-
Hauptspeise	Exotischer Reistopf	€ 6,--	400	1 h	10 min
	Alt-Wiener Fleischschmarren	€ 5,--	520	25 min	15 min
	Gebackene Bohnen	€ 2,50	600	1 h	30 min
Beilagen	Kräutererdäpfel	€ 1,50	90	5 min	20 min
	Pinzgauer Kasknödel	€ 2,--	300	20 min	10 min
	Spinat mit Bananen und Sesam	€ 2,--	130	10 min	-
Nachspeise	Apfelspalten	€ 3,50	500	30 min	-
	Birnenspalten	€ 3,50	500	30 min	-
	Nusspudding mit Weinchaudeau	€ 5,--	520	60 min	20 min

Abbildung 161: Die erweiterte Tabelle

Jetzt hat unsere Tabelle bereits einige Einträge und wir wollen damit beginnen, die optische Gestaltung zu verbessern.

Zellen verbinden

Zunächst stören uns die leeren Zellen der Spalte Kategorie. Wir wollen deshalb aus der beschrifteten Zelle und den leeren Zellen eine Zelle machen. Wir markieren dazu zunächst die Zelle mit dem Text *Vorspeise* und die beiden leeren Zellen darunter. Dann wählen wir aus dem Menü *Tabelle* den Menüpunkt *Zellen verbinden*. Das Ergebnis:

Kategorie	Titel	Kosten	Kalorien/Portion	Zubereitungszeit Arbeitszeit	Zubereitungszeit Wartezeit
Vorspeise	Gemüsecremesuppe	€ 3,--	100	30 min	30 min
	Mozzarella-Nudel-Salat	€ 2,50	120	25 min	-
	Erlauftaler Mostsuppe	€ 2,--	220	15 min	-
Hauptspeise	Exotischer Reistopf	€ 6,--	400	1 h	10 min
	Alt-Wiener Fleischschmarren	€ 5,--	520	25 min	15 min
	Gebackene Bohnen	€ 2,50	600	1 h	30 min
Beilagen	Kräutererdäpfel	€ 1,50	90	5 min	20 min
	Pinzgauer Kasknödel	€ 2,--	300	20 min	10 min
	Spinat mit Bananen und Sesam	€ 2,--	130	10 min	-
Nachspeise	Apfelspalten	€ 3,50	500	30 min	-
	Birnenspalten	€ 3,50	500	30 min	-
	Nusspudding mit Weinchaudeau	€ 5,--	520	60 min	20 min

Abbildung 162: Zellen verbinden

Wir wiederholen den Vorgang für die Hauptspeisen, Beilagen und Nachspeisen.

14.2.6 Zellen teilen

Die nächste optische Verbesserung betrifft die beiden Zubereitungszeit-Spalten. Wir wollen daraus eine Überschrift *Zubereitungszeit* machen, die dann in *Arbeitszeit* und *Wartezeit* unterteilt wird.

Zellen teilen

Wir markieren dazu die beiden Zellen und wählen aus dem Menü *Tabelle* den Menüpunkt *Zellen teilen* und tippen im erscheinenden Dialog sowohl als *Spaltenzahl* als auch als *Zeilenzahl* 2 ein.

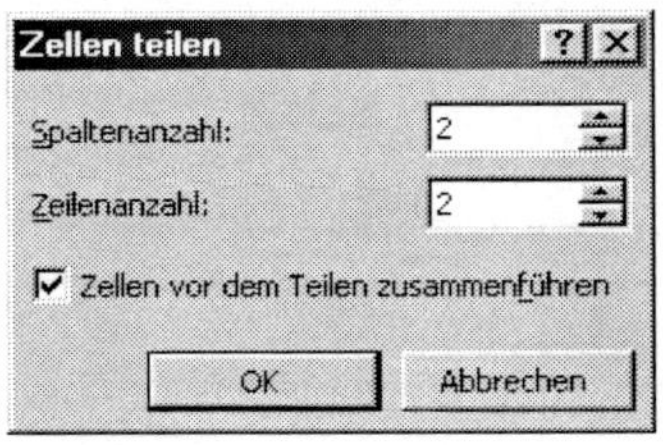

Abbildung 163: Zellen teilen

Das Ergebnis sieht wie folgt aus:

Kategorie	Titel	Kosten	Kalorien/Portion	Zubereitungszeit Arbeitszeit	Zubereitungszeit Wartezeit
Vorspeise	Gemüsecremesuppe	€ 3,--	100	30 min	30 min
	Mozzarella-Nudel-Salat	€ 2,50	120	25 min	-
	Erlauftaler Mostsuppe	€ 2,--	220	15 min	-
Hauptspeise	Exotischer Reistopf	€ 6,--	400	1 h	10 min
	Alt-Wiener Fleischschmarren	€ 5,--	520	25 min	15 min
	Gebackene Bohnen	€ 2,50	600	1 h	30 min
Beilagen	Kräutererdäpfel	€ 1,50	90	5 min	20 min
	Pinzgauer Kasknödel	€ 2,--	300	20 min	10 min
	Spinat mit Bananen und Sesam	€ 2,--	130	10 min	-
Nachspeise	Apfelspalten	€ 3,50	500	30 min	-
	Birnenspalten	€ 3,50	500	30 min	-
	Nusspudding mit Weinchaudeau	€ 5,--	520	60 min	20 min

Abbildung 164: Das Zwischenergebnis

Wir schneiden nun das Wort *Arbeitszeit* aus und fügen es in der darunter liegenden neu entstanden Zelle wieder ein. Ebenso verfahren wir mit dem Wort *Wartezeit*. Schließlich löschen wir noch eine *Zubereitungszeit*. Nun verbinden wir noch die leer gewordene Zelle mit der Zelle *Zubereitung*, wie wir es bereits gelernt haben.

Das Ergebnis ist schon etwas befriedigender:

Kategorie	Titel	Kosten	Kalorien/Portion	Zubereitungszeit	
				Arbeitszeit	Wartezeit
Vorspeise	Gemüsecremesuppe	€ 3,--	100	30 min	30 min
	Mozzarella-Nudel-Salat	€ 2,50	120	25 min	-
	Erlauftaler Mostsuppe	€ 2,--	220	15 min	-
Hauptspeise	Exotischer Reistopf	€ 6,--	400	1 h	10 min
	Alt-Wiener Fleischschmarren	€ 5,--	520	25 min	15 min
	Gebackene Bohnen	€ 2,50	600	1 h	30 min
Beilagen	Kräutererdäpfel	€ 1,50	90	5 min	20 min
	Pinzgauer Kasknödel	€ 2,--	300	20 min	10 min
	Spinat mit Bananen und Sesam	€ 2,--	130	10 min	-
Nachspeise	Apfelspalten	€ 3,50	500	30 min	-
	Birnenspalten	€ 3,50	500	30 min	-
	Nusspudding mit Weinchaudeau	€ 5,--	520	60 min	20 min

Abbildung 165: Ein weiteres Zwischenergebnis

Die Zelle *Zubereitungszeit* muss nun zentriert formatiert werden. Bei dieser Gelegenheit zentrieren wir gleich alle Spaltenüberschriften (indem wir die Zellen markieren und das Symbol anklicken).

14.2.7 Zeilenhöhe festlegen

Zeilenhöhe

Die Überschriftzellen sind nun etwas zu hoch geraten, das wollen wir nun korrigieren. Wir markieren dazu die erste Zeile der Tabelle und öffnen mit einem rechten Mausklick ein Kontextmenü aus dem wir den Menüpunkt *Tabelleneigenschaften* wählen. Im erscheinenden Dialog wählen wir das Register *Zeile*.

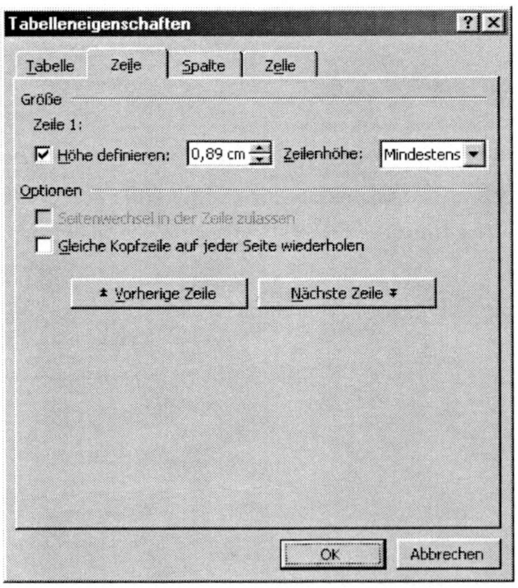

Abbildung 166: Zeileneigenschaften

Und hier sehen wir auch schon den Grund, warum die Zellen höher sind, als der Inhalt fordert – es ist eine Zeilenhöhe von mindestens 0,89 cm definiert.

Fixe Höhe

Es gibt drei Möglichkeiten der Definition der Zeilenhöhe: *Mindestens*, *Genau* oder dem Inhalt angepasst. *Genau* bedeutet, dass die Zeile genau so hoch ist, wie im Feld *Höhe definieren* angegeben, unabhängig davon, ob der Inhalt dann zur Gänze sichtbar ist oder nicht. (Man wählt für diese Einstellung aus der Liste *Zeilenhöhe* den Eintrag *Genau*.) *Mindestens* bedeutet, dass der Zelleninhalt immer zur Gänze sichtbar ist, die Zeile aber mindestens so hoch ist, wie im Feld *Höhe definieren* angegeben, auch wenn der Inhalt diese Höhe nicht verlangt. Die letzte Möglichkeit ist, die Zeilenhöhe dem Inhalt anzupassen. Dies tut man, indem man das Häkchen neben *Höhe definieren* durch einen Klick entfernt.

Mindesthöhe

Angepasste Höhe

Über die Buttons *Vorherige Zeile* und *Nächste Zeile* kann man die Höhe der nächsten bzw vorherigen Zeile einstellen ohne den Dialog vorher schließen zu müssen, um die entsprechende Zeile zu markieren.

Wir entfernen nun das Häkchen und schließen dann den Dialog mit *OK*. Sollte die Zeilenhöhe nicht automatisch dem Inhalt angepasst werden, so liegt das daran, dass nach Zubereitungszeit noch ein (unsichtbares) Zeilenumbruchzeichen steht, das noch gelöscht werden muss.

Wir verfahren ebenso mit der Zeile, die aus den Zellen *Arbeitszeit* und *Wartezeit* besteht und erhalten folgendes Ergebnis:

Kategorie	Titel	Kosten	Kalorien/Portion	Zubereitungszeit	
				Arbeitszeit	Wartezeit
Vorspeise	Gemüsecremesuppe	€ 3,--	100	30 min	30 min
	Mozzarella-Nudel-Salat	€ 2,50	120	25 min	-
	Erlauftaler Mostsuppe	€ 2,--	220	15 min	-
Hauptspeise	Exotischer Reistopf	€ 6,--	400	1 h	10 min
	Alt-Wiener Fleischschmarren	€ 5,--	520	25 min	15 min
	Gebackene Bohnen	€ 2,50	600	1 h	30 min
Beilagen	Kräutererdäpfel	€ 1,50	90	5 min	20 min
	Pinzgauer Kasknödel	€ 2,--	300	20 min	10 min
	Spinat mit Bananen und Sesam	€ 2,--	130	10 min	-
Nachspeise	Apfelspalten	€ 3,50	500	30 min	-
	Birnenspalten	€ 3,50	500	30 min	-
	Nusspudding mit Weinchaudeau	€ 5,--	520	60 min	20 min

Abbildung 167: Das Endergebnis

14.2.8 Spaltenbreite festlegen

Ebenso, wie man die Zeilehöhe, kann man auch die Spaltenbreite bestimmen. Wir markieren dazu eine Spalte und öffnen wieder den Dialog Tabelleneigenschaften, indem wir aus dem Kontextmenü den gleichnamigen Menüpunkt wählen. Diesmal wählen wir aber das Register *Spalte*.

Spaltenbreite

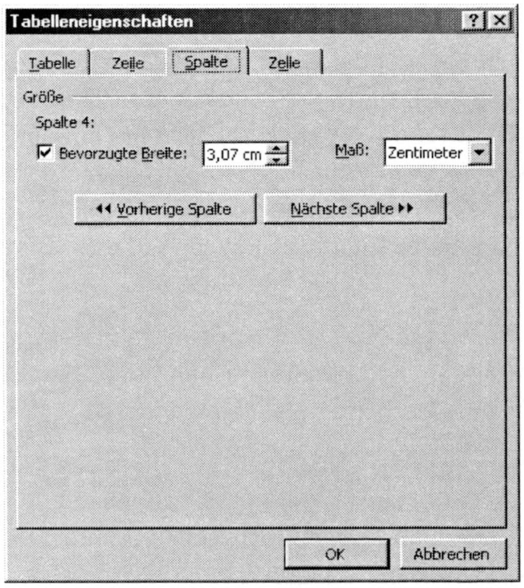

Abbildung 168: Die Spaltenbreite bestimmen

Automatische Breite

Man kann die Bestimmung der Spaltenbreite ganz Word überlassen, indem man das Häkchen wegklickt oder eine bevorzugte Breite für die Spalte angibt. Man kann dies in *Zentimetern* oder *Prozent* tun, indem man aus der Liste *Maß* den entsprechenden Eintrag wählt. *Prozent* bedeutet, die Spaltenbreite proportional zur Breite der Tabelle zu bestimmen. 20% würde also bedeuten, dass die Spalte ein Fünftel der Tabellenbreite einnimmt. Die Summe aller Spaltenbreiten sollte natürlich 100% ergeben.

Es handelt sich bei der Angabe der Spaltenbreite allerdings nicht um eine fixe Festsetzung. Wir haben ja bereits beobachtet, dass Word die Spaltenbreite im Bedarfsfall anpasst, Word interpretiert die Angabe nur als die gewünschte Spaltenbreite, die, wenn es sich ausgeht, eingehalten wird.

Fixe Breite

Man kann das automatische Anpassen der Spaltenbreite aber auch abschalten, indem man im Register *Tabelle* über den Button *Optionen* den Dialog *Tabellenoptionen* öffnet und dort die Option *Automatische Größenänderung zulassen* ausschaltet.

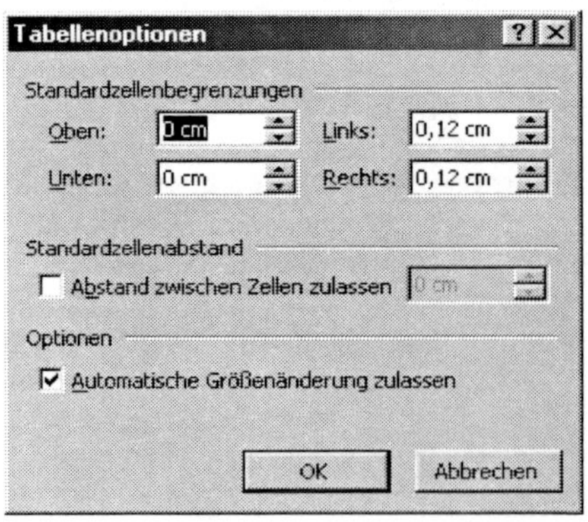

Abbildung 169: Automatische Anpassung der Spaltenbreite ausschalten

Die im Register *Spalte* des Dialogs *Tabelleneigenschaften* angegebene Spaltenbreite ist dann nicht länger eine bevorzugte sondern eine fixe. Diese Einstellung gilt für alle Spalten der Tabelle, nicht nur für die markierte.

Da es aber eigentlich recht praktisch ist, wenn Word sich um die Spaltenbreite kümmert, schließen wir den Dialog *Tabelleneigenschaften* mit Abbrechen, um keine Änderung am aktuellen Stand vorzunehmen.

14.2.9 Die Funktion *AutoAnpassen*

Wenn wir unsere Tabelle so betrachten, müssen wir feststellen, dass die Spalten *Arbeitszeit*, *Wartezeit* und *Kalorien/Portion* eigentlich zu viel Platz einnehmen, wodurch für die Spalte *Titel* zuwenig Platz bleibt. Zunächst ändern wir die Überschrift *Kalorien/Portion* in *kcal pro Portion*, wobei *Portion* in der zweiten Zeile stehen soll.

AutoAnpassen

Dann wählen wir aus dem Menü *Tabelle* das Menü *AutoAnpassen* und daraus den Menüpunkt *AutoAnpassen Inhalt*. Dadurch versucht Word die Spaltenbreite möglichst optimal dem Inhalt der Zellen anzupassen und wir erhalten folgendes Ergebnis:

Kategorie	Titel	Kosten	kcal pro Portion	Zubereitungszeit	
				Arbeitszeit	Wartezeit
Vorspeise	Gemüsecremesuppe	€ 3,--	100	30 min	30 min
	Mozzarella-Nudel-Salat	€ 2,50	120	25 min	-
	Erlauftaler Mostsuppe	€ 2,--	220	15 min	-
Hauptspeise	Exotischer Reistopf	€ 6,--	400	1 h	10 min
	Alt-Wiener Fleischschmarren	€ 5,--	520	25 min	15 min
	Gebackene Bohnen	€ 2,50	600	1 h	30 min
Beilagen	Kräutererdäpfel	€ 1,50	90	5 min	20 min
	Pinzgauer Kasknödel	€ 2,--	300	20 min	10 min
	Spinat mit Bananen und Sesam	€ 2,--	130	10 min	-
Nachspeise	Apfelspalten	€ 3,50	500	30 min	-
	Birnenspalten	€ 3,50	500	30 min	-
	Nusspudding mit Weinchaudeau	€ 5,--	520	60 min	20 min

Abbildung 170: Die Tabelle mit angepasster Spaltenbreite

14.3 Tabellen gestalten

14.3.1 Die Symbolleiste Tabellen und Rahmen

Tabelle gestalten

Wir wollen die Verschönerungsarbeiten an unserer Tabelle fortsetzen. Viele nützliche Funktionen dazu finden wir in der Symbolleiste *Tabellen und Rahmen*. Wir blenden diese über das Menü *Ansicht*, Untermenü *Symbolleisten*, Menüpunkt *Tabellen und Rahmen* ein.

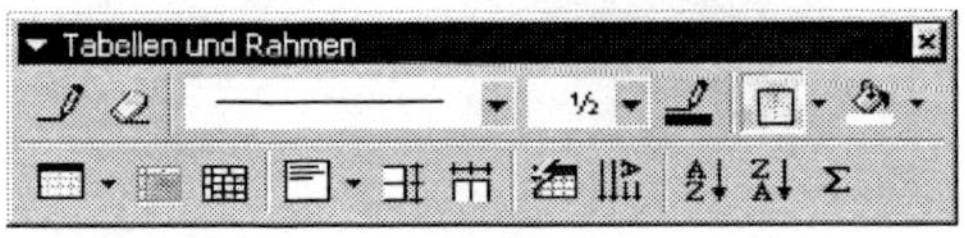

Abbildung 171: Die Symbolleiste Tabellen und Rahmen

Text-ausrichtung

Zunächst wollen wir den Text der Zellen *Kategorie*, *Titel* und *Kosten* vertikal zentrieren. Wir markieren dazu die drei Zellen und klicken auf den kleinen Pfeil neben dem Symbol ▤. Dadurch erhalten wir eine Auswahl an möglichen Textausrichtungen für die Zellen.

Abbildung 172: Mögliche Textausrichtungen

Das erste Symbol bedeutet oben links ausgerichtet, das daneben oben zentriert ausgerichtet usw Wir wählen das mittlere Symbol der mittleren Zeile: vertikal und horizontal zentriert.

Unsere Tabelle sieht nun so aus:

Kategorie	Titel	Kosten	kcal pro Portion	Zubereitungszeit	
				Arbeitszeit	Wartezeit
Vorspeise	Gemüsecremesuppe	€ 3,--	100	30 min	30 min
	Mozzarella Nudel-Salat	€ 2,50	120	25 min	-
	Erlauftaler Mostsuppe	€ 2,--	220	15 min	-
Hauptspeise	Exotischer Reistopf	€ 6,--	400	1 h	10 min
	Alt-Wiener Fleischschmarren	€ 5,--	520	25 min	15 min
	Gebackene Bohnen	€ 2,50	600	1 h	30 min
Beilagen	Kräutererdäpfel	€ 1,50	90	5 min	20 min
	Pinzgauer Kasknödel	€ 2,--	300	20 min	10 min
	Spinat mit Bananen und Sesam	€ 2,--	130	10 min	-
Nachspeise	Apfelspalten	€ 3,50	500	30 min	-
	Birnenspalten	€ 3,50	500	30 min	-
	Nusspudding mit Weinchaudeau	€ 5,--	520	60 min	20 min

Abbildung 173: Vertikal zentrierte Überschriften

Auf die gleiche Art können wir den Text der Zellen *Vorspeise*, *Hauptspeise*, *Beilage* und *Nachspeise* vertikal zentriert und linksbündig ausrichten.

14.3.2 Rahmengestaltung

Beim Erstellen der Tabelle, werden die Zellen automatisch mit einem schmalen schwarzen Rahmen umgeben. Es steht uns aber frei der Tabelle oder einzelnen Zellen einen anderen Rand zu geben, bzw den Rand zu entfernen.

Linienart

Wir wollen einen doppelten Rand rund um die Tabelle erzeugen. Dazu markieren wir zunächst die ganze Tabelle. Als erstes legen wir die Linienart des Rahmens fest. Dazu öffnen wir in der Symbolleiste die Liste *Linienart* und wählen den Doppelstrich.

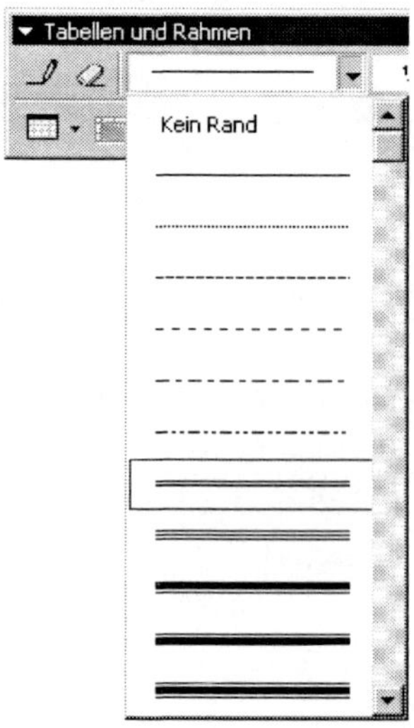

Abbildung 174: Die Linienart für den Rahmen wählen

Linienstärke

Nun legen wir die Linienstärke fest, indem wir aus der Liste *Linienstärke* 3 pt wählen.

Abbildung 175: Die Linienstärke für den Rahmen wählen

Rahmenlinien wählen

Nun müssen wir noch bestimmen, welche Rahmenlinien geändert werden sollen.

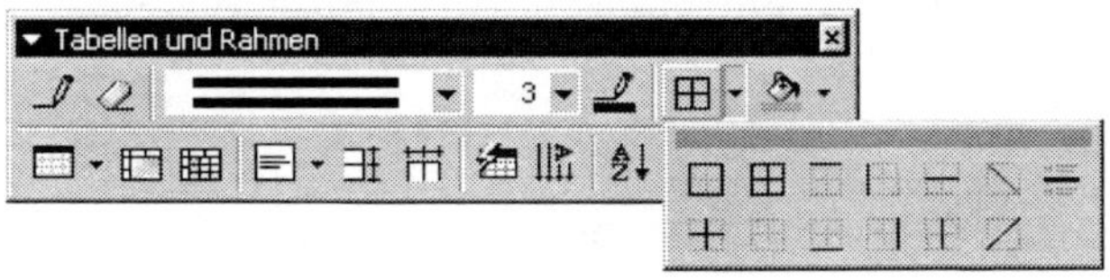

Abbildung 176: Die Rahmenlinie außen wählen

Die Symbole deuten an, welche Linien des Rahmens bearbeitet werden sollen. Das Symbol zB steht für die obere Rahmenlinie, das Symbol für alle Linien des Rahmens. Das Symbol steht für die inneren Linien des Rahmens, das Symbol für die äußere Linie des Rahmens. Wir wählen das Symbol .

Unser Tabelle sieht nun so aus:

Kategorie	Titel	Kosten	kcal pro Portion	Zubereitungszeit	
				Arbeitszeit	Wartezeit
Vorspeise	Gemüsecremesuppe	€ 3,--	100	30 min	30 min
	Mozzarella-Nudel-Salat	€ 2,50	120	25 min	-
	Erlauftaler Mostsuppe	€ 2,--	220	15 min	-
Hauptspeise	Exotischer Reistopf	€ 6,--	400	1 h	10 min
	Alt-Wiener Fleischschmarren	€ 5,--	520	25 min	15 min
	Gebackene Bohnen	€ 2,50	600	1 h	30 min
Beilagen	Kräutererdäpfel	€ 1,50	90	5 min	20 min
	Pinzgauer Kasknödel	€ 2,--	300	20 min	10 min
	Spinat mit Bananen und Sesam	€ 2,--	130	10 min	-
Nachspeise	Apfelspalten	€ 3,50	500	30 min	-
	Birnenspalten	€ 3,50	500	30 min	-
	Nusspudding mit Weinchaudeau	€ 5,--	520	60 min	20 min

Abbildung 177: Die Tabelle mit hässlichem Rahmen

Der Rahmen uns wohl etwas zu dick geraten. Wir können den Rahmen aber ganz leicht wieder entfernen, indem wir nochmals auf das Symbol klicken. Die Funktion des Symbols ist nämlich folgende: ein vorhandener Rahmen (mit diesen Eigenschaften) wird entfernt, ein nicht vorhandener erzeugt.

Wir wählen nun als Linienstärke ½ pt und klicken erneut auf das Symbol .

Kategorie	Titel	Kosten	kcal pro Portion	Zubereitungszeit	
				Arbeitszeit	Wartezeit
	Gemüsecremesuppe	€ 3,--	100	30 min	30 min
Vorspeise	Mozzarella-Nudel-Salat	€ 2,50	120	25 min	-
	Erlauftaler Mostsuppe	€ 2,--	220	15 min	-
	Exotischer Reistopf	€ 6,--	400	1 h	10 min
Hauptspeise	Alt-Wiener Fleischschmarren	€ 5,--	520	25 min	15 min
	Gebackene Bohnen	€ 2,50	600	1 h	30 min
	Kräutererdäpfel	€ 1,50	90	5 min	20 min
Beilagen	Pinzgauer Kasknödel	€ 2,--	300	20 min	10 min
	Spinat mit Bananen und Sesam	€ 2,--	130	10 min	-
	Apfelspalten	€ 3,50	500	30 min	-
Nachspeise	Birnenspalten	€ 3,50	500	30 min	-
	Nusspudding mit Weinchaudeau	€ 5,--	520	60 min	20 min

Abbildung 178: Tabelle mit dünnerem Rahmen

Das Ergebnis ist doch etwas ansprechender.

Man kann auf diese Weise nicht nur den Rahmen der ganzen Tabelle ändern, sondern auch den Rahmen einzelner Zellen oder einer (markierten) Auswahl von Zellen.

14.3.3 Die Hintergrundfarbe ändern

Hintergrund-farbe

Zu guter Letzt wollen wir noch unser Lieblingsgericht hervorheben und ihm zu diesem Zweck eine andere Hintergrundfarbe geben. Nachdem wir uns nun schon so lange damit beschäftigen, erklären wir das Apfelspaltenrezept zu unserem Favoriten.

Wir setzen den Cursor in die Zelle *Apfelspalten* und klicken in der Symbolleiste auf den kleinen Pfeil neben dem Symbol .

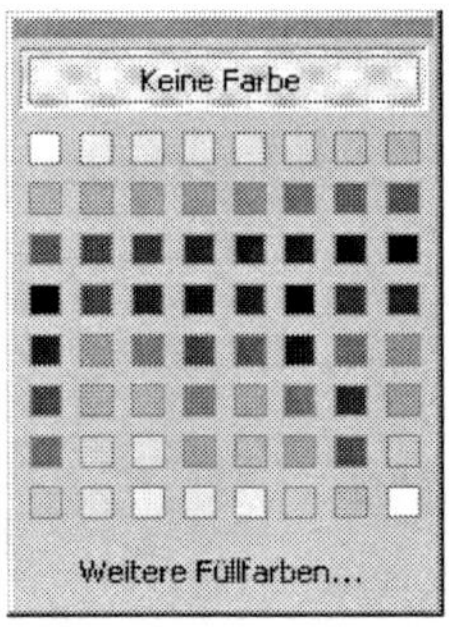

Abbildung 179: Die Zellhintergrundfarbe wählen

Aus den Farben wählen wir für unser Lieblingsgericht unsere Lieblingsfarbe.

Kategorie	Titel	Kosten	kcal pro Portion	Zubereitungszeit	
				Arbeitszeit	Wartezeit
Vorspeise	Gemüsecremesuppe	€ 3,--	100	30 min	30 min
	Mozzarella-Nudel-Salat	€ 2,50	120	25 min	-
	Erlauftaler Mostsuppe	€ 2,--	220	15 min	-
Hauptspeise	Exotischer Reistopf	€ 6,--	400	1 h	10 min
	Alt-Wiener Fleischschmarren	€ 5,--	520	25 min	15 min
	Gebackene Bohnen	€ 2,50	600	1 h	30 min
Beilagen	Kräutererdäpfel	€ 1,50	90	5 min	20 min
	Pinzgauer Kasknödel	€ 2,--	300	20 min	10 min
	Spinat mit Bananen und Sesam	€ 2,--	130	10 min	-
Nachspeise	Apfelspalten	€ 3,50	500	30 min	-
	Birnenspalten	€ 3,50	500	30 min	-
	Nusspudding mit Weinchaudeau	€ 5,--	520	60 min	20 min

Abbildung 180: Das hervorgehobenen Apfelspaltenrezept

14.4 Weitere nützliche Funktionen

14.4.1 Eine Tabelle aus Text erstellen und umgekehrt

Tabelle aus Text erstellen

Es kann vorkommen, dass wir eine Liste bzw Aufstellung in Textform zur Verfügung gestellt bekommen, diese aber, wegen der besseren Gestaltungsmöglichkeiten, in eine Tabelle umwandeln möchten. Grundsätzlich ist das möglich, es müssen allerdings einige Voraussetzungen erfüllt sein. So müssen die Zeilen mit der *Eingabe*-Taste abgeschlossen sein und die Spalten durch ein eindeutiges Trennzeichen (zB Strichpunkt oder Tabulatorzeichen) voneinander getrennt sein.

Ist dies der Fall, so markieren wir den Text, den wir in eine Tabelle umwandeln möchten und wählen aus dem Menü *Tabelle* das Menü *Umwandeln* und daraus den Menüpunkt *Text in Tabelle*.

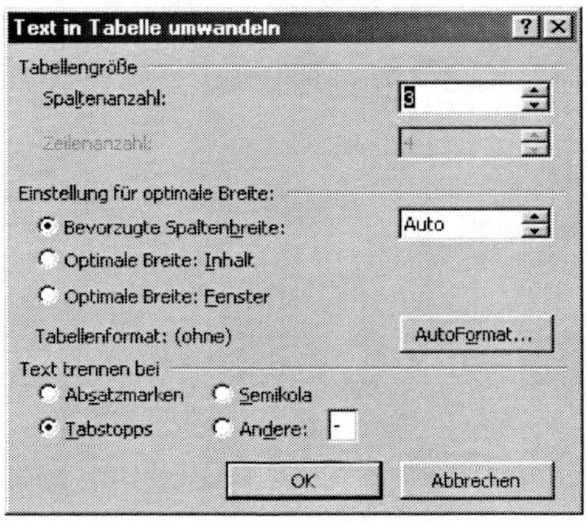

Abbildung 181: Text in eine Tabelle umwandeln

Word schlägt uns das Trennzeichen und die Anzahl der Spalten vor. Meist ist es sinnvoll dies zu akzeptieren, je nach Bedarf kann man die Einstellungen aber auch ändern.

Die Liste aus dem Abschnitt *Tabulatoren verwenden* sieht als Tabelle so aus:

Name	Adresse	Telefonnummer
Susi Mayer	Schönbrunnerstraße 66, 1120 Wien	01/456789
Toni Huber	Martingasse 19, 1170 Wien	01/887766
Maria Weiß	Schottenring 10, 1010 Wien	01/876544

Abbildung 182: Die umgewandelte Liste

Wie hier, sind meist noch einige Formatierarbeiten nötig, um die Tabelle optisch ansprechend zu gestalten.

Tabelle in Text umwandeln

Es ist aber nicht nur möglich aus Text eine Tabelle zu erstellen, man kann auch aus einer Tabelle Text erstellen. Das macht Sinn, wenn wir die Liste jemandem zur Verfügung stellen wollen, der Word nicht installiert hat, und wir deshalb die Liste als reinen Text abspeichern möchten.

Wir stellen dazu den Cursor in die Tabelle und wählen aus dem Menü *Tabelle* das Menü *Umwandeln* und daraus den Menüpunkt *Tabelle in Text*. Aus dem erscheinenden Dialog wählen wir das gewünschte Trennzeichen.

14.4.2 Tabellen automatisch formatieren lassen

AutoFormat

Word bietet eine schnelle, einfache Art Tabellen ein ansprechendes Aussehen zu verleihen – die automatische Tabellenformatierung. Wir wollen diese Funktion auf die obige Adressliste anwenden. Dazu setzen wir den Cursor in die Tabelle und wählen aus der Symbolleiste *Tabellen und Rahmen* das Symbol, um den Dialog *Tabelle AutoFormat* zu öffnen.

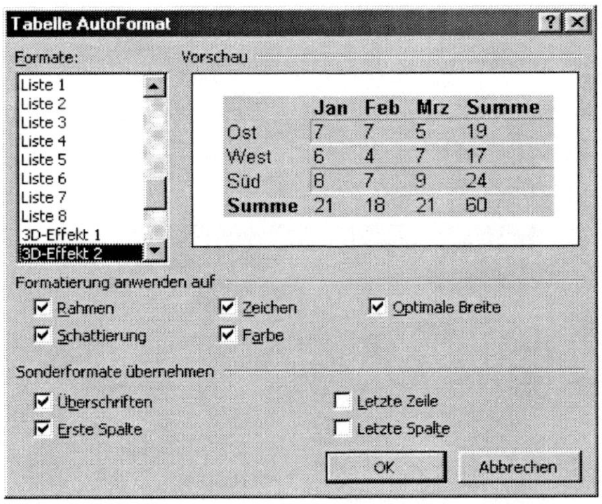

Abbildung 183: Der Dialog Tabelle AutoFormat

Format anpassen

Aus der Liste *Formate* können wir verschiedene Tabellenformatierungen wählen, die dann im Feld *Vorschau* angezeigt werden. Diverse Optionen erlauben uns, das gewählte Format unserem Bedarf anzupassen. So wollen wir beispielsweise nicht, dass die erste Spalte anders formatiert wird, als die übrigen Spalten, und schalten daher die Option *Erste Spalte* aus. Durch Klick auf *OK* wird die gewünschte Formatierung durchgeführt.

Name	Adresse	Telefonnummer
Susi Mayer	Schönbrunnerstraße 66, 1120 Wien	01/456789
Toni Huber	Martingasse 19, 1170 Wien	01/887766
Maria Weiß	Schottenring 10, 1010 Wien	01/876544

Abbildung 184: Die Tabelle mit 3D-Effekten

14.5 Übung

1. Wir öffnen unser Übungsdokument *Übungen.doc* und beginnen eine neue Seite.

2. Wir wollen folgende Aufstellung von Videofilmen in einer optisch ansprechend gestaltete Tabelle übernehmen:

> Der Mörder von Stiege 4, Krimi, 90 min, durchschnittlich
> Die Sennerin von der Königsalm, Heimatfilm, 80 min, sehr gut
> Der Roboter Adalbert, Science Fiction, 85 min, sehr gut
> Wer zuletzt lacht, Komödie, 100 min, schlecht
> Das Dorffest, Heimatfilm, 95 min, durchschnittlich
> Wer erschoss den Briefträger?, Krimi, 120 min, sehr gut
> Der Mann vom Mond, Science Fiction, 65 min, sehr gut
> Der verrückte Professor, Komödie, 90 min, durchschnittlich
> Reise ins Jahr 3000, Science Fiction, 100 min, durchschnittlich
> Der Erbschleicher, Krimi, 105 min, schlecht

Das Ergebnis könnte so aussehen:

	Meine Videofilme		
	Titel	Dauer	Bewertung
Krimi	Der Mörder von Stiege 4	90 min	😐
	Wer erschoss den Briefträger?	120 min	☺
	Der Erbschleicher	105 min	☹
Heimatfilm	Die Sennerin von der Königsalm	80 min	☺
	Das Dorffest	95 min	😐
Science Fiction	Der Roboter Adalbert	85 min	☺
	Der Mann vom Mond	65 min	☺
	Reise ins Jahr 3000	100 min	😐
Komödie	Wer zuletzt lacht	100 min	☹
	Der verrückte Professor	90 min	😐

15 Objekte importieren

Besonders wenn man statistische Daten präsentieren will, sind Tabellen und Diagramme besonders wertvolle Darstellungsmöglichkeiten. Nun ist aber ein Textverarbeitungsprogramm nicht unbedingt das beste Instrument um Tabellen und Diagramme zu erstellen, dafür eignet sich ein Tabellenverarbeitungsprogramm weit besser. Auf der anderen Seite ist ein Tabellenverarbeitungsprogramm ungeeignet den entsprechenden kommentierenden Text zu verfassen.

Import von Objekten

Mit Hilfe des Imports von Objekten kann man die Funktionalitäten beider Programme optimal verbinden. Man schreibt dazu, wie gewöhnlich, den Text im Textverarbeitungsprogramm und fügt an geeigneter Stelle ein Arbeitsblatt des Tabellenverarbeitungsprogramms als Objekt ein. Das Arbeitsblatt kann dann direkt vom Textverarbeitungsprogramm aus bearbeitet werden.

15.1 Ein neues Objekt erstellen

Wir wollen dem Leser unserer Rezeptsammlung auch ein paar Gesundheitstipps geben und haben deshalb im Ordner *Rezepte* ein Dokument *Gesundheit.doc*, mit Ratschlägen zur richtigen Ernährung angelegt.

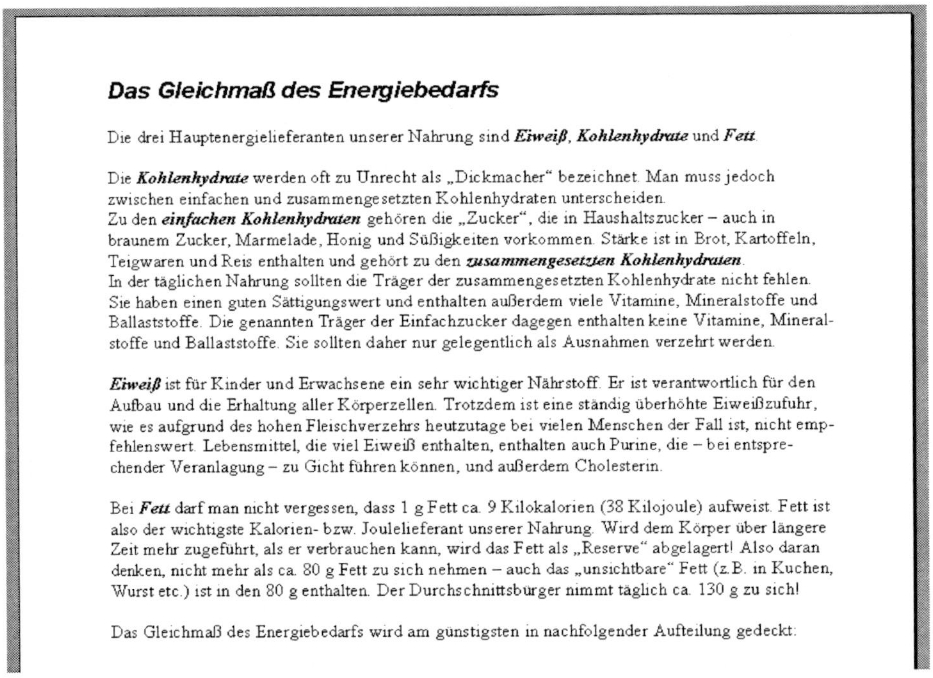

Das Gleichmaß des Energiebedarfs

Die drei Hauptenergielieferanten unserer Nahrung sind ***Eiweiß***, ***Kohlenhydrate*** und ***Fett***.

Die ***Kohlenhydrate*** werden oft zu Unrecht als „Dickmacher" bezeichnet. Man muss jedoch zwischen einfachen und zusammengesetzten Kohlenhydraten unterscheiden.
Zu den ***einfachen Kohlenhydraten*** gehören die „Zucker", die in Haushaltszucker – auch in braunem Zucker, Marmelade, Honig und Süßigkeiten vorkommen. Stärke ist in Brot, Kartoffeln, Teigwaren und Reis enthalten und gehört zu den ***zusammengesetzten Kohlenhydraten***.
In der täglichen Nahrung sollten die Träger der zusammengesetzten Kohlenhydrate nicht fehlen. Sie haben einen guten Sättigungswert und enthalten außerdem viele Vitamine, Mineralstoffe und Ballaststoffe. Die genannten Träger der Einfachzucker dagegen enthalten keine Vitamine, Mineralstoffe und Ballaststoffe. Sie sollten daher nur gelegentlich als Ausnahmen verzehrt werden.

Eiweiß ist für Kinder und Erwachsene ein sehr wichtiger Nährstoff. Er ist verantwortlich für den Aufbau und die Erhaltung aller Körperzellen. Trotzdem ist eine ständig überhöhte Eiweißzufuhr, wie es aufgrund des hohen Fleischverzehrs heutzutage bei vielen Menschen der Fall ist, nicht empfehlenswert. Lebensmittel, die viel Eiweiß enthalten, enthalten auch Purine, die – bei entsprechender Veranlagung – zu Gicht führen können, und außerdem Cholesterin.

Bei ***Fett*** darf man nicht vergessen, dass 1 g Fett ca. 9 Kilokalorien (38 Kilojoule) aufweist. Fett ist also der wichtigste Kalorien- bzw. Joulelieferant unserer Nahrung. Wird dem Körper über längere Zeit mehr zugeführt, als er verbrauchen kann, wird das Fett als „Reserve" abgelagert! Also daran denken, nicht mehr als ca. 80 g Fett zu sich nehmen – auch das „unsichtbare" Fett (z.B. in Kuchen, Wurst etc.) ist in den 80 g enthalten. Der Durchschnittsbürger nimmt täglich ca. 130 g zu sich!

Das Gleichmaß des Energiebedarfs wird am günstigsten in nachfolgender Aufteilung gedeckt:

Abbildung 185: Das Dokument Gesundheit.doc

Neues Objekt einfügen

Zur Auflockerung wollen wir ein Excel-Diagramm einfügen. Wir setzen dazu den Cursor an die Stelle, wo wir das Diagramm einfügen wollen und wählen aus dem Menü *Einfügen* den Menüpunkt *Objekt*.

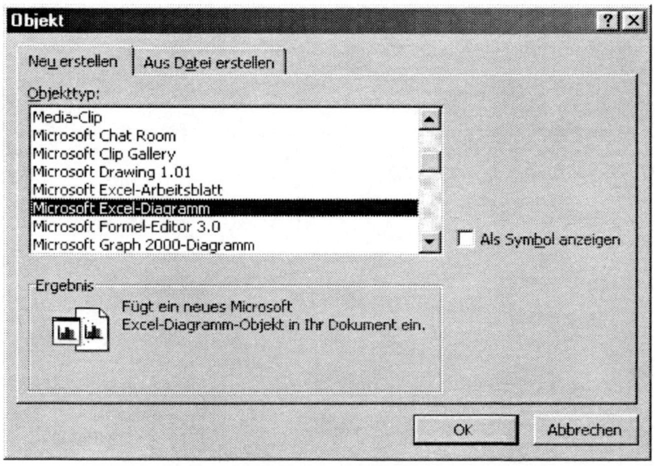

Abbildung 186: Ein Excel-Diagramm einfügen

Im erscheinenden Dialog wählen wir aus der Liste *Objekttyp* den Eintrag *Microsoft Excel-Diagramm* und schließen den Dialog mit *OK*. Wir erhalten folgendes Ergebnis:

Objekttyp wählen

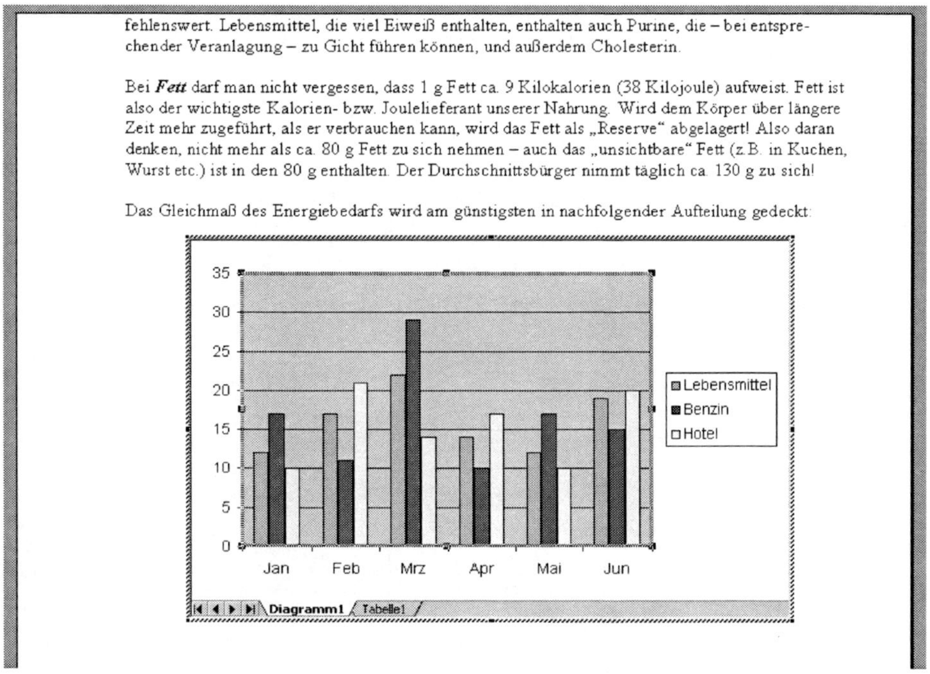

Abbildung 187: Das eingefügte Diagramm

15.2 Das Objekt bearbeiten

Im Moment ist das Objekt zur Bearbeitung aktiviert. Das erkennen wir am schraffierten Rahmen um das Objekt. Außerdem wurden im Word-Anwendungsfenster die Hilfsmittel der Fremdanwendung - also Excel - eingeblendet (Menü- und Symbolleiste usw).

Ein Klick auf eine Stelle außerhalb des Objekts hebt den Bearbeitungszustand auf und das Objekt wird zu einem statischen Teil des Textes, vergleichbar mit einer Grafik.

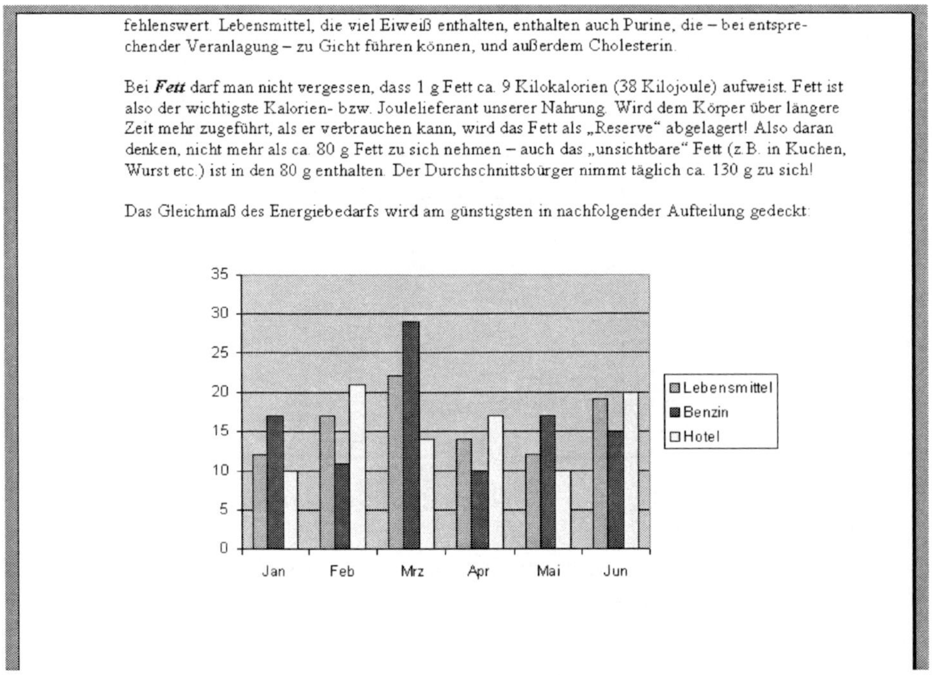
fehlenswert. Lebensmittel, die viel Eiweiß enthalten, enthalten auch Purine, die – bei entsprechender Veranlagung – zu Gicht führen können, und außerdem Cholesterin.

Bei ***Fett*** darf man nicht vergessen, dass 1 g Fett ca. 9 Kilokalorien (38 Kilojoule) aufweist. Fett ist also der wichtigste Kalorien- bzw. Joulelieferant unserer Nahrung. Wird dem Körper über längere Zeit mehr zugeführt, als er verbrauchen kann, wird das Fett als „Reserve" abgelagert! Also daran denken, nicht mehr als ca. 80 g Fett zu sich nehmen – auch das „unsichtbare" Fett (z.B. in Kuchen, Wurst etc.) ist in den 80 g enthalten. Der Durchschnittsbürger nimmt täglich ca. 130 g zu sich!

Das Gleichmaß des Energiebedarfs wird am günstigsten in nachfolgender Aufteilung gedeckt:

Abbildung 188: Bearbeitungszustand aufheben

Objekt bearbeiten

Um das Objekt wieder in den Bearbeitungszustand zu bringen, machen wir einen Doppelklick auf dem Objekt.

Nun können wir arbeiten, als ob wir Excel statt Word geöffnet hätten. Wir wechseln zum Register Tabelle und ändern die dort eingetragenen Werte wie folgt:

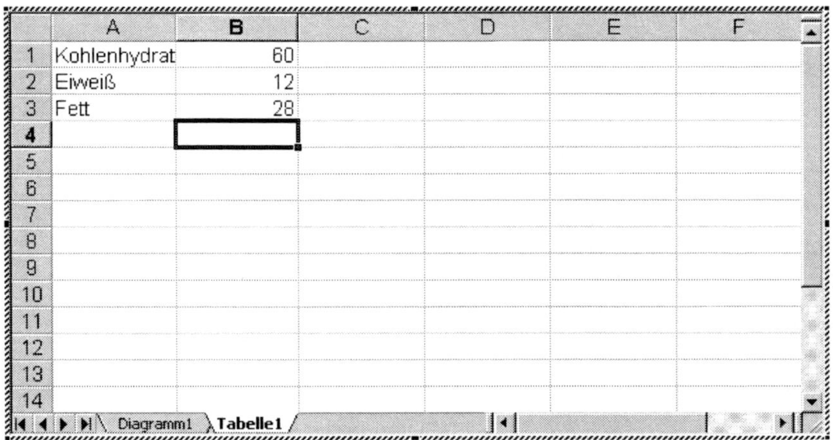

	A	B	C	D	E	F
1	Kohlenhydrat	60				
2	Eiweiß	12				
3	Fett	28				
4						
5						
6						
7						
8						
9						
10						
11						
12						
13						
14						

Abbildung 189: Eintragen der Energiebedarfsaufteilung

Diagramm erstellen

Der Einfachheit halber ändern wir nicht das vorhandene Diagramm, sondern erzeugen mit Hilfe des Diagramm-Assistenten ein neues. Wie bereits erwähnt enthält die Symbolleiste nun auch Excel-Symbole, so auch das für den Diagramm-Assistenten. Wir markieren zunächst die sechs beschrifteten Zellen und öffnen dann den Diagramm-Assistenten über das Symbol. Im ersten Schritt wählen wir ein 3D-Kreis-Diagramm.

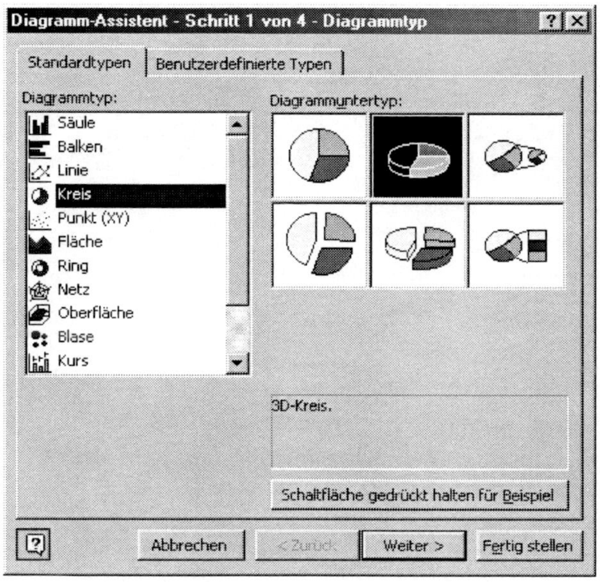

Abbildung 190: Das 3D-Kreis-Diagramm wählen

Diagramm-einstellungen

Durch Klick auf die Schaltfläche *Weiter* gelangen wir zum nächsten Schritt, in dem der Datenbereich bestimmt wird. Den hat der Assistent aber richtig erkannt und wir können mit Hilfe der Schaltfläche *Weiter* zum nächsten Schritt gehen.

Hier geht es um die Beschriftung des Diagramms. Wir wechseln zum Register *Datenbeschriftung* und wählen die Option *Beschriftung und % anzeigen*. Die Vorschau zeigt uns, wie das Diagramm aussehen wird.

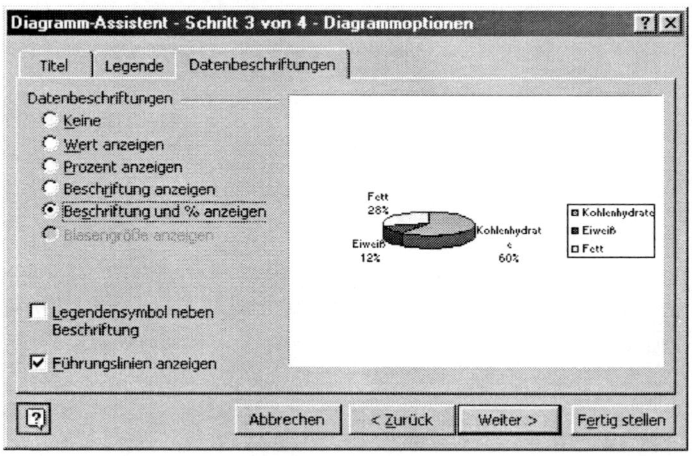

Abbildung 191: Die Datenbeschriftung festlegen

Die Legende erübrigt sich also und wir wechseln ins Register *Legende*, um die Option *Legende anzeigen* zu deaktivieren. Dann klicken wir auf *Weiter*. Wir wollen das Diagramm als neues Blatt einfügen (den Namen *Diagramm2* können wir beibehalten).

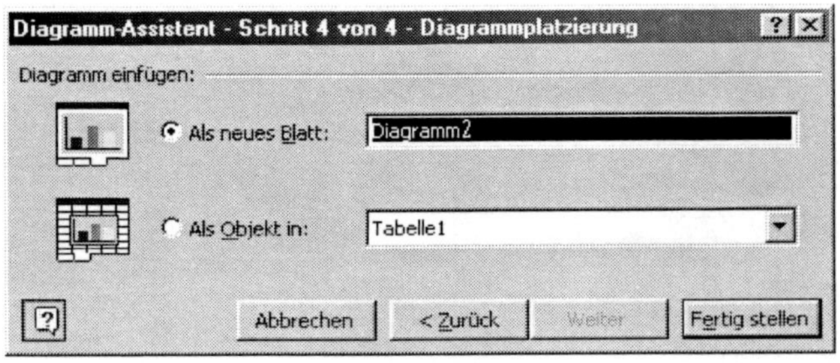

Abbildung 192: Die Diagrammplatzierung bestimmen

Diagramm fertig stellen

Durch Klick auf den Button *Fertig stellen* wird das Diagramm erzeugt. Wenn wir nun irgendwo außerhalb des Excel-Objekts klicken, sehen wir das gewünschte Endergebnis. Das Diagramm ist nun (wie eine Grafik) Bestandteil unseres Dokuments.

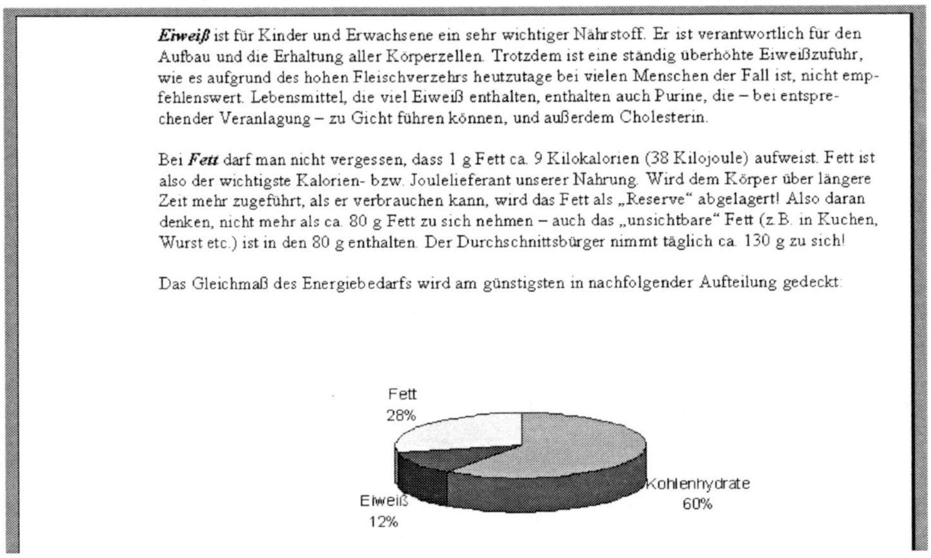

Eiweiß ist für Kinder und Erwachsene ein sehr wichtiger Nährstoff. Er ist verantwortlich für den Aufbau und die Erhaltung aller Körperzellen. Trotzdem ist eine ständig überhöhte Eiweißzufuhr, wie es aufgrund des hohen Fleischverzehrs heutzutage bei vielen Menschen der Fall ist, nicht empfehlenswert. Lebensmittel, die viel Eiweiß enthalten, enthalten auch Purine, die – bei entsprechender Veranlagung – zu Gicht führen können, und außerdem Cholesterin.

Bei ***Fett*** darf man nicht vergessen, dass 1 g Fett ca. 9 Kilokalorien (38 Kilojoule) aufweist. Fett ist also der wichtigste Kalorien- bzw. Joulelieferant unserer Nahrung. Wird dem Körper über längere Zeit mehr zugeführt, als er verbrauchen kann, wird das Fett als „Reserve" abgelagert! Also daran denken, nicht mehr als ca. 80 g Fett zu sich nehmen – auch das „unsichtbare" Fett (z.B. in Kuchen, Wurst etc.) ist in den 80 g enthalten. Der Durchschnittsbürger nimmt täglich ca. 130 g zu sich!

Das Gleichmaß des Energiebedarfs wird am günstigsten in nachfolgender Aufteilung gedeckt:

Abbildung 193: Das Diagramm als Bestanteil des Dokuments

Diagramm anpassen

Nun sind Position und Größe des Diagramms noch nicht ganz optimal. Wie wir das noch verbessern können, haben wir aber schon gelernt. Objekte lassen sich nämlich auf die gleiche Art bearbeiten (zB positionieren, Größe anpassen, zuschneiden) wie Grafiken.

15.3 Ein Objekt aus einer Datei erstellen

Die Aufgabe, die wir uns eben gestellt haben, hat ja nicht allzu hohe Ansprüche an Excel gestellt. Bei komplexeren Dingen ist es unter Umständen angenehmer direkt in Excel zu arbeiten und dann jene Teile, die man für den Text braucht aus der fertigen Excel-Datei zu importieren.

Dabei gehen wir folgendermaßen vor. Wir öffnet wieder den Dialog zum Importieren von Objekten über das Menü *Einfügen*, Menüpunkt *Objekt*. Diesmal wählen wir aber das Register *Aus Datei erstellen*.

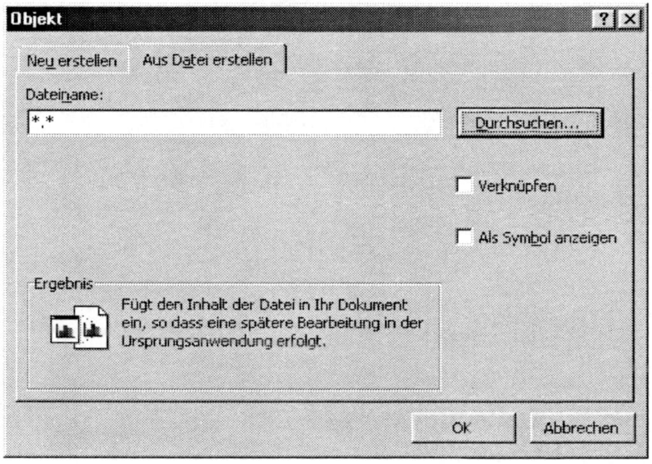

Abbildung 194: Ein bestehendes Objekt importieren

Objekt aus Datei einfügen

Im Feld *Dateiname* tragen wir Dateiname und Pfad der Datei (beispielsweise eine Excel-Datei) ein oder suchen sie mit Hilfe des Buttons *Durchsuchen*. Durch Klick auf *OK* wird das Objekt importiert und kann genauso bearbeitet werden, wie wir es beim leeren Objekt besprochen haben.

15.4 Verknüpfte Objekte

Wenn man ein Objekt aus einer Datei erstellt, so existiert es gewissermaßen zweimal – einmal in der Originaldatei und einmal im Textdokument. Wenn nun noch nachträgliche Änderungen am Objekt notwendig wären, müsste man diese an zwei Stellen vornehmen. Das kann man verhindern, indem man ein verknüpftes Objekt erstellt. Dadurch wird im Textdokument keine Kopie des Objekts erstellt, sondern nur ein Verweis auf das Original. Somit haben wir im Textdokument immer die aktuelle Version des Objekts.

Objekt verknüpfen

Um in Word ein verknüpftes Objekt zu erstellen, muss nur beim Importieren des Objekts die Option *Verknüpfen* aktiviert werden.

Verknüpfung aktualisieren

Nun ist es allerdings nicht so, dass sofort, wenn das Objekt in der Originaldatei verändert wird, diese Änderung auch im Textdokument sichtbar ist. Dazu müssten die beiden Anwendungen (zB Word und Excel) ständig miteinander kommunizieren. In Word werden grundsätzlich alle verknüpften Objekte beim Öffnen des Dokuments aktualisiert. In einem bereits geöffneten Dokument kann man eine Aktualisierung über das Menü *Bearbeiten*, Menüpunkt *Verknüpfungen* herbeigeführt werden.

Abbildung 195: Verknüpfte Objekte aktualisieren

Man markiert im Dialog das (bzw die) Objekt(e) das (die) aktualisiert werden soll(en) und klickt auf den Button *Jetzt aktualisieren*.

Im übrigen können auch Grafiken, die aus Dateien erstellt wurden verknüpft werden.

15.5 Übung

1. Wir öffnen unser Übungsdokument *Übungen.doc* und beginnen eine neue Seite.
2. Wir erstellen ein Excel-Arbeitsblatt-Objekt.
3. Wir geben folgende Preisliste im Arbeitsblatt ein:

Kleiner Schwarzer: ATS 30,00
Kleiner Brauner: ATS 25,00
Wiener Melange: ATS 25,00
Kaisermelange: ATS 50,00
Wiener Eiskaffee: ATS 45,00
Einspänner: ATS 35,00
Pharisäer: ATS 40,00

4. Wir rechnen die Schilling-Preise im Arbeitsblatt in Euro-Preis um (Kurs: 13,7603).
5. Wir verkleinern das Arbeitsblatt, so dass nur Zellen mit Information sichtbar sind.
6. Wir speichern das Dokument.

Das Ergebnis sollte so aussehen:

Kleiner Schwarzer	ATS 30,00	EUR 2,18
Kleiner Brauner	ATS 25,00	EUR 1,82
Wiener Melange	ATS 25,00	EUR 1,82
Kaisermelange	ATS 50,00	EUR 3,63
Wiener Eiskaffee	ATS 45,00	EUR 3,27
Einspänner	ATS 35,00	EUR 2,54
Pharisäer	ATS 40,00	EUR 2,91

16 Serienbriefe erstellen

Jeder von uns kennt Werbebriefe, in denen man persönlich, mit Namen angesprochen wird. Denselben Brief erhält aber auch der Nachbar, der ebenfalls persönlich angesprochen wird. In Zeiten, als es noch keine Textverarbeitungsprogramme (bzw keine Schreibmaschinen mit Speicher) gab, wäre es für die werbende Firma ziemliche aufwendig gewesen, jeden Brief einzeln zu tippen und jeweils die richtige Ansprache einzusetzen. Mit Hilfe von Textverarbeitungsprogrammen macht ein solcher Serienbrief aber kaum mehr Arbeit als ein einzelner Brief.

Serienbrief

Serienbriefe haben im Grund zwei Bestandteile. Den Brief, der aus (normalem) Text und sogenannten Platzhaltern (für zB die persönliche Anrede) besteht, und einer Datenquelle, die die verschiedenen Inhalte der Platzhalter enthält.

Ein Beispiel soll das Konzept veranschaulichen:

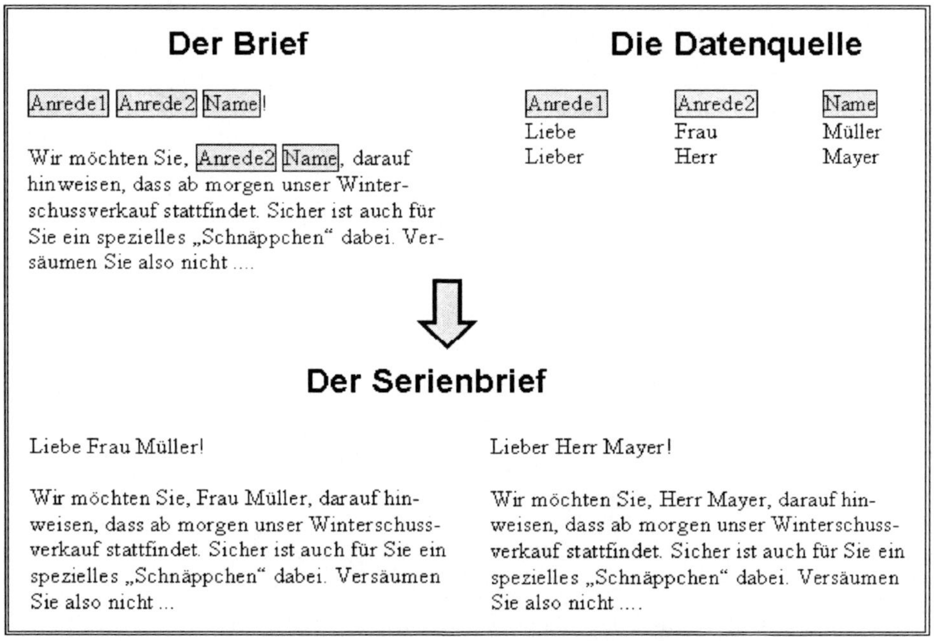

Abbildung 196: Das Prinzip des Serienbriefs

Datenquelle

Viel Arbeit macht beim Erstellen eines Serienbriefs nur die Erfassung der Datenquelle. Ist diese aber einmal angelegt, so kann sie für weitere Serienbriefe wiederverwendet werden. Es ist außerdem möglich, als Datenquelle eine vorhandene Datenbank zu verwenden. Eine Firma, die ihre Kunden bereits (zB für die Buchhaltung) elektronisch erfasst hat, kann (unter der Voraussetzung dass das Textverarbeitungsprogramm das Datenformat erkennen kann) diese Daten auch für Serienbriefe verwenden, ein Eintippen der Adressen erübrigt sich also.

Wir wenden uns nun der Serienbrieferstellung in Word zu; und zwar wollen wir alle unsere Rezeptlieferanten zu einem Schlemmerabend einladen.

16.1 Der Seriendruck-Manager

Serienbrief erstellen

Zunächst legen wir im Ordner *Rezepte* ein neues Dokument an und nennen es *Serienbrief.doc*. Dann öffnen wir über das Menü *Extra*, Menüpunkt *Seriendruck* den sogenannten Seriendruck-Manager. Dieser soll uns durch die einzelnen Schritte der Serienbrieferstellung führen.

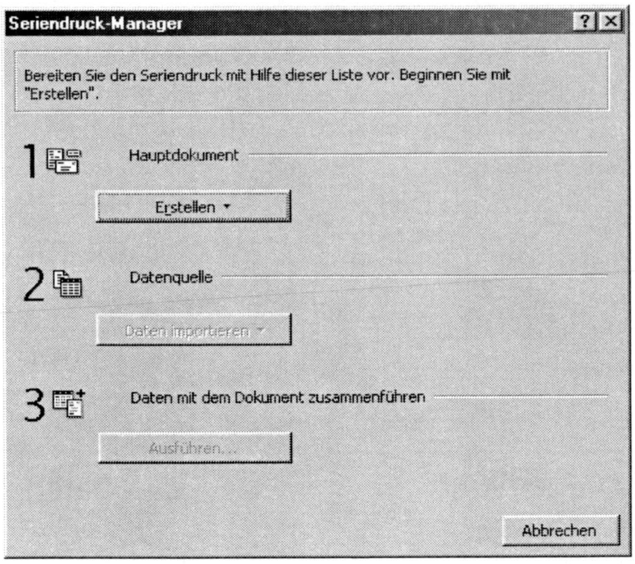

Abbildung 197: Der Seriendruck-Manager

Hauptdokument erstellen

Wir folgen der Empfehlung des Dialoges und beginnen mit einem Klick auf den Button *Erstellen*. Aus dem erscheinenden Menü wählen wir den Eintrag *Serienbriefe*.

Nun möchte der Manager wissen, ob der Serienbrief im aktuellen Dokument erstellt werden soll. Wir klicken auf *Aktives Fenster*.

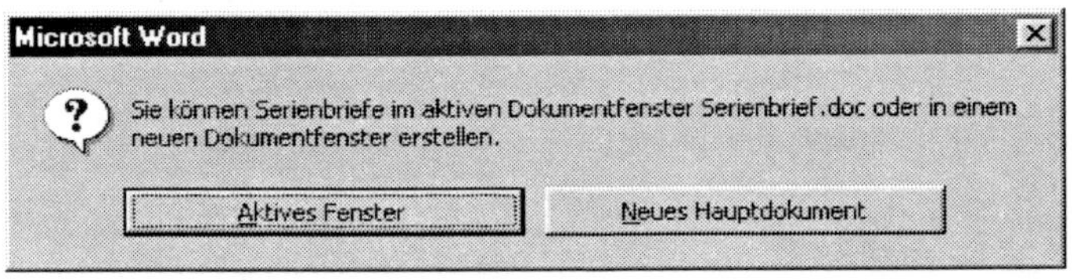

Abbildung 198: Das Serienbriefdokument festlegen

Als nächsten Schritt schlägt der Manager vor, *Daten importieren* zu wählen. Wir folgen auch diesem Rat.

16.2 Die Datenquelle erstellen

Datenquelle erstellen

Würden wir über die Daten bereits in elektronischer Form verfügen, etwa weil eine entsprechende Datenbank zur Verfügung steht oder wir dieselben Daten für einen früheren Serienbrief schon erfasst haben, könnten wir diese Daten über den Menüpunkt *Datenquelle öffnen* mit unserem Serienbrief verbinden. Da das leider nicht der Fall ist, wählen wir *Datenquelle erstellen*.

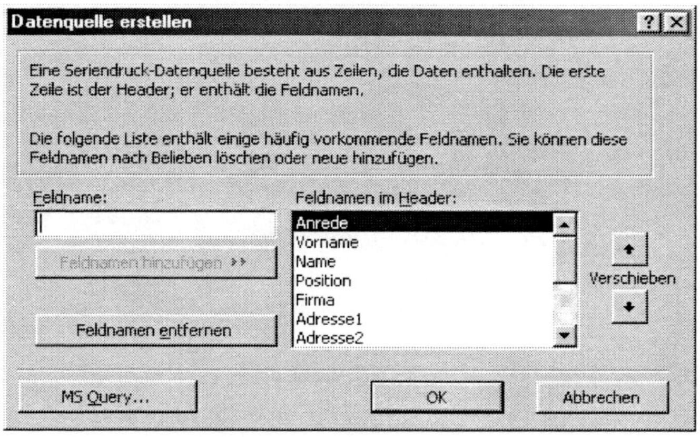

Abbildung 199: Namen für die Platzhalter bestimmen

Seriendruck-felder angeben

Nun gilt es Namen für die Platzhalter anzugeben (Word bezeichnet diese als *Seriendruckfeld*). Oben im Dialog ist beschrieben, was hier zu tun ist. Wir werden die Felder *Position, Firma, Adresse2, Bundesland, Land, Tel_privat* und *Tel_geschäftlich* löschen, diese benötigen wir für unsere Hobbyköche-Datenquelle nicht. Dazu markieren wir die entsprechenden Feldnamen in der Liste *Feldnamen im Header* und klicken *Feldnamen entfernen*. Dafür tippen wir einen neuen Feldnamen: *Rezept* ins Feld *Feldname* und fügen ihn durch Klick auf *Feldnamen hinzufügen* der Liste an.

Datenquelle speichern

Wir schließen den Dialog mit *OK* und werden aufgefordert, die Datenquelle zu speichern, was wir unter dem Namen *Daten Hobbyköche* tun.

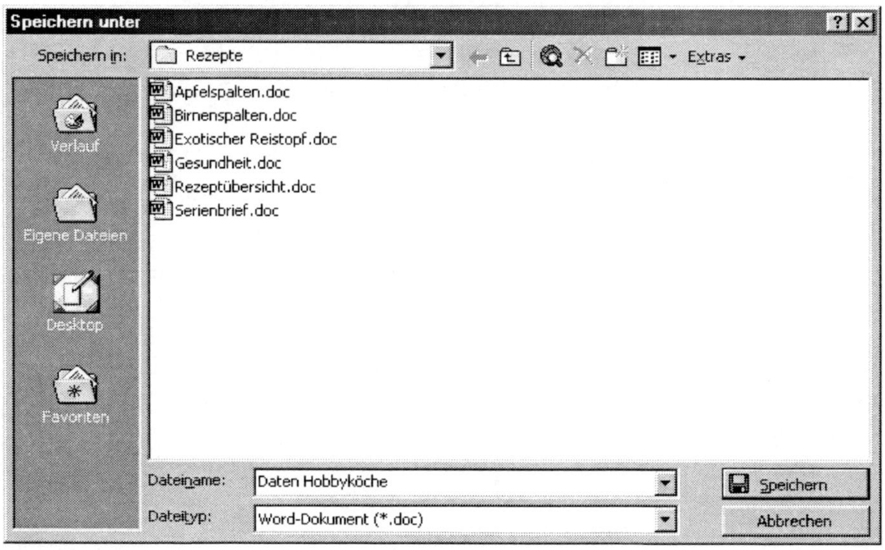

Abbildung 200: Die Datenquelle speichern

Nun werden wir gefragt, ob wir das Hauptdokument oder die Datenquelle bearbeiten möchten. Mit Hauptdokument ist jenes Dokument gemeint, das den Brieftext und die Seriendruckfelder (Platzhalter) enthält, also hier das Dokument *Serienbrief*.doc. Wir entscheiden uns für das Bearbeiten des Hauptdokuments.

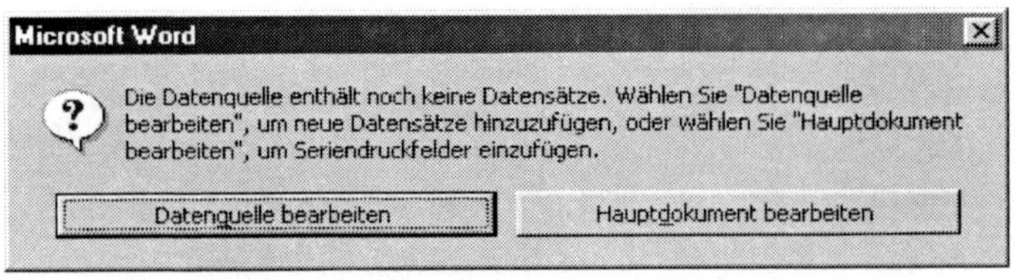

Abbildung 201: Das Hauptdokument bearbeiten

16.3 Das Hauptdokument erstellen

Word hat automatisch die Symbolleiste *Seriendruck* eingeblendet, die Symbole enthält, die wir jetzt brauchen werden.

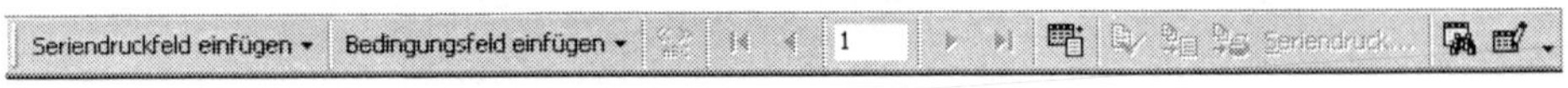

Abbildung 202: Die Symbolleiste Seriendruck

Seriendruck-feld einfügen

Zunächst wollen wir die Adresse zusammenstellen. Durch Klick auf den Button *Seriendruckfeld einfügen* öffnet sich ein Menü, das die Namen aller unserer Seriendruckfelder enthält.

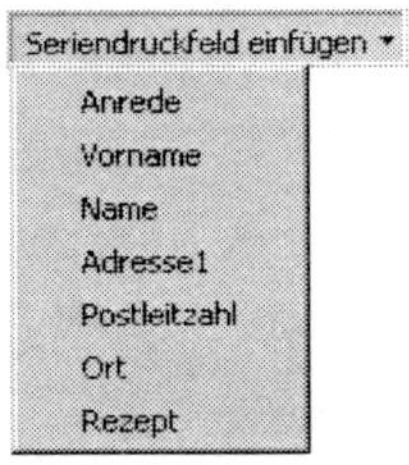

Abbildung 203: Die Seriendruckfelder

Wir klicken auf *Vorname* und haben dadurch den Platzhalter für den Vornamen des jeweiligen Hobbykochs geschaffen. Word kennzeichnet Platzhalter, indem sie sie in doppelte Spitzklammern einschließt (<<Vorname>>). Auf diese Weise stellen wir nun die gesamte Adresse zusammen, um folgendes Bild zu erhalten:

«Vorname» «Name»
«Adresse1»
«Postleitzahl» «Ort»

Abbildung 204: Die Adresse

Bedingungs-feld einfügen

Wenden wir uns nun der Anrede zu. Hier haben wir ein kleines Problem: Wollen wir eine Hobbyköchin ansprechen, so muss die Anrede *Sehr geehrte* lauten, wollen wir einen Hobbykoch ansprechen, so muss es *Sehr geehrter* heißen. Das Problem lässt sich lösen, indem wir ein *Bedingungsfeld* einfügen. Wir klicken also auf den Button *Bedingungsfeld* einfügen und wählen *Wenn ... Dann ... Sonst*.

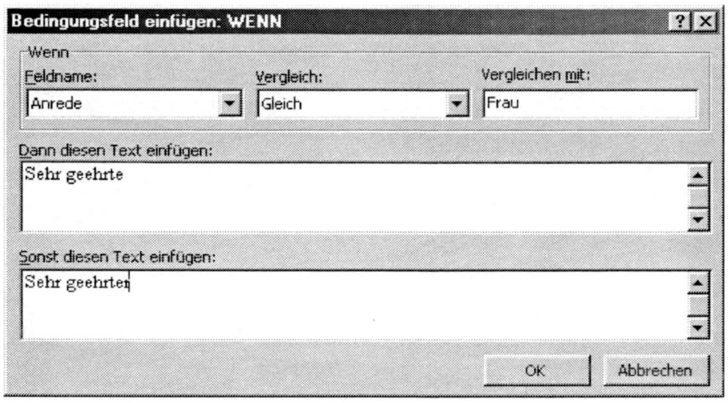

Abbildung 205: Ein Bedingungsfeld einfügen

Wir verwenden die Tatsache, dass wir über den Inhalt des Seriendruckfeld *Anrede* (nämlich entweder *Frau* oder *Herr*) unterscheiden können, ob wir eine weibliche oder eine männliche Person ansprechen. Entsprechend füllen wir die Felder des Dialoges.

Hauptdokument fertig stellen

Nun können wir das Hauptdokument fertig stellen, indem wir den Text verfassen, es optisch etwas ansprechender gestalten und, um den Brief persönlicher zu gestalten, auf das vom Empfänger gelieferte Rezept eingehen.

Club der Hobbyköche

«Vorname» «Name»
«Adresse1»
«Postleitzahl» «Ort»

Betrifft: ***Schlemmerabend***

Sehr geehrter «Anrede» «Name»!

Wir erlauben uns, Sie zu einem gemütlichen Beisammensein – zwecks Gedanken- und Rezeptaustausch – einzuladen.

Im Rahmen des Abends wird auch eine Wahl des besten Rezepts stattfinden. Vielleicht werden Sie mit Ihrem Rezept „«Rezept»“ zum Gewinner der „goldenen Karotte“.

Ort des Treffens: Gasthaus Nimmersatt
Zeitpunkt: Samstag, 12. Februar 2000, 19 Uhr

Für Speis und Trank wird ausreichend gesorgt sein.

Auf Ihr Kommen freut sich

Der Club der Hobbyköche

Abbildung 206: Das Hauptdokument

16.4 Die Daten erfassen

Nun müssen wir noch die Daten zu unserem Serienbrief erfassen. Dazu klicken wir in der Symbolleiste *Seriendruck* auf das Symbol.

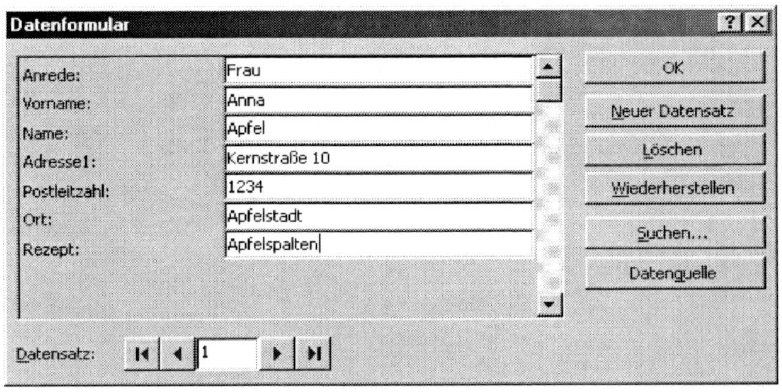

Abbildung 207: Der erste Datensatz

Datensätze erfassen

Der Dialog enthält ein Datenformular, in das wir den ersten Datensatz eintragen. Um einen weiteren Datensatz zu erfassen, klicken wir auf den Button *Neuer Datensatz*. Das Formular wird dadurch geleert, damit wir den neuen Datensatz eintragen können. Im Feld *Datensatz* (im unteren Teil des Dialoges) steht *2* für den 2.Datensatz.

Datensatznavigation

Mit den Pfeilen im unteren Dialogbereich können wir zwischen den Datensätzen wechseln (etwa um noch Änderungen vorzunehmen).

 bedeutet zum vorherigen Datensatz,

 bedeutet zum nächsten Datensatz,

 bedeutet zum ersten Datensatz und

 bedeutet zum letzten Datensatz.

Datensatz löschen

Wenn wir den aktuellen Datensatz löschen möchten, klicken wir auf den Button *Löschen*.

Datensatz suchen

Die Suchen-Funktion, die wir mit dem Buttons *Suchen* aktivieren, ist sinnvoll, wenn wir bereits sehr viele Datensätze erfasst haben. Wenn wir beispielsweise die Adresse einer Person ändern möchten, von der wir den Namen wissen, können wir mit der Suchen-Funktion rasch zum entsprechenden Datensatz springen.

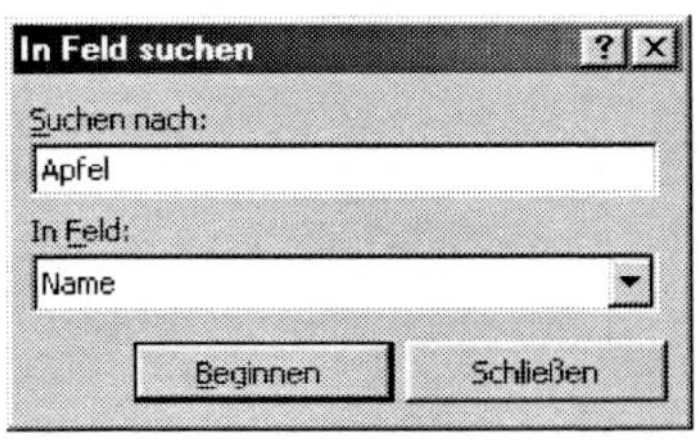

Abbildung 208: Einen Datensatz suchen

Datenquelle als Tabelle öffnen

Mit der Schaltfläche *Datenquelle* hat es folgende Bewandtnis: Die Datenquelle ist im Grunde nichts anderes als ein Word Dokument, das in einer Tabelle die Datensätze enthält. (Wir erinnern uns - wir haben diesem Dokument beim Erstellen der Datenquelle den Namen *Daten Hobbyköche.doc* gegeben.) Durch Klick auf den Button *Datenquelle* wird dieses Dokument geöffnet und wir können, wenn uns das lieber ist, die Datensätze direkt in der Tabelle bearbeiten, anstatt den Dialog *Datenformular* zu verwenden.

Anrede	Vorname	Name	Adresse1	Postleitzahl	Ort	Rezept
Frau	Anna	Apfel	Kernstraße 10	1234	Apfelstadt	Apfelspalten

Abbildung 209: Die Datenquelle

Wenn wir alle Daten erfasst haben, schließen wir den Dialog *Datenformular* mit *OK* oder, wenn wir die Daten direkt im Dokument *Daten Hobbyköche* eingegeben haben, können wir über das Symbol zum Hauptdokument wechseln.

Datenquelle speichern

Wir sollten aber nicht vergessen, die Datei *Daten Hobbyköche.doc* zu speichern. Haben wir die Daten direkt im Dokument eingegeben, so können wir das auf gewohnte Weise tun (etwa über das Symbol). Haben wir die Daten über den Dialog eingegeben, so fragt Word beim Schließen des Hauptdokuments, ob die Daten gespeichert werden sollen.

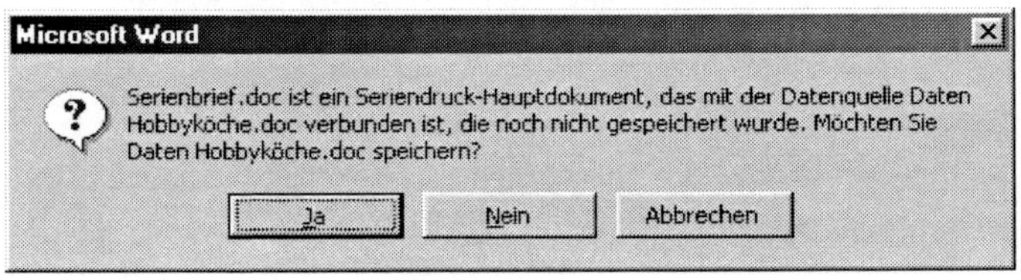

Abbildung 210: Die Daten speichern

16.5 Die Fehlerprüfung

Nun haben wir Word alle Informationen gegeben, um den Seriendruck starten zu können. Allerdings ist es sehr ärgerlich, wenn man alle Briefen ausgedruckt hat und dann merkt, dass ein Fehler passiert ist.

16.5.1 Die Seriendruckvorschau

Seriendruck in der Vorschau anzeigen

Mit Hilfe der Seriendruckvorschau können wir jeden einzelnen Brief am Bildschirm ansehen. Wir klicken dazu auf das Symbol «»ABC. Dadurch werden die Platzhalter durch die Daten des ersten Datensatzes ersetzt. Mit Hilfe der Pfeilsymbole können wir zu anderen Datensätzen wechseln. ◀ bedeutet wieder vorheriger Datensatz, ▶ nächster Datensatz, I◀ erster Datensatz und ▶I letzter Datensatz.

Wenn wir alle Briefe kontrolliert haben und die Seriendruckvorschau beenden möchten, klicken wir nochmals auf das Symbol «»ABC und gelangen zum Hauptdokument zurück.

16.5.2 Den Seriendruck in ein Dokument ausgeben

Seriendruck in Dokument anzeigen

Durch Klick auf das Symbol wird ein neues Dokument angelegt, dass alle Briefe des Seriendrucks enthält. Jeder Brief beginnt auf einer neuen Seite. Dieses Dokument kann behandelt werden, wie jedes gewöhnliche Dokument. Es kann also gespeichert, gedruckt und bearbeitet werden.

Der besondere Vorteil dieser Möglichkeit ist, dass Briefe einzeln bearbeitet werden können. Es ermöglicht uns also zB nur bei dem Brief an Frau Apfel ein besonderes Post Scriptum einzufügen.

16.6 Der Ausdruck

Serienbrief drucken

Wenn wir endgültig sicher sind, dass der Seriendruck keine Fehler mehr enthält, klicken wir auf das Symbol . Wenn wir den dadurch erscheinenden Dialog *Drucken* mit OK schließen, werden die Briefe am Drucker ausgegeben.

16.7 Adressetiketten erstellen

Unsere Einladungen können wir in Fensterkuverts stecken. Das ist aber nicht immer möglich und es müssen Adressetiketten angefertigt werden. Auch dabei unterstützen uns viele Textverarbeitungsprogramme.

In Word funktioniert der Druck von Adressetiketten ganz ähnlich, wie der Seriendruck selbst. Wir legen zunächst ein Dokument an und öffnen den Seriendruck-Manager (Menü *Extras*, Menüpunkt *Seriendruck*). Wir klicken auf den Button *Erstellen* und wählen aber diesmal *Adressetiketten* statt *Serienbriefe*.

Datenquelle wählen

Als nächsten Schritt legen wir die Datenquelle fest. Hier haben wir einen Vorteil – wir müssen die Datenquelle nicht mehr erstellen, sondern können die Datenquelle benutzen, die wir schon für den Serienbrief selbst erstellt haben. Wir klicken also auf den Button *Daten importieren* und wählen diesmal *Datenquelle öffnen*. Im erscheinenden Dialog wählen wir die Datei mit den Daten (zB *Daten Hobbyköche.doc*).

Nun fordert uns Word auf das Hauptdokument anzulegen. Wir bestätigen dies und gelangen zu folgendem Dialog:

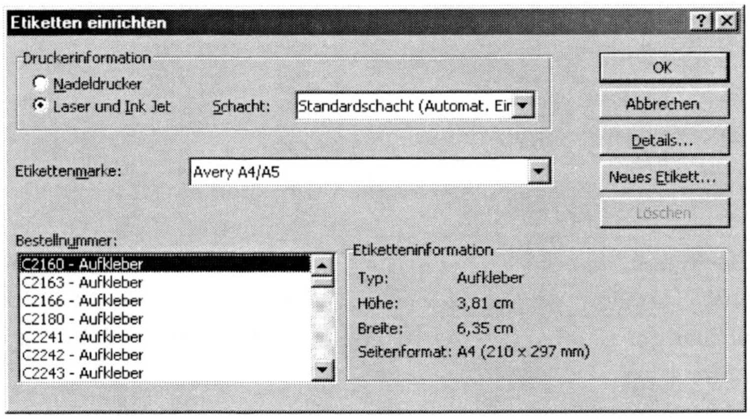

Abbildung 211: Etiketten einrichten

Etikettenformat wählen

In diesem Dialog können wir einstellen, welches Format unsere Etiketten haben. Mit Hilfe der Listen *Etikettenmarke* und *Bestellnummer* können wir gängige Etikettenformate wählen. Sollten unsere Etiketten keinem dieser Format entsprechen, können wir über den Button *Neues Etikett* das Format unserer Etiketten festlegen.

Da Adressetiketten oft in einem anderen Druckerschacht liegen, als das normale Papier, können wir aus der Liste *Schacht* den passenden Druckerschacht wählen.

Wenn alles richtig eingestellt ist, schließen wir den Dialog mit *OK* um zu folgendem Dialog zu gelangen:

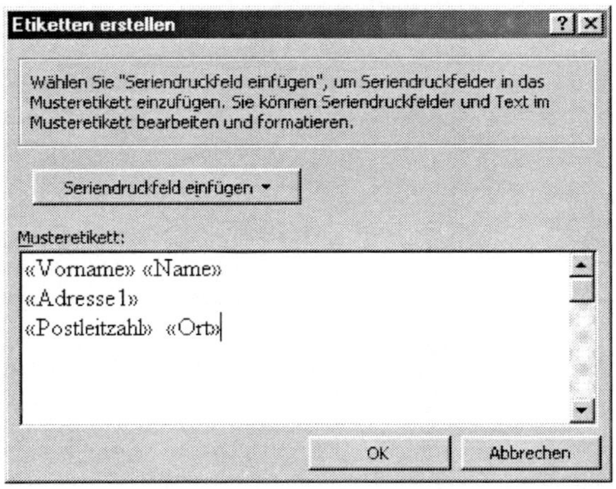

Abbildung 212: Das Musteretikett eingeben

Musteretikett erstellen

In diesem Dialog erstellen wir ein Musteretikett, dh wir legen fest, wie die einzelnen Etiketten aussehen sollen, indem wir entsprechende Platzhalter einfügen. Wir schließen den Dialog mit *OK* und anschließend den Seriendruck-Manager mit *Schließen* und erhalten folgendes Ergebnis:

«Vorname» «Name» «Adresse1» «Postleitzahl» «Ort»	«Nächster Datensatz»«Vorname» «Name» «Adresse1» «Postleitzahl» «Ort»	«Nächster Datensatz»«Vorname» «Name» «Adresse1» «Postleitzahl» «Ort»
«Nächster Datensatz»«Vorname» «Name» «Adresse1» «Postleitzahl» «Ort»	«Nächster Datensatz»«Vorname» «Name» «Adresse1» «Postleitzahl» «Ort»	«Nächster Datensatz»«Vorname» «Name» «Adresse1» «Postleitzahl» «Ort»
«Nächster Datensatz»«Vorname» «Name» «Adresse1» «Postleitzahl» «Ort»	«Nächster Datensatz»«Vorname» «Name» «Adresse1» «Postleitzahl» «Ort»	«Nächster Datensatz»«Vorname» «Name» «Adresse1» «Postleitzahl» «Ort»
«Nächster Datensatz»«Vorname» «Name» «Adresse1» «Postleitzahl» «Ort»	«Nächster Datensatz»«Vorname» «Name» «Adresse1» «Postleitzahl» «Ort»	«Nächster Datensatz»«Vorname» «Name» «Adresse1» «Postleitzahl» «Ort»
«Nächster Datensatz»«Vorname» «Name» «Adresse1» «Postleitzahl» «Ort»	«Nächster Datensatz»«Vorname» «Name» «Adresse1» «Postleitzahl» «Ort»	«Nächster Datensatz»«Vorname» «Name» «Adresse1» «Postleitzahl» «Ort»
«Nächster Datensatz»«Vorname» «Name» «Adresse1» «Postleitzahl» «Ort»	«Nächster Datensatz»«Vorname» «Name» «Adresse1» «Postleitzahl» «Ort»	«Nächster Datensatz»«Vorname» «Name» «Adresse1» «Postleitzahl» «Ort»
«Nächster Datensatz»«Vorname» «Name» «Adresse1» «Postleitzahl» «Ort»	«Nächster Datensatz»«Vorname» «Name» «Adresse1» «Postleitzahl» «Ort»	«Nächster Datensatz»«Vorname» «Name» «Adresse1» «Postleitzahl» «Ort»

Abbildung 213: Das Hauptdokument

Etiketten prüfen und drucken

Es stehen uns für die Adressetiketten dieselben Möglichkeiten zur Verfügung wir für den Serienbrief. Wir können die Etiketten also in ein Dokument ausgeben lassen () oder uns die Vorschau ansehen () und schließlich die Etiketten ausdrucken ().

16.8 Übung

Wir schreiben an alle unsere Freunde eine Einladung zum Geburtstagsfest.

Das Ergebnis könnt beispielsweise so aussehen:

EINLADUNG

Bedingungsfeld
↓
Lieber «Vorname»!

Ich möchte dich recht herzlich zu meinen Geburtstagsfest, das am

<u>1. März 2000, bei mir zu Hause</u>

stattfindet, einladen. Offizieller Beginn ist 17 Uhr, wenn du bei den Vorbereitungen behilflich bist, darfst du früher kommen.

Bedingungsfeld
↓
Für Essen und Trinken wird reichlich gesorgt sein, Geschenke sind erwünscht. Smoking ist nicht erforderlich.

Auf dein Kommen freut sich deine «Verhältnis»

Sabine

Index